Model Graphix

ガンダム アーカイヴス

『機動戦士Zガンダム』『機動戦士ガンダムZZ』編

月刊モデルグラフィックス編

大日本絵画

Master-grade 1/100
MSZ-011
ZZ GUNDAM
"Ver.Ka"

Contents;

Model Graphix
ガンダム アーカイヴス

『機動戦士Zガンダム』『機動戦士ガンダムZZ』編
月刊モデルグラフィックス編

'85年に創刊した模型専門雑誌『月刊モデルグラフィックス』には創刊当初より数々のガンプラ作例やスクラッチビルド作例が掲載され続けてきていますが、本書はその膨大な作例群のなかから『機動戦士Zガンダム』「機動戦士ガンダムZZ」を題材とする'14年以降の作例を中心にピックアップしてまとめなおしたものです。なお、アニメ本編未登場のMSV系機体のなかから同時代設定のものも同時に掲載しています。

＊本書では基本的に雑誌掲載当時の記事表記に準じるようにしています(再掲載箇所以外は2018年4月時点の表記となっています)。そのため、「本誌」＝『月刊モデルグラフィックス』、「MG」＝マスターグレード、「PG」＝パーフェクトグレード、「センチネル」＝『ガンダム・センチネル』の略などとなっています。記事中にある名称表記やマテリアルやキットに関する画像/表記は基本的に掲載当時のものを使用しているため、意匠が変更されていたり販売が停止されていたり名称が変更になっていたり価格が改訂されている場合があります。また、バンダイホビー事業部は現在BANDAI SPIRITS ホビー事業部となっています。本書内でのガンダム世界考証は模型を楽しむための独自のものであり、公式設定を下敷きにしていますが、サンライズ公式設定ではないことをお断りいたします。

P E
I T
M
D "

A.E.U.G ATTACK USE PROTO
VARIABLE FORM MOBILE
MSZ-006 ZETA GUNI
HGUC 1/144 "2ND ROU

リニューアルHGUC Zガンダム、No.203 最新フォーマットの1/144「Z」とは――

バンダイの技術進歩は著しく、ほんの5年の開きでもパーツ分割や関節構造、プロポーションの解釈までもが劇的に変貌する。人気モチーフのZガンダムもHGUC化されたのは2003年、早14年の年月が経っており、「いまの技術で作る、最新フォーマットのZ」を望む声も多かった。そんななか刷新された「2周目のHGUC Z」をレビュー。2020年のガンプラ誕生40周年をにらみ邁進し続けるバンダイの“熱意”を確かめてみよう。

MSZ-006 ゼータガンダム
BANDAI SPIRITS　1/144
HGUCシリーズ（№203）
インジェクションプラスチックキット
発売中　税込1944円
出典／『機動戦士Zガンダム』
製作・文／**小森章次**

▶幾度かのZガンダム1/144製品化で得られた経験値を結集し、精悍なプロポーションとして生まれ変わった新HGUC。そのまま作ればカッコいいZガンダムが手に入るが、作例ではフォルムを調整しより長身痩躯なイメージに仕上げてみた

Model Graphix
2017年9月号
掲載

HGUC
No.203
MSZ-006
Z GUNDAM

MS mode

▼作例とパチ組み（左）との比較。気持ち大きめに造形されている背中のフライングアーマーに本体が合うようにするべく、作例ではスネや首、腹まわりなどを延長しているため結果的に製品よりも頭ひとつぶんほど背が高くなった。頭部は後頭部や頬当てが襟元と干渉しがちなので首を少し伸ばすと頭の可動範囲が広がる。比較的簡単でオススメの工作だ

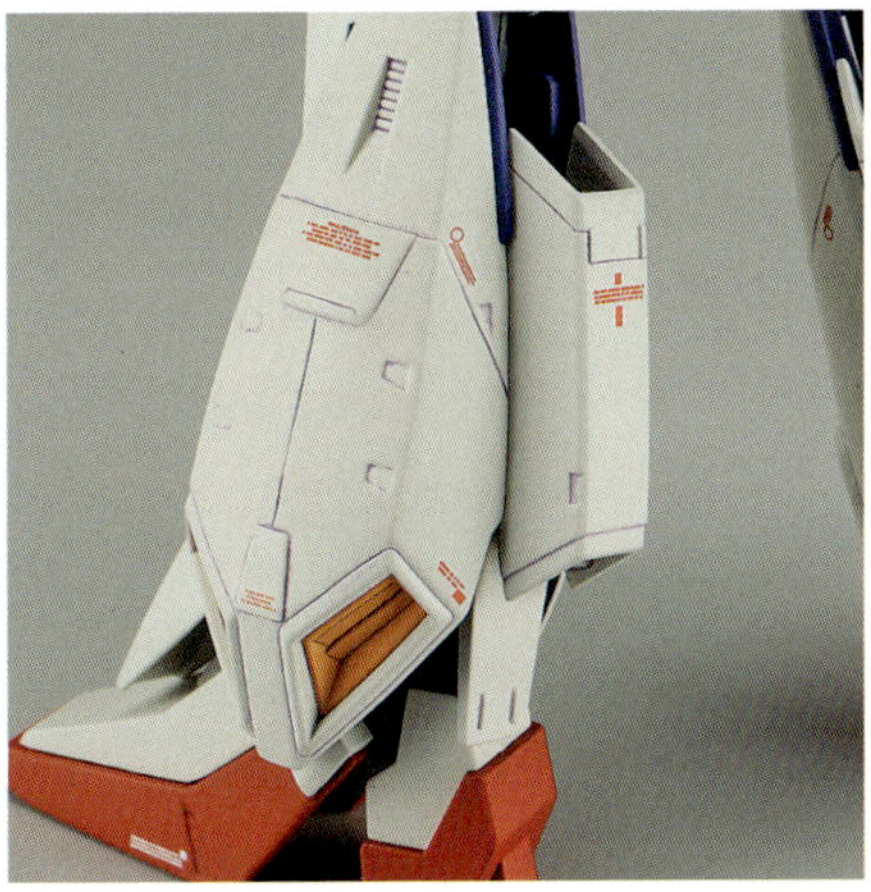

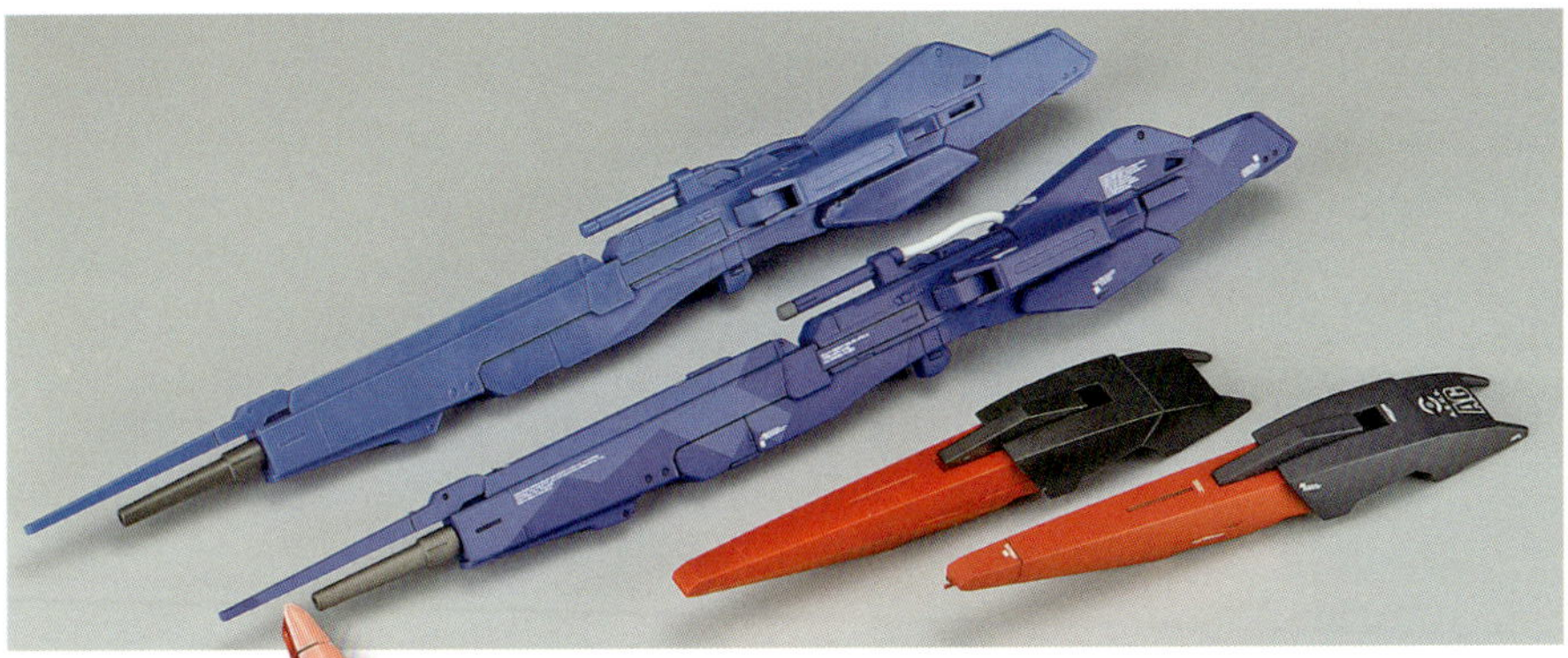

●変形する機体ということもあり、製品ではHGUCながらスカートアーマー裏にもモールドがあって好印象
●スネを２㎜延長しつつ、スネ外側の側面をえぐり取ってRG Zガンダムからこまかな彫刻が施してある同部分をそっくり移植している（わりと自己満足的ポイント）
●腕部グレネード・ランチャーのフタは開閉し、内部には弾頭も再現されている。設定上発射時の反動はもう片方の手で支えるようなのでキットに付属しない平手パーツを別途用意するとよいだろう
●胸部左右の突起部は丸みを帯びた涙滴型が設定上は正解なのだが、好みでZプラスのようにエッジの立った長方形を目指しプラ板で改修している。VHFアンテナはプラ板で追加した
●盾の裏には劇場版で追加設定されたシールドランチャーが付属

旧HGUCと何がどれくらい変わったか ふたつ並べて検証してみよう

◀ヒジヒザの二重関節化のほか肩の付け根が上下と前後にスイングするようになったので、付属のハイパー・メガ・ランチャーを構えるポーズも「肩が入った」力強い姿勢でディスプレイできるようになった

●2020年のガンプラ40周年に向けた新プロジェクト“GUNPLA EVOLUTION PROJECT”第１弾として新金型で生まれ変わったHGUC Zガンダム №203。可動性を追求しつつ'03年発売の旧HGUC №41よりも設定に近い色分け分割となっている。カメラアイがクリアーパーツ仕様になったのもうれしいところ

34WR形態のノーズがより長くなっているほか、ビーム・ライフルをマウントする位置が中央スタビレーター基部のほかに、リアスカートの左右２箇所にも取り付けられるようになっている

1関節がABS樹脂製だった№41と異なり摩耗に強い新PS樹脂、通称KPSを採用。画像のようにヒジヒザの二重関節フレームなどにKPS素材が使われているが安心して塗装できる素材なのがモデラー的にはかどるポイント。KPSならポリキャップを仕込む場合よりも省スペースで関節を設計できる（＝細身に作れる）ので、1/144のガンプラとマッチした素材といえる
2MSからWRへの変形は、№41を踏襲した差し替え式。胴体部をそれぞれの形態で用意することでプロポーションの再現度を高めている

WAVE RIDER mode

●胴体をそっくり差し替えることでウェイブライダー形態に変形。作例はスプリッター迷彩で塗装しているが、WR形態の見映えを優先してマスキングで塗り分けるようにするとしっくりくる

▲設定上ビーム・ライフルはテールスタビレーターの真上に装備するのが正しいのだが、キットではリアスカートの左右にもマウントできる。「HG ゼータガンダム」や初代MG Zガンダムに見られるアイディアで、シンメトリーを崩したレイアウトがクールなんだけど、よく考えたら大気圏突入時に銃が溶けそうな……気にしない（笑）

◀フライングアーマー内蔵式の主翼パーツは変形時に擦れてしまい、塗膜がはがれる可能性が高い。なので、キットをふたつ用意しそれぞれの形態別に作り分けて差し替え式とした

●キットにはハイパー・メガ・ランチャー装備時に取り付けられるスキッドパーツ×3が付属。機体前後の重量バランスが取れているので尻もちをついたりする心配もない

アニメ放送当時、Zガンダムはあまり人気がなかったと記憶しています。アニメ雑誌の投票でもMk-Ⅱのほうが好評価でした。空っぽの胴、末広がりのスネなどが斬新すぎたのかも。または「新しくてカッコいいZにすぐに尻尾を振るのが恥ずかしい」という風潮もあったのかもしれません。

本製品はHGUC2周目なので良好なプロポーションと広い可動性能を両立、差し換え式で変形もこなします。背中のフライングアーマーがちょっと大きいように思えますが、ウェイブライダー時のバランスを考えると妥当な範囲でしょう。作例では本体側を調整して印象を変えています。

頭はとてもイケメン。アンテナやアゴを尖らせつつ『ガンダム・センチネル』っぽく頭部を前後に2㎜伸ばしちゃいました。

胴は脇腹部分のパーツB1-8、B1-9を1㎜ずつ延長。両パーツとも緩やかなRがついているのでヤスリを当てて直線にします。この腹部分を伸ばしたので赤いコクピットブロックも延長します。首の襟や肩の白い部分、胸の先端など薄くできる部分はできる限り薄く整形しました。

青い肩アーマーは中身の白い肩関節を前後で挟み込む構造ですが、塗装の便を考えて後ハメ加工します。手首はコトブキヤのノーマルハンドAに置き換えました。

脚部はスネが短く思えたので2㎜延長しました。左右割りの内側の青色部分は接着すれば膝関節の後ハメ加工ができます。パーツE1・47に1・5㎜真ちゅう線を通しておくと強度的にも安心です。

ライフルはセンサーがたためるRG Zガンダムから流用（反則?）。武器類のチューブは市販の白いパイプに変更しました。

塗装はすべてGSIクレオスのMrカラーです。青はスプリッター迷彩ですが、青色2色の濃淡を強調しすぎるとどぎつい印象になってしまうので慎重に調色しました。コーションは「ガンダムデカール 機動戦士Zガンダム／機動戦士ガンダムZZ汎用1」を2枚使用。結構レアなマーク入りです。ただ、「VMsAWrs」の字体が『センチネル』版と微妙に違うんですよねぇ……。■

MOBILE SUIT
mode

Anti Mobile suit Close Combat form

A.E.U.G ATTACK USE PROTOTYPE
VARIABLE FORM MOBILE SUIT
MSZ-006 ZETA GUNDAM
HGUC 1/144 "2ND ROUND"

Model Graphix
2016年3月号
掲載

●キット開発にあたりNAOKI氏本人が監修を行なっただけあって本キットには手を入れる余地があまりない。なので、成型の都合上ダルくなっているところをシャープにしたり、スジ彫り（氏はフリーハンドで彫ったそうだが、自信のない人はガイドを当てて彫ろう）や追加ディテールを施すことで密度を上げる方向で製作している

プロポーションの変更はなし！ ディテール密度の調整で魅せる。

HGUC RX-178 No.193

「新生 - REVIVE-」を謳うHGキットのリメイク企画により、HGUCガンダムMk-Ⅱが13年ぶりに刷新された。初代HGUCは初代MG Mk-Ⅱをほうふつとさせるプロポーションだったが、新作のNo.193では小型化した頭部や足首などよりいま風の体型に改められているのがポイントだ。作例は本製品の開発にも関わったNAOKI氏が担当、的確なディテールの追加などによりキットの持つポテンシャルを引き出す。

RX-178 ガンダムMk-Ⅱ（エゥーゴ仕様）
BANDAI SPIRITS　1/144
HGUCシリーズ（№193）
インジェクションプラスチックキット
発売中　税込1620円
出典／『機動戦士Zガンダム』
製作・文／**NAOKI**

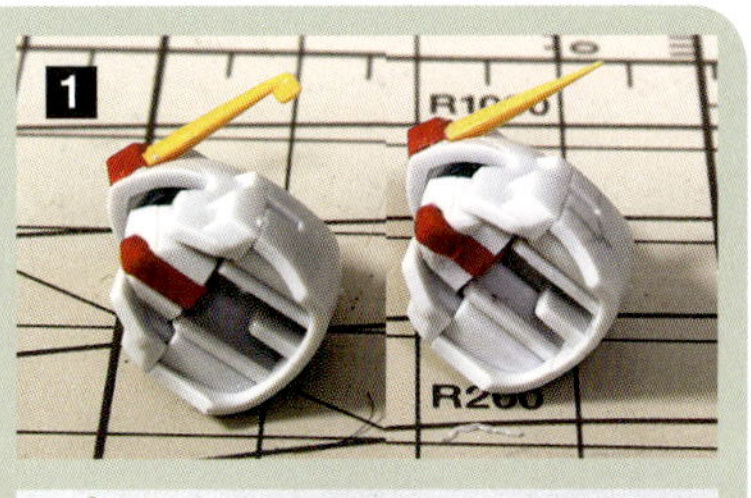

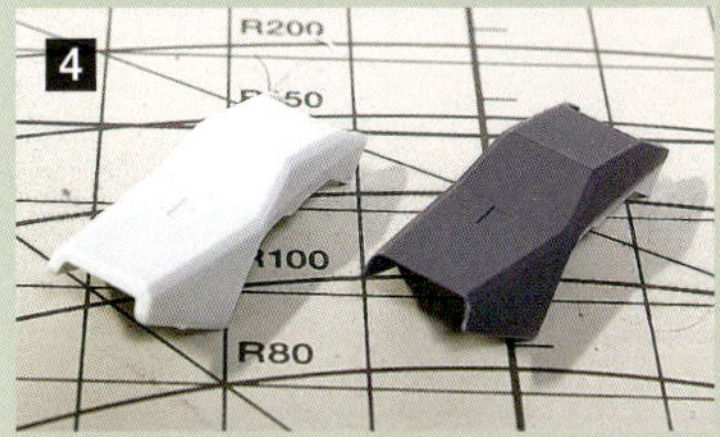

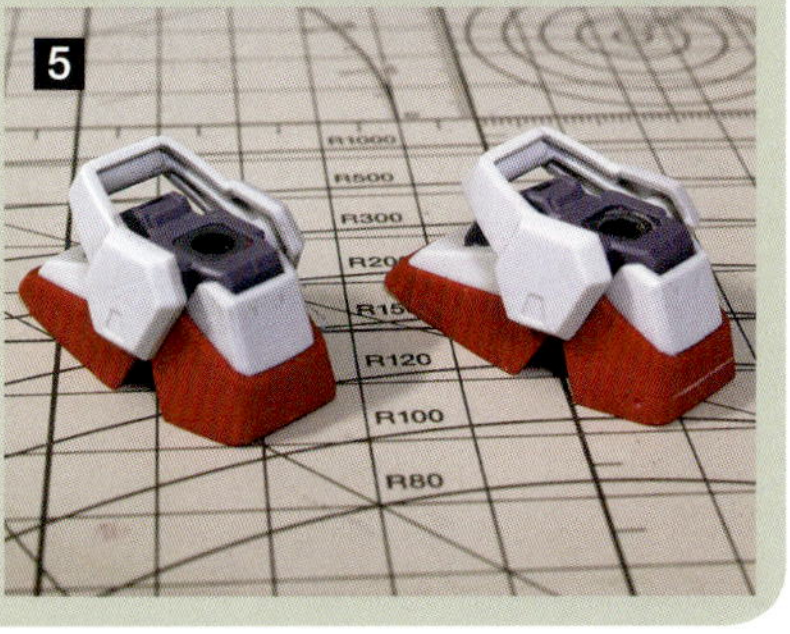

1頭を上げたときに目立つアゴの内側。成型上の都合で立体感に乏しいアゴ内側をえぐっている
2頭部両サイドのダクトにスリット状モールドを彫り込んだ
35各部に独自のディテールを彫り足している
4スネパーツなどは成型の都合で端部が肉厚になっているのでぜひ手を入れたい。薄くしたいところは後述の3種のエッジ加工で適宜手を入れた
6手首はMSハンド03とキットの甲パーツを組み合わせ当時の設定画に近いものを新造した

●全身に追加した赤い小さなディテールや緑のセンサー類。これらは塗装した0.5〜0.75㎜×0.25㎜厚のプラ材や、0.3〜0.5㎜のプラ棒を用意し、それぞれの幅よりも0.1㎜ほど幅広の溝を彫っておき、任意の長さにカットした先述のプラ材を流し込み溶剤系接着剤で接着している。うるさすぎない程度の差し色とすることで、ディテールの密度感を上げることができる

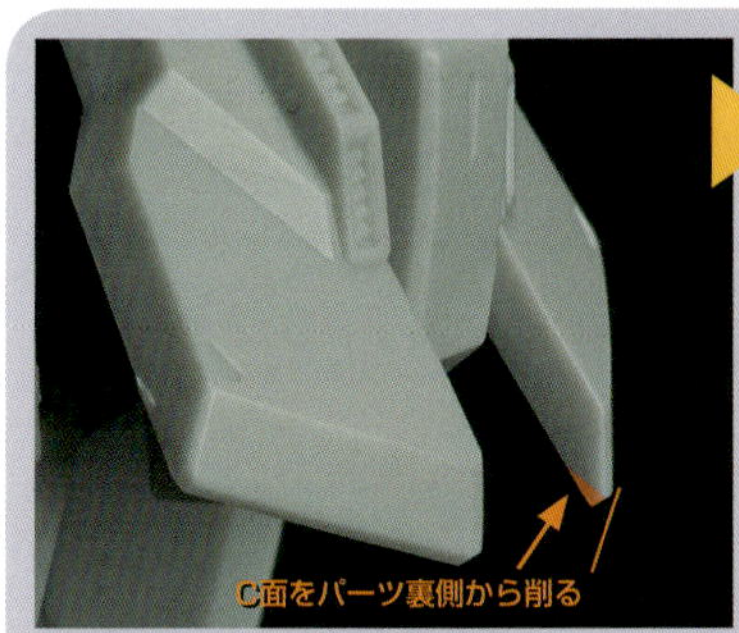

▶Aはパーツを削るだけで済むので手軽だが、面の角度が変わってしまう。Bはパーツに部材を継ぎ足さなければならず、手間はかかるが面の角度は変わらない。が、面が長くなり、パーツもひと回り大きくなってしまうのが難点。Cは「垂直面を奥に倒す」ことによって、パーツや場所は選ぶものの、パーツ全体の印象を変えることなくシャープなエッジにすることが可能だ

エッジの処理方法

A.面を削る

手間はBより少ないが面の角度が変わってしまう。

B.面を延長する

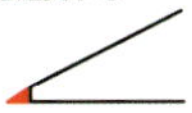

面の角度は変えずに済むが面の長さが変わってしまう。

C.裏面を削る

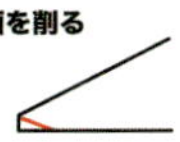

裏側で帳尻を合わせることで面の長さも角度も変えずに済むのでパーツの表情を変えずに済む。裏側の厚みも演出できる。

▶今回はよくある方法A、Bではなく、推奨したい方法Cを積極的に多用した。それぞれの方法の加工後の長さ、形状に注目
◀削った箇所がわかるよう、黒く塗ったフロントスカートの裏側に方法Cを施した。このスカートや盾など、ある程度厚みがありつつ断面はシャープに演出したい装甲断面にはかなり有効な方法と言える

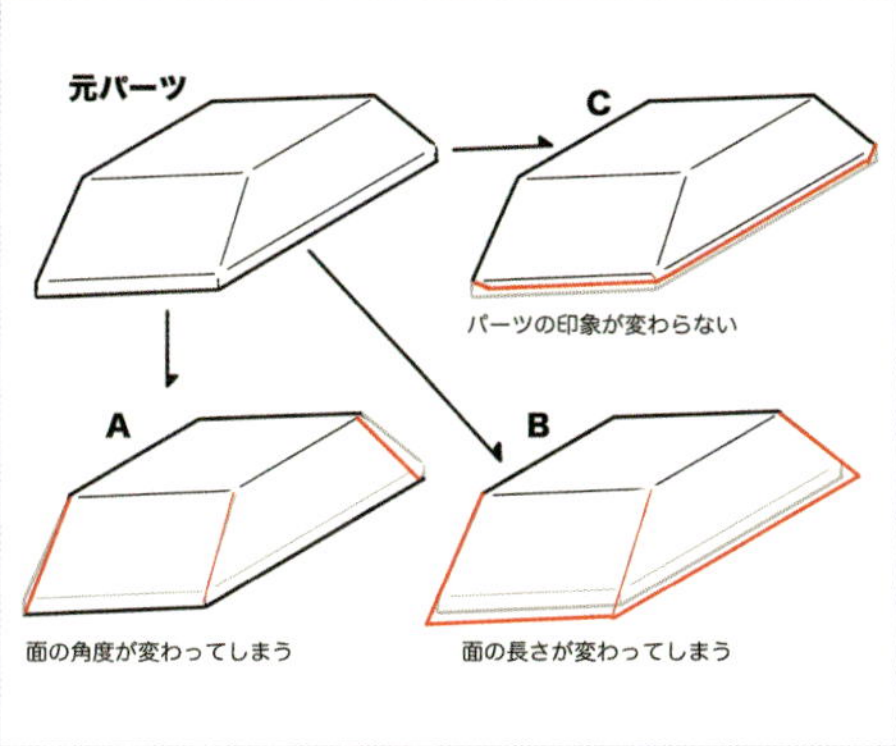

エッジワークに新提案！

●成型上の都合により面と面が交差するポイントにはデザインにはない「C面」が面取りされることがある。ガンプラの場合はエッジにあるこの面をコントロールすることで作品の見た目を大きく変えることができる

さて今回は新生HGUC ガンダムMk-Ⅱを製作。リニューアルされたHGUC RX-78-2の作例でも書いたのですが今回のMk-Ⅱから「REVIVE」、リニューアルHGUCアイテムの開発に携わらせていただきました。そんなわけで個人的には不満のあろうはずのないキットなのですが、キット開発側ではなくそれを作るモデラー目線としては、製品仕様や成型の都合上仕方のない部分をさらに工作したい気持ちもあるわけです。そこで、作例としてはその辺をていねいに処理しつつ、プロポーションを弄る必要がないぶんディテールの工作に注力してみることにします。

まずパーツのキワにある「抜き方向に対して平行に存在する細長い面」ですが、これは膨大な生産数を誇るガンプラにおいて、パーツ形状を安定させるとともに無理なテーパーなどで金型を痛めないようにするために設けられているものです。どんなスケールに対しても一定幅で存在するものなので、スケールが大きくなればその比率も小さくなりさほど気にならないのですが、逆に1／144などではパーツ形状や見た目に大きな影響を及ぼすものとなります。この小さな面がガンプラの進化と発展の一端を担ってきたのは事実ですが、上級モデラーの作例ではここがきちんとコントロールされていることが多いです。よりシャープな造型を目指すならこの面を処理しましょう。方法としては、①隣接する面とひとつの面になるよう切削する、②隣接する面が欠けていると見なし、プラ材などで継ぎ足して処理する。というふたつの方法が主流だと思われます。ほとんどのエッジ／面はこれで対応できるのですが、いずれの方法も成型後の面の長さや角度が変わるため、パーツの印象も変わってしまいます。そこで今回、少し違う方法を試してみました。上のカコミをご覧ください。

手前味噌ですが、この新HGUC Mk-Ⅱはとてもよくできたキットになったと思います。発売中のキュベレイも含めて今後のリニューアルHGUCシリーズを楽しみにしていただければと思います！ ■

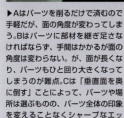

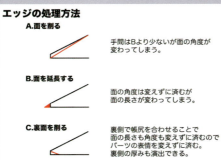

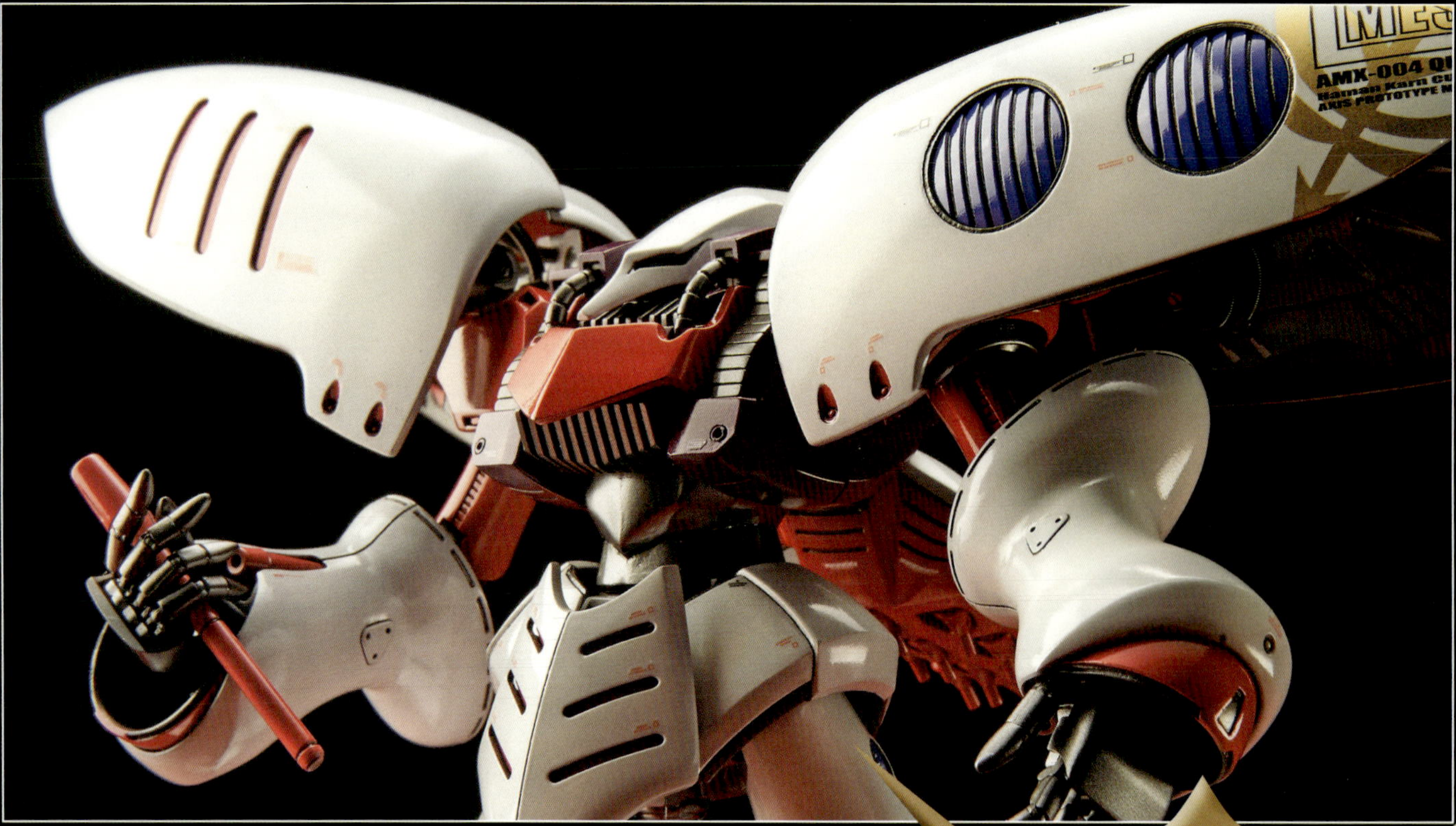

ネオ・ジオンの象徴「LMES2」またの名を

AMX-004 キュベレイ

キュベレイという機体は「曲線美」が最大の持ち味であるゆえにモールドを彫り足す場合の塩梅の見極めが難しく、ガンプラベースで製作するには少々手強いモチーフ。そこで本作例では装甲の“裏側”を中心に攻略。ていねいな白塗装とあわせて「ネオ・ジオンのフラグシップモデル」らしい荘厳さを意識してキットをレビューする。

AMX-004キュベレイ
BANDAI SPIRITS　1/144
HGUCシリーズ（No.195）
インジェクションプラスチックキット
発売中　税込1944円
出典／『機動戦士Zガンダム』
製作・文／**朱凰@カワグチ**

●HGUC No.195としてリニューアルされたキュベレイ。先にリニューアルされたRX-78-2、Mk-II等と同様に完全新規設定となっている。新しいポリキャップPC002が使われており各部の色分けも設定に近いものとなっている。コクピット部分が可動し、コンテナのファンネルは着脱可能。背面には「LMES2」がモールドで再現されている。全体のプロポーションは旧HGUCより少々大柄になった印象で本機の存在感あるフォルムを再現している

Model Graphix
2016年6月号
掲載

こまかい部分を作り込む！

●頭は製品のパーツ分割だと眉間やこめかみに分割線が生じる。頭の下側パーツ（A13）側についていたクチバシ部をていねいに切り離し、頭の上側（A14）に再接着して合わせ目を整形した。その際、スリットのラインを狭くし曲面を盛り込むことで柔らかい印象になるように加工。首との接合部分も、飛行形態時に裏側から見えてしまうので、カバー状のディテールをプラ板で追加している。胸はコクピットカバーをプラ板で若干大型化した
●バインダー内側はパーツのパイプ部分を削り大小のスプリングでパイピング。右肩前方バインダーの裏には『Zガンダム』最終話で使った大型ビーム・サーベルをプラ棒で自作。ネオジム磁石を内蔵し収納できるようにした
●リアスカートは独自の解釈に基づき、ジャンクパーツでテールバインダーとバーニアを追加
●爪先は、鋭利に、かつ先端が上向きになるようアレンジ。量産型キュベレイにつながるラインを意識している

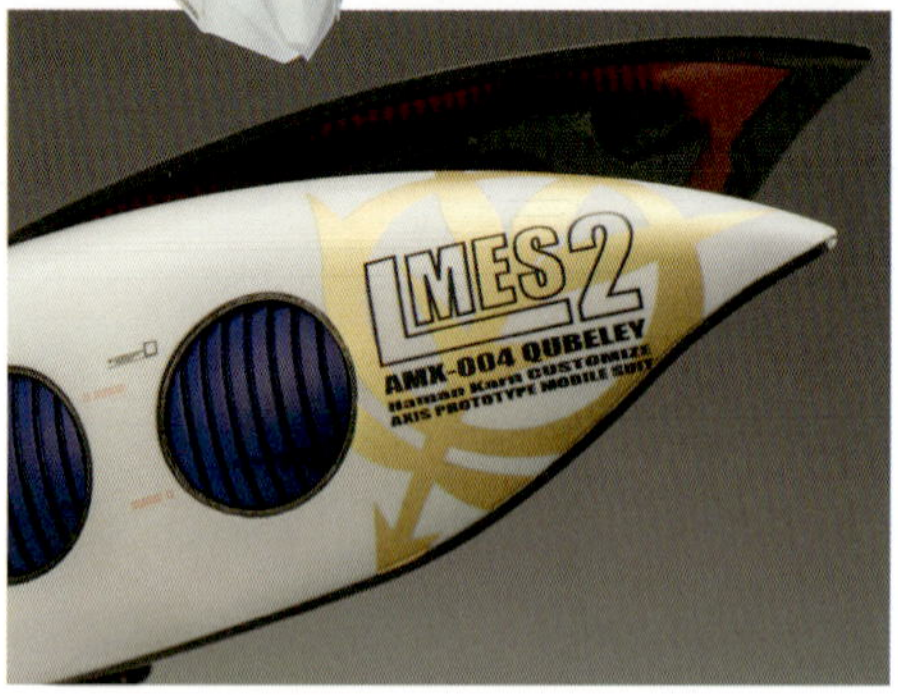

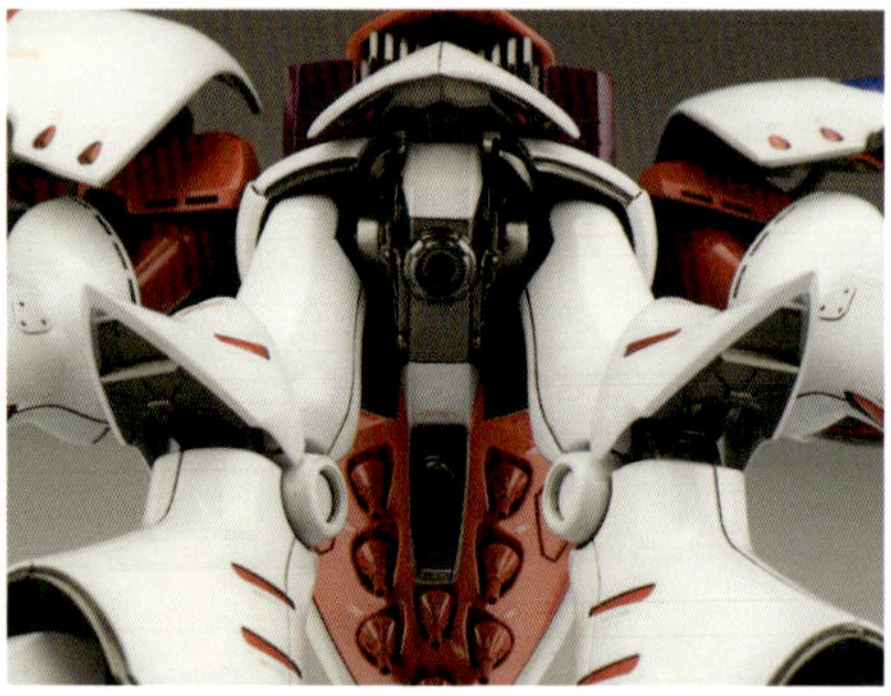

新HGUCキュベレイは素組みでもカッコよく仕上がるキットなのですが、ナガノデザインなのでバリバリいじりたい、でもガンプラのレビュー作例なので「MH風な蛇腹とかヒール化はNG」でしょ……これは困りました。そこで、素材として優秀なキットをどう活かすかということにポイントを絞り、自分の好みも織り交ぜつつ「こまかい改修（こまかすぎて伝わらないかも／笑）」で手を入れていくことにしました。

◆**工作**

ディテール密度が完璧に計算されている完成されたデザインです。表面に無遠慮にモールドを彫り込むことは得策ではないので、末端や装甲裏などを中心に攻略します。

肩はバインダーで隠れてしまうのですが、ここの形状はガッツリとC面を作ることで小さく見えるようにしました。エッジもプラスチックの厚みをなくすよう薄く加工をしてます。左肩のデカールはパソコン＋MDプリンタで自作。このデカールを貼ることで全体が引き締まったと思います。

手はイエローサブマリン「極め手」の指先を真ちゅう線＋瞬間クリアーパテで尖らせました。1／100用がピッタリです。

フロントアーマーはエッジを落とし、曲面がキレイに見えるよう修整。基部の可動部のぶんだけ下に接続位置をずらすことで腰が伸びたように見せてます。また赤いビニールコードを裏側に配してアクセントに。

◆**塗装**

白のグロス塗装については左コラムを参照してください。下地はガイアノーツのサーフェイサーエヴォ ブラックです。無表記はガイアカラーを使用。GSIクレオス Mr.カラーの塗料は（M）としてあります。

ピンク／ブリリアントピンク＋ピュアホワイト＋クリアーピンク→クリアーレッド＋クリアーピンク

紫／パープル（M）＋ブリリアントピンク＋クリアーピンク＋クリアーレッド

青／コバルトブルー

関節等グレー／フレームメタリック1■

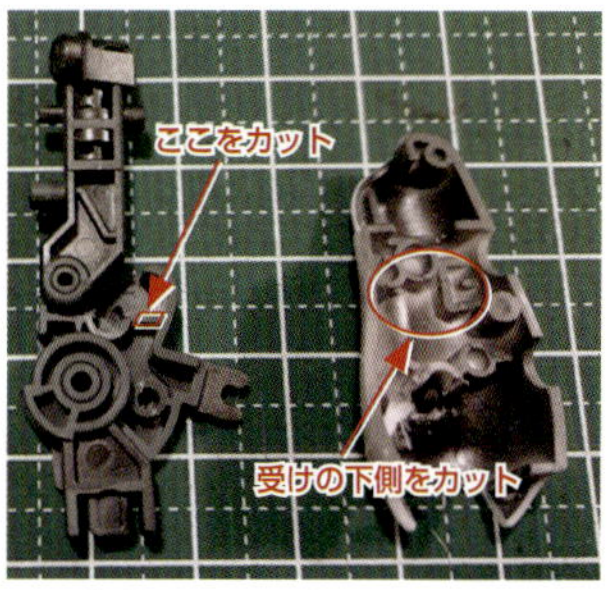

▲ヒザ関節は、写真で指示した位置（フレームパーツC2-2と外装A-10）を削ることで若干「鳥足」気味になり、太ももからスネにかけてのラインがより美しくなる。削り取るだけなので比較的かんたんにできるぞ

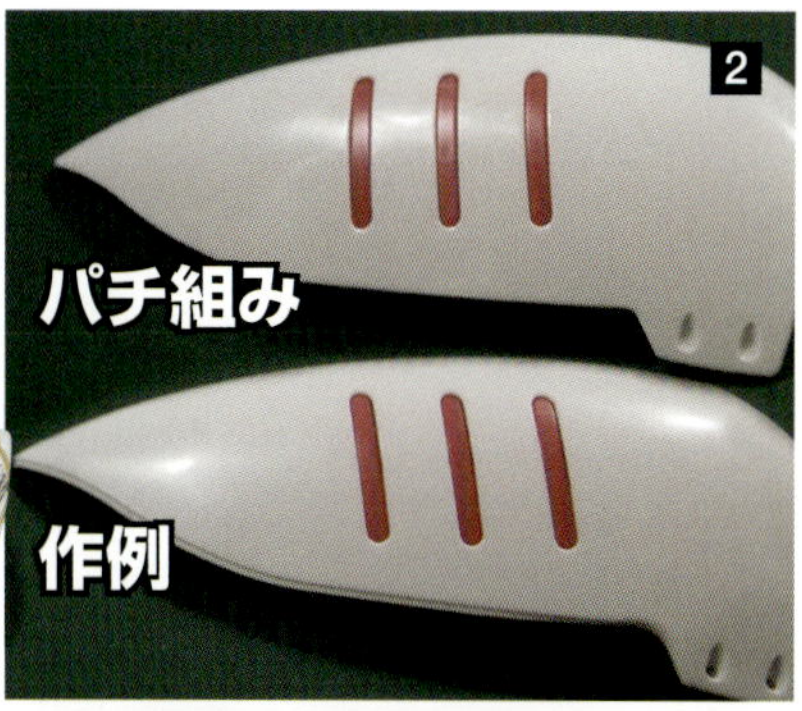

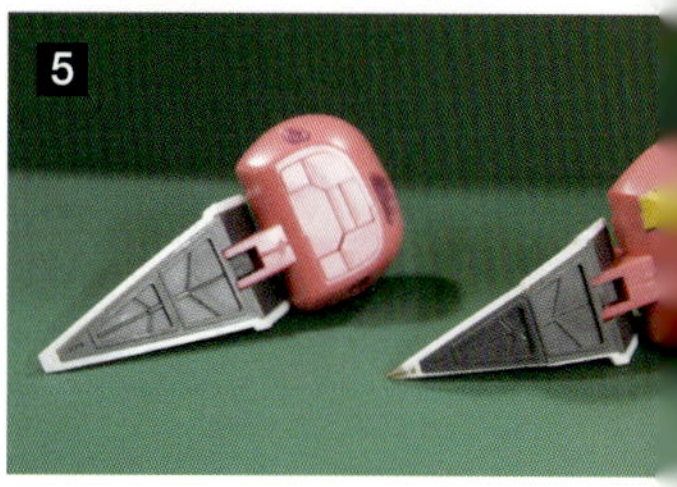

❶外装パーツのなかでもとくに目立つ白い装甲部分以外はそれなりにアレンジしても大勢に影響が出にくく、模型的な見どころにできるポイント。腹はその典型で、ここを曲面から平面的な構成にすべくパーツに裏打ちを施したうえでヤスリがけした。大胆に形状変更したがそこまで違和感はない（……はず）。
❷バインダーは下側の曲線部分のエッジを段落ち加工することで、パーツ端部の厚ぼったさを抑えつつ二重装甲らしく見せている
❸キットでは股間の幅が狭めに見えるので、股関節の軸を左右各2㎜の計4㎜延長し、両足の接続部分を外側にオフセット。脚を広げたぶん目立つ股間軸まわりはジャンクパーツでそれらしくディテールを追加した
❹ヒザ装甲はもっとメリハリを強調したかったため好みでサイドの形状を変更している。太ももと接する部分を曲線ラインにすることでキレイなラインにすることができる。裾部分も肩のバインダー同様段落ち二重装甲風に
❺踵は裏打ちしつつ、角形に削り込んで形状変更。よりメリハリをつけている

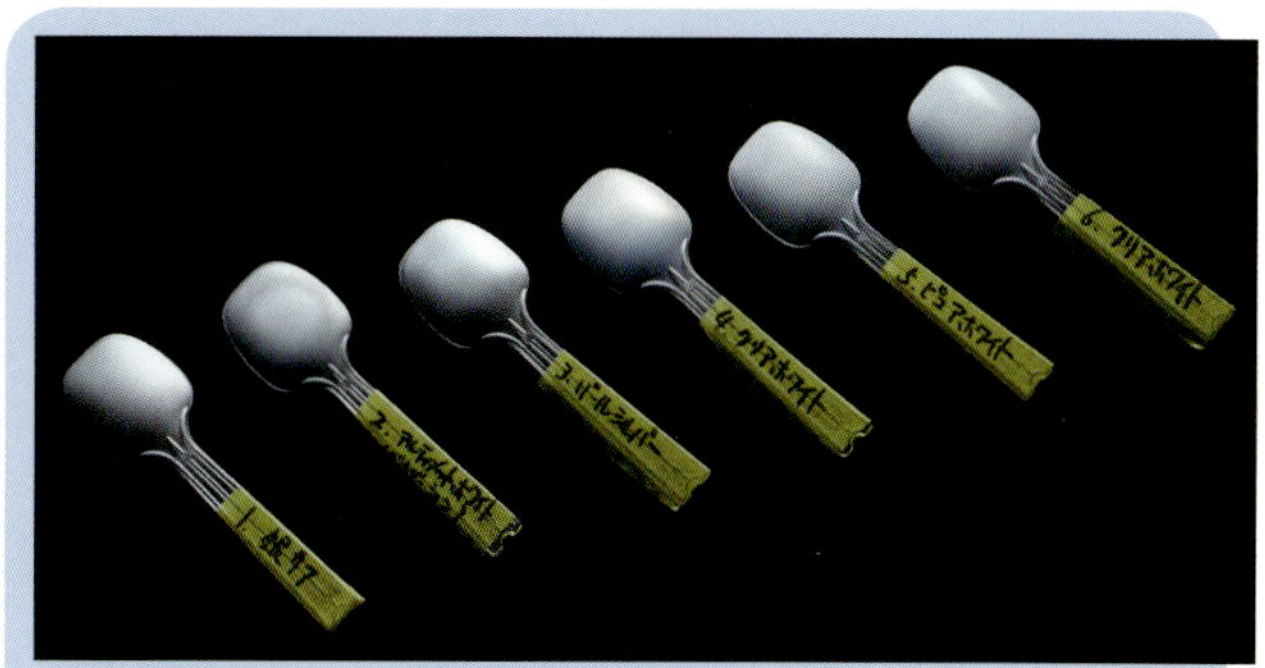

「白」は数色用意して何度も重ね吹きするべし

■白い塗料は隠蔽力が低いものが多いため、何度かに分けて吹くこともある。朱凰流「白のグロス塗装」、その工程数を見てみよう。
●まず下地にガイアノーツ サーフェイサーエヴォ ブラックを吹いておく
❶サーフェイサーエヴォ シルバー ❷アルティメットホワイト ❸パールシルバー ❹クリアーホワイト ❺ピュアホワイト ❻クリアーホワイト＋パープル（M）極少量＋クリアーピンク極少量
……と計7層の塗膜を重ねた。ポイントは最初に黒を吹き、これをうっすらと端部などに残すことでいわゆるMAX塗りのような明暗がつき、単調になりがちな白塗装にメリハリが生じる。またクリアーホワイトの重ね吹きで透明感を出すことも重要だ（記事内(M)はGSIクレオス Mr.カラー。それ以外はガイアノーツ ガイアカラー）

HGUC No.200!!

RECOMMEND

MSN-00100 HYAKU-SHIKI

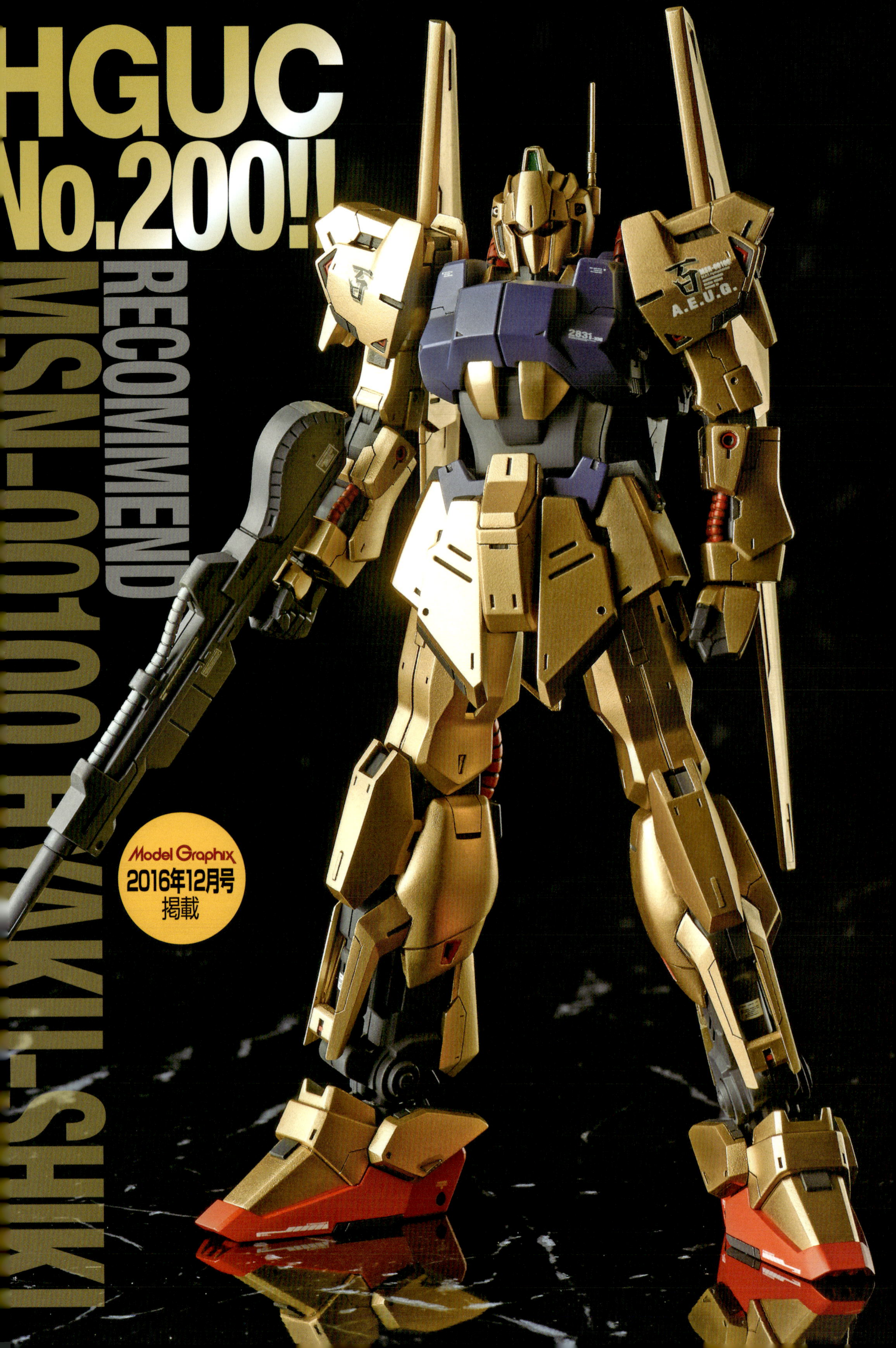

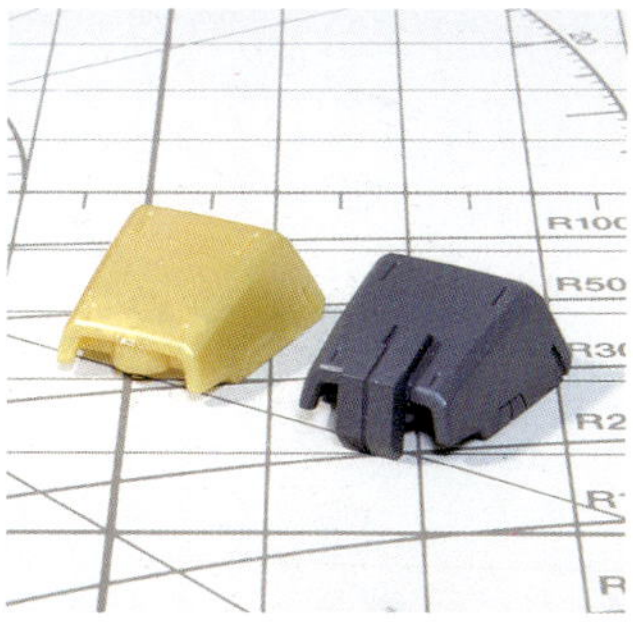

●キットはNAOKI氏が監修しておりイマドキのスタイリッシュなプロポーション。また旧HGUCから進化した部分……バイザーにクリアーパーツを使ったり、「ギュッと握った拳パーツ」が付属するのも特徴だ。HGUCなので銃の持ち手がなかったり肉抜き穴なども存在するので、ここが本製品を作る際の勝負どころだろう
●作例では製品仕様により省略されている部分を補ったほか、金色と濃い関節色のコントラストを強調するために意識して塗り分けをした。また、ディテールやスジ彫りも追加している。フロントアーマー側面のスジ彫りや、フレーム状ブロックを追加したサイドアーマーなどがそれだ

'99年開始のハイグレードユニバーサルセンチュリー（HGUC）シリーズもついに17年め。このたび百式がイマドキな設計でリメイクされ、見事記念すべき№200の名誉を射止めることとなった。このリメイク版HGUCは、スタイルや可動が進化しているのでエッジワークや肉抜きの処理をすれば普通にかなりカッコいい百式にすることができる。もちろん塗装がこだわりどころなわけだが……あなたの百式はどんな色で塗ります？

MSN-00100 百式
BANDAI SPIRITS　1/144
HGUCシリーズ（№200）
インジェクションプラスチックキット
発売中　税込1944円
出典／『機動戦士Zガンダム』
製作・文／**NAOKI**

金色塗装に悩んだら「百式ゴールド」はいかが？

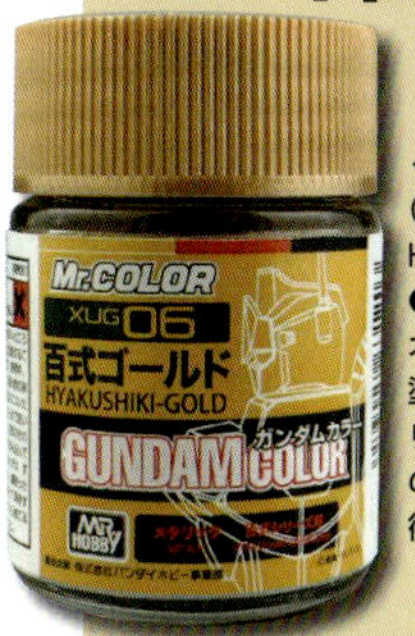

◀ガンダムカラー 百式ゴールド
(税別400円　容量：18㎖
HGUC No.200 百式 発売記念限定販売)
●「金色」の質感を求めて、GSIクレオスとモデラーのNAOKIが開発した新塗料。新開発の金属粒子は通常のメタリック塗料よりもかなりこまかい粒子のため、非常に滑らかな塗膜と光沢が得られるのがポイント

ひとくちに金といっても白、青、黄、赤金など多彩な系統があり、同様に百式の「金」も人それぞれに印象が違うので、万人が頷くズバリな百式の色というものは難しい。本作例に使用している塗料「百式ゴールド」は赤みに振った金色だが、百式以外の塗装にも応用できそう（ザカールとか）なので、選択肢のひとつに入れておきたい。また、ほかにも各メーカーの多彩な金塗料のカラーチップを同条件で撮影したものを右に掲載するので、自分の趣向にあった金塗料を選んでほしい

▲▶写真の「G」はGSIクレオス、「ガ」はガイアノーツ、「フ」はフィニッシャーズの塗料を表す。金塗料は無数にあるのでそのごく一部を掲載する。8は金属光沢のあるシルバー系を吹いた上にクリアーイエローとクリアーオレンジの混色を吹く古典的な方法。好みでイエローとオレンジの比率を変えたり、単色で吹いたりとレシピは人それぞれ。またMr.カラー８番シルバーと9番ゴールドの混色吹きもよく知られた手法だ

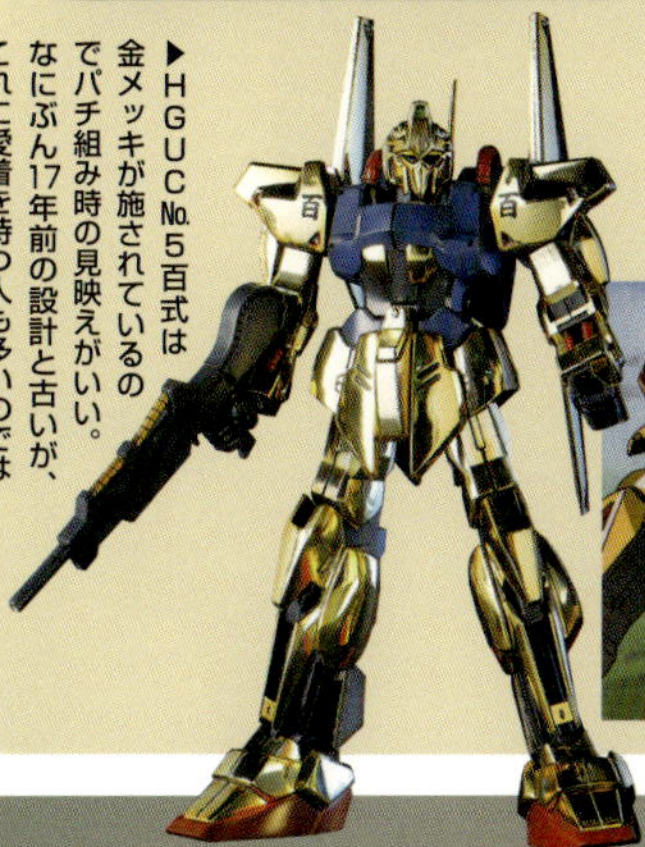

▶ＨＧＵＣ№５百式は金メッキが施されているのでパチ組み時の見映えがいい。なにぶん17年前の設計と古いが、これに愛着を持つ人も多いのでは

▼アニメの百式は黄色。セル画で金属らしく見せるのは難しいようで光沢や影を上描き（俗にいうワカメ影）することで輝きを表現している。なので「ツヤッツヤの黄色」で仕上げるのもひとつの正解

　リメイク版ＨＧＵＣ百式を製作しました。こちらも開発に携わらせていただいているのですが、開発の方に非常にがんばっていただいたおかげで、とくにパーツ分割において細部まで色分けがなされているほか、ほぼ合わせ目も出ない設計になっています。今回は成型上の都合でできた面取りやディテールの修整、密度感の演出や塗装のためのディテール追加などに注力します。

　ディテールを追加する場合はいつも、法則やコンセプト等をそこはかとなく考えつつ行ないますが、今回は金色に塗装するのが大前提なので、塗装との相乗効果でよりソリッドかつメリハリが出るディテールを心がけて追加します。じつはこの「そこはかとなく」が重要です。自分で決めたルールに縛られ過ぎて手が止まったりカッコ悪くなってしまうのでは本末転倒なので、あくまで柔軟に対応していきます。

　また百式の場合、金色の表現もテーマのひとつになると思うのですが、今回もＧＳＩクレオスといっしょに開発させていただき、新しい金色を「百式ゴールド」として発売することになりました。

　通常、メタリック塗料はこまかな金属粒子を混入することによって金属感を表現するのですが、今回の百式ゴールドに使用している金属粒子は通常のものよりも小さく（粒子が大きくなるといわゆる「ラメ」っぽくなっていきます）粒子感がほとんどありません。ただ、金属粒子をこまかくしていくとそれだけ手間やコストが嵩み価格に反映されてしまうのと（今回はかなりがんばっている価格です）通常のメタリック塗料よりも生産数確保が難しいので、ＧＳＩクレオスの担当者曰く、見かけたら即ゲットしておいてほしいそうです……。

　昔はいまほどメタリック塗料の金属感の再現度が高くなかったので黒下地→シルバー→クリアーカラーというのが定番でしたが、近年の塗料は金属感、性能が上がっているので手軽にいろいろな表現が楽しめるようになりました。ちなみに金属色の下地に黒もしくは暗色を、というのは、模型用塗料というものが基本的に粒子と溶剤から構成されており、粒子が大きければ大きいほど粒子同士の隙間ができやすく、その隙間から覗く下地が仕上がりの色味に影響を及ぼすためです。メタリック塗料は先述のように通常塗料よりも粒子が大きく下地の影響が出やすいので、反射影響が少なく色味に影響を及ぼしづらい黒、暗色を使用するというのが理屈なのですが、近年のメタリック塗料は先述のように隠蔽力が上がっているので、以前のようにもろに下地に影響を受けることも少なくなりました。

　それでも下地の影響がゼロというわけでもなさそうですので、濃い色の下地作りと設定上の濃い関節色で金色とのメリハリ感を出します。ＮＡＺＣＡのメカサフ・ヘヴィとガイアノーツの黒サフを調合してかなり濃いめのグレーサーフェイサーを作り、フレーム色と金色下地に使用しています。

　キットにせよ塗料にせよ、素材がよければそれ以外の作業に注力できるのはとても喜ばしいことです！　各メーカー開発陣の努力には頭が下がりますし、これからもさらによいもの、おもしろいものをと願うばかりです。それではまた！■

【特集】

HGUCバーザム！

Model Graphix
2017年8月号
掲載

なぜ我々は バーザムが ガンプラに なったことに ガタガタ 騒ぐのか!?

バーザムの巻頭特集を断行した本誌に対し、「なぜ？　特集にするほど!?」と思う向きもあるかもしれない。が、コイツがついにガンプラになったこと自体が衝撃的な事件なのだ。30年以上にわたってガレージキットしか存在しなかったという不遇の歴史を歩んできたバーザム。そんなバーザムの不遇ぶりを改めて振り返りつつ、バーザムのガンプラが発売された事実の重さをともに噛み締めていこうではないか！

何者なんだ コイツは…… マジで!!

RMS-154 バーザム

性能はマラサイとどっこい、武装も平凡、有名パイロットはいない、活躍シーンもとくになし……と、褒めるところがないのがバーザム。「バーザムは売れないからキット化されないのでは」と思ってしまうのもむべなるかな。そんなバーザムがついにはじめてガンプラになった。これはHGUCのリニューアルなどより、5000兆倍大事件。Sレアだ。祭りあげなくてどうする。ガンプラという製品群がまたひとつ多様性を手に入れた新たなターニングポイント、それがHGUC バーザムなのだ。

1 アニメでの活躍……なし！

なぜバーザムは『Zガンダム』放送当時プラモデルになれなかったのであろうか。理由は明白で、劇中でこれといった活躍シーンがなく、ジェリドやヤザンのような著名なパイロットにも乗ってもらえなかったのでニーズがなかったのである。登場シーンの大半はZガンダムやネモに撃墜されるばかり。ガンダムハンマーを受け止めるとか、変形してびっくりさせるとか、サイコミュ兵器でガンダムを追い詰めるみたいな活躍は皆無なのだ。そもそも武装がライフルにサーベル、バルカンと平凡なものしか揃っておらず、役割的にもぶっちゃけマラサイやハイザックともろにカブっている。じゃあ、最後発の量産型MSだけに、ゲルググみたいに「新型だから強い」描写とかあるのかな？　……と思うとそれもとくになし。バーザムよ、君は『Zガンダム』のなんなのだ？

2 劇場版での躍進……なし！

'05年から'06年にかけて3作公開された劇場用映画『機動戦士Ζガンダム A New Translation』。新規作画で艶かしいほどに重厚に描かれたグリプス戦役を彩るMSたちは新たな人気を育み、メッサーラやガブスレイ、アッシマーなど数々のMSがHGUCにて新たにキット化された。これならバーザムにもワンチャンあるんじゃね？　と期待したら、なんと新規作画はバックショットとものすごく遠くにいる小さいカットのみ！　しかも旧作画含めて戦闘シーンもなし!!　あるのはゼダンの門と化したア・バオア・クー内部でマラサイとともに仲良く押しつぶされるシーンくらい。当然ガンプラもフィギュアもガシャポン戦士も発売されなかった。

3 ガンプラ化されそうな 気配……30年間なし！

活躍しないから当然32年間キット化されてこかったバーザム。初代ガンダムのMSは軒並みキット化されているので、アニメ本編に登場したMSとしてはもっとも長いあいだキット化されなかったMSということになる（あ、でもアクト・ザクのほうが早くアニメに登場したか)。ガンプラとして製品化されることは、購入者たちによってアニメ外でも語り継がれるということを意味する。放映当時ガンプラ化されなかったことは彼をさらにマイナーな存在とし、余計にガンプラ化から遠ざけてしまうスパイラルが完成した。

4 他メディアでの掘り下げ ……もちろんそんなになし！

本編以外でMSたちに日の目を浴びるチャンスを与えてくれるのが各種メディアミックス。マンガを初めとする各種外伝作品や『SDガンダム』、『スーパーロボット大戦』などのゲーム作品が今日のガンダム人気を支えているのは紛れもない事実だ。バーザムについては本誌でも『ガンダム・センチネル』にてリファインを行なったり、電撃ホビーマガジンの『ADVANCE OF Z』でも取り扱われるなど、決してその扱いがゼロというわけではなかった。しかし『機動戦士ガンダムUC』に出演できなかったのは……痛かった!!　『UC』に登場したことで、ネモやドライセンなど数多くのMSがHGUC化されたことに我々は心を踊らせた。ジムⅢなどは初ガンプラ化を果たした。宇宙世紀のMSたちに新たなスポットライトを当てるのが『UC』だったが、バーザムは見事にその貴重な機会を逃すのである。

5 そもそもこのモビルスーツ カッコいい……のか!?（爆）

大きく見開いた目、長くゴリラのような印象を受ける腕、胴体から生えているかのようにも見える長い脚、MSなのに腰部が存在しない、むき出しのシリンダー、目につくけど用途は不明な股間……「そもそもバーザムってあまりカッコよくないんじゃないの？」　いやいやそんなことはないのだ。子供の前にバーザムとフリーダムガンダムを置いたら10人中10人が後者を選ぶであろう。がしかし、我々はその独特すぎるデザイン、他者との慣れ合いを避ける孤高の存在としての姿に一周して心を奪われるのだ。前代未聞のデザインであり、それが初ガンプラ化されたなら狂喜するしかないのである。え？　珍味食いだって？　珍味おいしいじゃない。

そこまで言わなくても……

美味しいお肉はまず塩だけで楽しむのだ～

そのまま作っても楽しいバーザム

おいしいお肉というよりは珍味でありながら「なぜ?」と言いたくなるほどのクオリティーを誇るHGUC バーザム。年々質が向上していくガンプラであるが、バーザムは近作のなかで白眉ともいえる優れたキットとなった。

▲四肢のバランスや接続位置がMSとしては極めて独特なバーザムだが、そんなことは問題ないねと言わんばかりのダイナミックなアクション性能を誇る。とくに股関節はロール軸を組み合わせた三重関節となっており、腰やフロントスカートが存在しないことと相まって大きな開脚やハイキック、果ては正座まで自由自在となっている

●カラーリングは設定やキット成形色のヴィヴィッドなものから、少し抑えてガンダムMk-IIに準じた色味にしてみた。GSIクレオスのガンダムカラー、ティターンズカラー1と2をベースに、明度を低めに調整している

B《バーザム》T《たのしい》P《ポイント》 1

とにかく組んでみ!

●HGUC バーザムは、デザインの特異さ、これまでプラモデル化されなかった希少性から、全ガンプラのなかでもトップクラスに「新鮮な気持ち」で組み上げられる製品だ。全長の半分以上を占めるスラスターの塊のような脚部、ヒジの下に肘関節とは90度逆方向に曲がる関節を備えた前腕、頭胴体四肢と、人型としての要素は備えているもののすべての比率や取り付け位置が人間と異なる絶妙なバランス、ワケのわからない曲がり方をする肩や股関節。HGUC バーザムをパチ組みすることは、あなたのこれまでのガンプラ体験をひっくり返す衝撃的な小一時間になることは間違いない。あなたのガンプラ人生はHGUCバーザムを組む前と組んだ後とで、ハッキリと2色に分かれてしまうはずだ

[巻頭特集] HGUCバーザム!

(RMS-154 BARZAM)

股間も2種類用意しました

●製作を担当した小森氏曰く「キットはちょっとバーザムとしてはカッコよすぎかも?」だそうな。とくに小顔なので、プラ板工作で大型化してむしろ少しずんぐりさせる

●右の解説でも紹介したように股間にふた通りの解釈がある股間部。作例としてはここは外せないでしょ！ということで凹みVer.を製作。手順は下記の図を参照されたし

●各部に細切りプラ板を適宜貼り付けてデコレート。肩アーマーは一部カットして段落ち部に貼り付け

●頭以外のシルエットはほぼキットのままで美味しく味わえるのでそのまま楽しんでいる

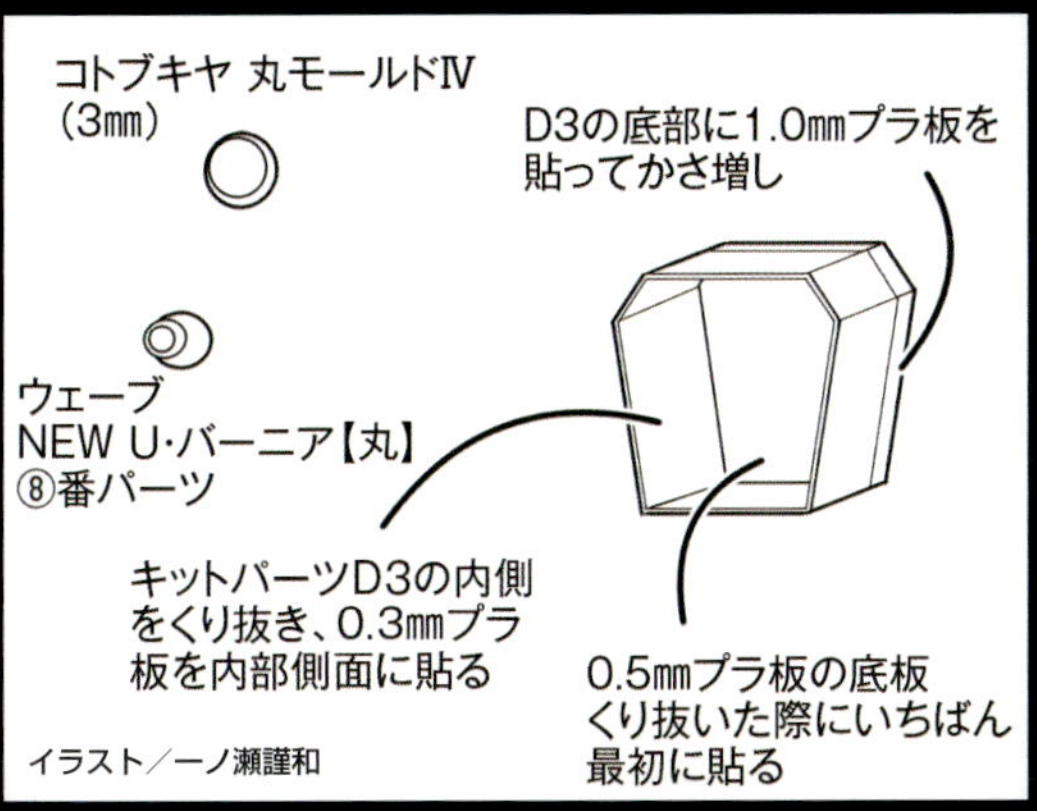

イラスト／一ノ瀬謹和

凹んだ股間の作り方♥

▼頭部の改造。B15、16パーツの接着面に1㎜プラ板を挟み、襟足部分にも左右にプラ板を貼って大きくする。前側のB17パーツは左右に0.5㎜プラ板を貼って瞬間接着パテで整形した。顎はキットのままでも問題ないのだが、プラ板を貼り足してエッジを立ててみた。モノアイは出っ張りすぎなので3㎜ほど削って奥に配置。バルカンポットも頭部が大きくなったぶん、ベルト部分の両側にプラ板を貼って幅を広げるとよい

B《バーザム》T《たのしい》P《ポイント》 2 股間が2種類あるのは……なんで!?

●バーザムを論じるにあたって外せないのが股間にまつわるエピソードである。P47でも説明しているが、バーザムの股間は設定画の見方や劇中作画での塩梅から右記写真のように「平らな形状で、丸い機器は向かって右上に設置されている」と「凹んだ形状で、丸い機器は底面中心に設置されている」というふた通りの解釈が存在するのだ。そんなことって普通あるか!? 数少ない立体物や、ゲーム作品でもバーザムの股間をどう表現するかは完全に製作者の塩梅次第でさまざま。「ザクの頭部は卵形がいいよね」みたいな好き嫌いの問題ですらない。完全に人によってふた通りの見え方が存在するだまし絵のようなMS、バーザム。やはりコイツはガンダムMS界の特異点なのだ

●放送当時、本誌にて草刈健一氏がバーザムをスクラッチビルドしたことがあった。その際にバーザムのメカデザイナー、岡本英郎氏が特別にデザインしてくれた新規武装がこのグレネードランチャーだ。せっかくなのでこちらもプラパイプと『鉄血』シリーズのMSオプションセット6、HGUC ジムⅡのライフルのグリップなどから製作。なかなかシブい武器です

組み合わせてもっと楽しいバーザムライフ!

●今回用意した武装はバーザム付属のものに加えハイザックのシールド、ガンダムMk-Ⅱのシールド、ジムⅡのライフル、ハイザック／マラサイ用ライフル、リファインバーザムやゼク・アインが使用したグレネードランチャー付きライフル、グレネードランチャー、フェダーインライフル、ハイパー・バズーカ、クレイバズーカ、3連装ミサイルポッド、ガンダムMk-Ⅱのバックパック、凹んだ股間、アニメで搭乗したベース・ジャバー、『逆襲のシャア』や『ガンダムUC』で使われた89式ベース・ジャバー、そしてGディフェンサー。その数じつに19種類！

B《バーザム》T《たのしい》P《ポイント》 3 オレはなんでも使えるんだ!! エリートだから!!

●地球連邦軍のエリート部隊、ティターンズ。その最後の量産機として登場したバーザム。ティターンズに取って忌むべき存在であるスペースノイドの象徴、ザクを模倣した形状のハイザックやある意味偶発的にアナハイム社よりもたらされたマラサイと違い、アポロ作戦以降地球連邦軍を牛耳るほどに政権を拡大させたティターンズが満を持して開発したバーザムは、まさにティターンズを象徴するエリートによるエリートのためのMSだったはずだ。それを象徴するように、バーザムには「地球連邦軍製のあらゆる武装を使用できた」という夢のある設定が存在している(実際に劇中では活かされることはなかったわけだが)。だがこんなオイシイ設定を模型で放置しておくわけにはいかない。バーザムの器用さを模型で示すためあらゆる武装を携行させてみるのだ！

パターンA 仲間《ティターンズ》の武装大集合だわいわい!!

●まずはティターンズが使用する武装を大集合させて装備してみた。なんかこういう、「同じ勢力の別MSの武装を装備」するパターンってソソられないですか？　ジャイアント・バズ持ったグフとかカッコよかったですよね？　『ガンダムUC』でもフェダーインライフルと海ヘビを持ったマラサイが大活躍してたし……。メイン武装はハイザックとマラサイが使用していた名作ビーム・ライフル。左腕にはハイザックのシールドも付けておきましょう。ライフルのカートリッジも裏側にしまえるからね。格闘用武装としてハンブラビからは海ヘビを拝借。さらにオプションとしてハイザックの三連装ミサイルポッドとガンダムMk-Ⅱやパワード・ジムが愛用したハイパー・バズーカも背負わせて、マルチな距離で戦えるバーザムを演出

▶ミサイルポッドは旧キットの「モビルスーツ武器セット」に入っているもの。取り付けアームをプラ板で多少形状変更しつつ、バックパックで挟み込む

▶バーザムのバックパックには、用途のよくわからないグレーのパーツがあったので、展開してバズーカラックになるのではと解釈してみた

HGUC バーザムで遊ぼう!!

ビーム・サーベル、ビーム・ライフルとバルカン・ポッドという平凡な武装で地味なバーザム。そこで設定を活かしつつ多彩な武装を組み合わせてみよう。大量にオプションパーツを揃え組み替えることでいろんなバーザムを楽しめちゃうのだ。

RMS-154 バーザム
BANDAI SPIRITS　1/144
インジェクションプラスチックキット
発売中　税込1620円
出典／『機動戦士Zガンダム』
製作・文／小森章次

パターンB 兄よ、見ていてくれ! ガンダムMk-Ⅱ風バーザム

●バーザムのアイデンティティのひとつといえば「ガンダムMk-Ⅱの量産型である」という設定ですよね。ビックリするくらい似てないけど……。『ガンダム・センチネル』ではそうした設定を踏まえリファインされたデザインも生まれ、今回のHGUCでもガンダムMk-Ⅱのバックパックを装備できるギミックが用意されています。じゃあ武装もガンダムMk-Ⅱのものを装備させてみたらカッコいいんじゃない？　と試してみたのがこちら。あらやだ!?　カラーリングを寄せたのも相まって激シブな仕上がりじゃありませんか！　ビーム・ライフルとシールドは贅沢にRG ガンダムMk-Ⅱから持ってきてみました。バズーカラックはMk-Ⅱのものを加工して、リアスカートに挟み込むようにして設置しています

パターンC Get Ride! 板に乗れ!

◀89式ベース・ジャバーに乗せれば『ガンダムビルドファイターズトライ アイランド・ウォーズ』での一幕も再現可能。股間にエネルギーチューブを接続していた姿が印象的でしたね。SFSに縁があるヤツだなあ

●『Zガンダム』第38話ではジェリドのバイアランに率いられてベース・ジャバーに乗り、アムロのディジェ相手に奮戦したバーザム。HGUC バーザムは脚が上がり、ヒザもよく曲がるのでベースジャバーに膝立ちするシーンがキマります。劇中再現派にもオススメのマリアージュです

89式ベース・ジャバー製作／とも

◀『Z』版ベース・ジャバーでもエネルギーチューブを股間に接続してみた。チューブを使わないときは根元の円盤状モジュールのレバーを回して収納するという仕組みを妄想

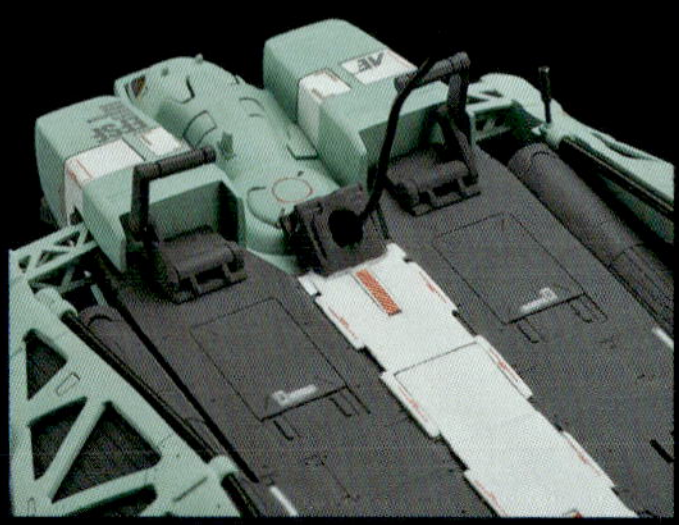

◀89式のほうではリールのように内部にチューブを巻きつけるようにして収納している

B《バーザム》T《たのしい》P《ポイント》 4

見方で変わる二面性!!

●バーザムを手にとっていると、アオリと俯瞰でふたつの面構えを見せてくれるのに気づくだろう。下から見上げるとヌボーッとした、牧歌的な表情を見せてくれるが、大きなヒサシの影響で俯瞰してみるとギロリと睨みを効かせた、一筋縄ではいかなそうな悪役顔を見せてくれるのだ。写真撮影する際などは、この目つきも意識するとよりバーザム生活を楽しめるぞ

●こちらはフェダーインライフルとクレイバズーカを組み合わせてみたパターン

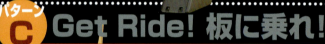

パターンD オレは……スーパーバーザムだ

●ランチャーは「システムウェポン」収録のメガランチャーやMGフルアーマーガンダムVer Ka（GUNDAM THUNDERBOLT Ver.）のバズーカなどを組み合わせて製作。「アナハイム社がバーザム用のテストとして1機納入するも、ティターンズ側ではベースジャバーのほうが運用コストも安いので、もて余され結局、2回のテストのみでプロジェクトは終了した」という駄っ作機的な脳内設定。Mk-Ⅱのバックパックは無改造で背負えるので割りと簡単に真似できる組み合わせです

▲Gディフェンサーはエゥーゴで作られた兵器なので、本来バーザムが装備するのはおかしいといえばおかしいのだが、まぁグリプス戦役でティターンズが勝ってたら接収してたかもしれないしね……。白い板状装甲は取り払い、翼の形状も変更している

●最後にGディフェンサーを装備した、なんともゴージャスな「スーパーバーザム」をご覧に入れよう。スーパーガンダムそのままというのもちょっと設定的にビミョーなので、サイドポンツーンは背後に配置。武装もロングライフルでなくジャンクパーツを組み合わせたバスター・ランチャーを独自に製作してみた。股間にエネルギーチューブを接続して……。あれ？ これなんかA級なカンジが……

放映から32年経って初のガンプラ化を果たしたバーザム。しかも映像媒体といっさい連動なしの製品化。私もこの突然の発表には狂喜乱舞したひとりです。ほかの量産MSとは共通項のない奇抜なデザインが魅力の多くを占めるバーザム。当時のムック本とかを読み直すとガンダムMk-Ⅱに火力、機動性も劣らないとか、汎用性が高く、マラサイやジムⅡなどの装備を共用できると書いてあります。脚がどこから生えているのか？ や特徴的な専用ビーム・ライフルなど、とにかく謎の多い機体です。

キットは当時の設定画に比べると、いま風のプロポーションになっていて……ちょっとカッコよすぎかな（笑）。それでも、きっちりバーザムです。

頭部／今回、素組みしていちばん感じたことは頭部がひと回りほど小さめなこと。マッシヴな胴体、脚部に比べるとよりいっそう小さく見えますので、設定画のイメージに近づくように大型化しました。

胴体／首は1㎜延長して、頭部が大きく見えるようにしています。リアスカートの黄色部分の肉抜きは瞬間接着パテを使って埋めました。

さて問題の股間部分ですが、デザイナー岡本英郎氏の見解で示されたフラットな形状で、右上にエネルギーチューブ差しこみ口がオフセットされたタイプのモノが付属してます。でもやはり凹んだ股間パーツもほしい！ ということでキットをもうひとつ使って製作します。まず、黄色のD3パーツの底をくりぬきます。底面にプラ板を貼り、地道に側面の壁を0.3㎜プラ板で作っていきます。きっちりと形が出来たら瞬間接着剤を流し、整形して完成です。凹んだ真ん中のパーツは市販バーニアパーツの組み合わせです。

ヒジは二重関節になっていますが、ちょっと隙間が大きいので上腕部分の内側を削ってめり込ませるようにしています。前腕はシールドと専用ビーム・ライフルの保持のために磁石を仕込んでいます。肩はダボを切って後ハメ加工しました。

手首ですが、平手はいい形状のものが入っています。指のあいだの成形上作られた水掻き状の部分は切り取って成形します。

穴あき握り拳はコトブキヤのカスタムハンドAが大きさ、形ともによさそうなのでコレを元にします。握り拳は親指をプラ棒で作っています。

脚部はとてもカッコよいです。バーザムではないみたいです。太ももはダボを切って後ハメ加工が可能です。股関節部分の入る穴は、後側を削ると股関節パーツが入りやすくなりますし、脚が開く範囲も拡大できて一石二鳥です。スネのバーニアはディテールが甘いのでくりぬいて裏側からプラ板を貼ってスッキリさせます。前後の赤いパーツは厚みがあるので薄くしました。

バックパックは少々のディテール工作を施したのみです。真ん中の謎のグレーのパーツは、協議の結果バズーカラックと解釈。もうひとつ使って作っています。そして新HGUC ガンダムMk-Ⅱのバックパックが無改造で取り付け可能なので用意しました。チューブを2㎜の白コードに、バーニアを市販パーツに変更しています。

武器類については先程も書きましたが、バーザムはさまざまな武器が使用可能な汎用性の高さを持っています。今回はそれを再現するため、いろいろな機体から武装を持ってきてみました。

HGUC Mk-Ⅱからハイパーバズーカ、シールドとグレネードランチャー付きビーム・ライフルはRGのものです。ハイザック／マラサイ用ライフルとフェーダインライフル、海ヘビは『UC』版マラサイから。HGUC ハイザックからはシールドを拝借、旧武器セットからはミサイルポットを使用します。また、オマケでクレイバズーカをミサイルポットのアームに取り付けできるようにしています。

ベースジャバーはプレミアムバンダイで発売されたゼータガンダムVer。翼類を薄くし翼端灯を彫っておしまいです。エネルギーチューブは掃除機のコード、ボタンを押すとコードが引っ込むアレをイメージし、コードがつかえたら手動でグリップを回してしまえるように作ってみました。■

HGUC バーザムを作った男たち

その誕生からガンプラ化されるまで32年！「不遇のMS」の代表選手であるところのバーザムは、いかにして製品発売にまで漕ぎ着けたのか!? ほんなら作った人たちに聞いてみちゃいまひょ、ということで静岡はバンダイホビーセンターにお話を聞きにいってまいりました。まずはガンプラとしての骨子を定める企画／設計の方々から、HGUC バーザムの産声を上げさせるまでのお仕事内容を聞いてきました！（取材／MG編集部）

◆32年の不遇を押しのけて成立した企画

――ガンプラの企画、というお仕事はどのように進めているのでしょうか。

内田　「企画開発担当」は商品のプロデューサーにあたるもので、最初は年間のプランを立てます。各シリーズのラインナップ傾向を見て、たとえばRGとHGを関連づかせてラインナップを構築するなど全体を考えます。映像作品があればそれをベースに、MSVのように登場する映像作品がないMSはいままで製品化していたシリーズの継続展開で関連づかせたりなど、ただ漠然と製品開発をはじめるのではなく、話題の作りやすさなども考慮していきます。

――バーザムのガンプラ製品開発について担当のおひとりおひとりにお聞きしたいと思ったきっかけは、「よくバーザムの企画を通したな！」と思ったのがきっかけでした。不思議なデザインというのもありますし、劇中で有名なパイロットが乗ったわけでもないので機体にまつわるドラマ性も低いですよね。グリプス戦役に特別な思い入れがあるような人以外には訴求が難しいのではないかと思ったんですが。

内田　バーザムについては、社内でもはじめは厳しい状況でした。定期的に今期のHGUCをどういうコンセプトでやるかというのを定めるんですが、そこには映像作品の有無などが大きく影響し流れは年々で変わっていきます。現在、百式やZガンダムなどのようにHGUC内で2回めの製品化を積極的に行なっていますが、それらを進めつつも、映像作品ごとのコレクションとして初立体化のMSなども交えて訴求していきましょう、というテーマを基にしてバーザム商品化の提案を行なったんです。

バンダイ　ホビー事業部
ガンダムチーム企画開発担当 チーフ

内田巧

バーザムという存在が『Zガンダム』の世界を広げてくれると思ったんです

Photo by/篠部雅貴

――プラモデル製品を語る際に、バリエーション展開ができるか否かという視点は重要ですよね。たとえばガンプラでいえばザクが新しく開発されればシャア専用ザクや高機動型ザクといったバリエーション展開が可能になります。そうした意味ではバーザムはバリエーション展開がかなり難しいキャラクターだと思いますが、製品開発の際にそうしたコストパフォーマンス的なことも考慮に入れられているのでしょうか。

内田　それは当然あります。バーザムにせよ、今度発売されるRE／100のハンマ・ハンマにせよ、バリエーション化は難しいんですよね。ただ、そこばかり考えると製品化できるものがかなり限られてしまいます。なので僕らとしては、シリーズ全体を盛り上げるサプライズ製品を年に何点かは作りたいと思っています。

――バーザムが発売されることで、『Zガンダム』製品全体の盛り上がりが期待できるという狙いでしょうか。

内田　そうですね。バーザムを買ったことで、じゃあZガンダムも買ってみようとか、昔発売されたハンブラビも集めてみようとか、そうした効果が表れるんです。

――開発を静岡で行なっているのに対して、マーケティングを担当されているのは東京のホビー事業部の方々なんですよね。

内田　そうですね。

――東京の方々と「バーザムをどう売るか」というような話はされるのでしょうか。

内田　昨年11月のガンプラEXPOでZガンダムとともに発表し、ユーザーを驚かせようと計画しました。おかげさまでかなりの反響をいただき、部内でもバーザムに対する期待が高まりました。『ガンダムビルドファイターズトライ アイランド・ウォーズ』に登場したのも大きかったですね。『ビルドファイターズ』シリーズはガンプラのアニメなので、登場した機体の商品化をユーザーのみなさんも期待してくれていたんだと思います。

――バーザムって活躍シーンが全然ありませんけど、たとえばプレゼン資料を作るのにも苦労したんじゃないですか？　普通に考えたら、すでにガンプラにもなっているガルバルディβのほうがいいんじゃないか、ってなりますよね。

内田　それは言われますよね。ガルバルディβも候補アイテムとしてバーザムと合わせて検討していましたが、Zガンダムシリーズの立体物の補完を考えて初立体化のバーザムを推し、部内を説得しました。バーザムを推すときによく使ったのはZガンダムとつばぜり合いをするシーンですね（編注／第43話「ハマーンの嘲笑」での一幕）。このシーンがカッコよくてその説得力がすごかった。これのおかげで「Zガンダムの相手といえばバーザム！」と刷り込ませていけたようなカンジで……。

――それはまた局所的な関連づけですね（笑）。そこだけ見たらまるでZガンダムのライバル機みたいじゃないですか！

内田　社内プレゼンの際にはこまかい設定やキャラクター性、製品としてのアピール面をまとめた開発仕様書というものを作って社内でプレゼンするんですけれど、先に発売されたZガンダムはガンプラ40周年の一環でアクション性の高さを大きく推していました。そこで、その後に発売されるバーザムもゼータを意識してアクションを推しています。さらに、その段階からモノアイをクリアーパーツで再現したり、色分けを極力成型色で再現するといった仕様も決めていきました。たとえば最近は、シールでの色再現についても、多すぎるとユーザーからの厳しい意見が届いたりするんです。なので社内プレゼンの場でも「これはどのくらいシールを使うの？」というようなことを聞かれたりもします。

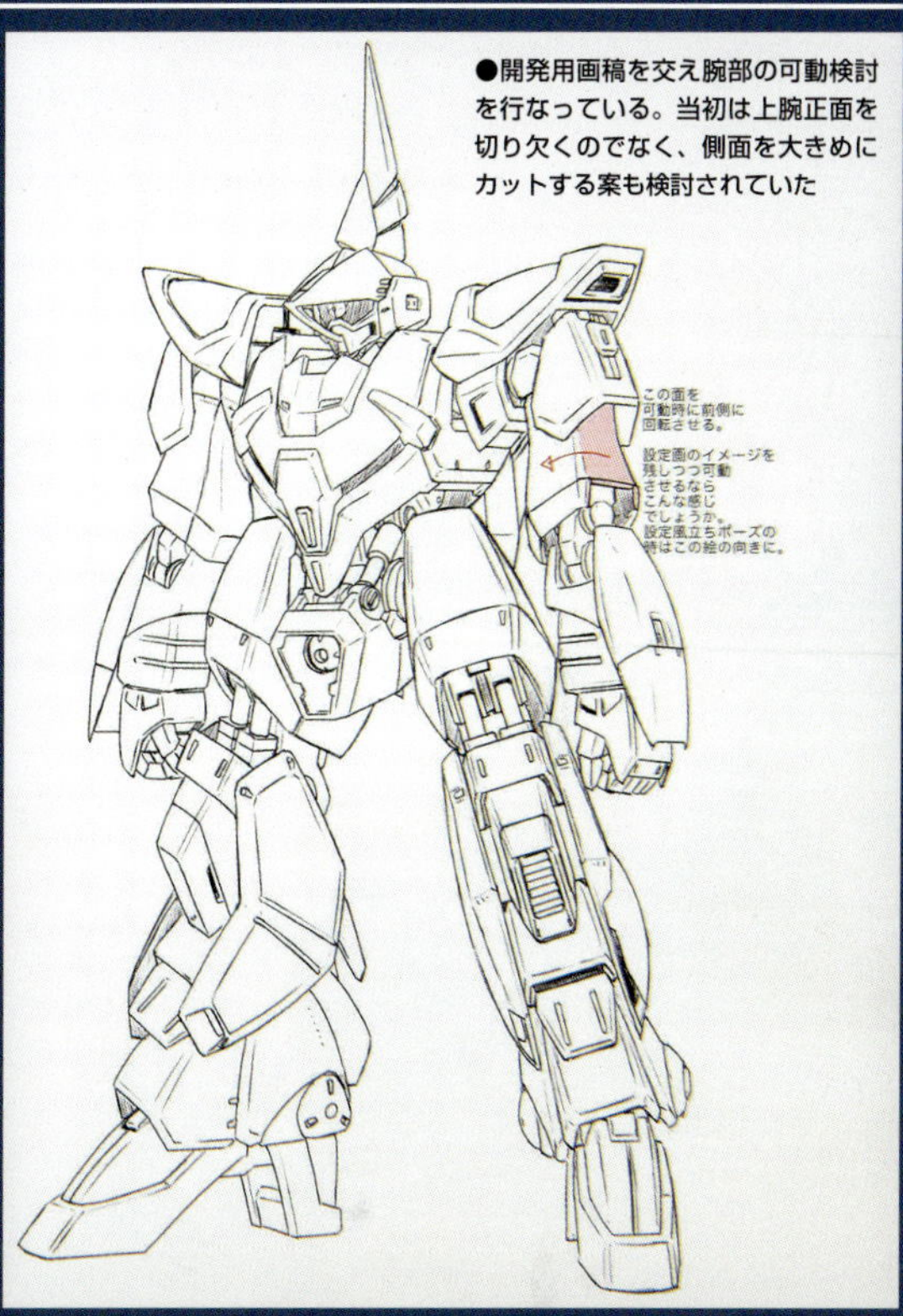

●開発用画稿を交え腕部の可動検討を行なっている。当初は上腕正面を切り欠くのでなく、側面を大きめにカットする案も検討されていた

――バーザムはシールがほぼ必要ないくらい成型色での色分けが徹底されていますね。

内田　正直やりすぎちゃいました（笑）。股間の赤い箇所などは普段ならシール対応でもおかしくないですからね。アニメ登場から32年間経ってやっと発売された商品ですから、担当としていちばん恐れているのは「ようやく発売されたのにこれかよ～」という反応です。やれることはやろうと。

――企画を立案後、設計の方とはどのようにディスカッションをされるんでしょう。

内田　設計担当とはオフィスのフロアがいっしょなので、なにかあるたびに直接やりとりしながら進めていきます。基本的には開発仕様書を作るまでが企画の仕事で、その後の具体的な工程は設計の仕事になってくるんですが、こまかい試算などは両者で

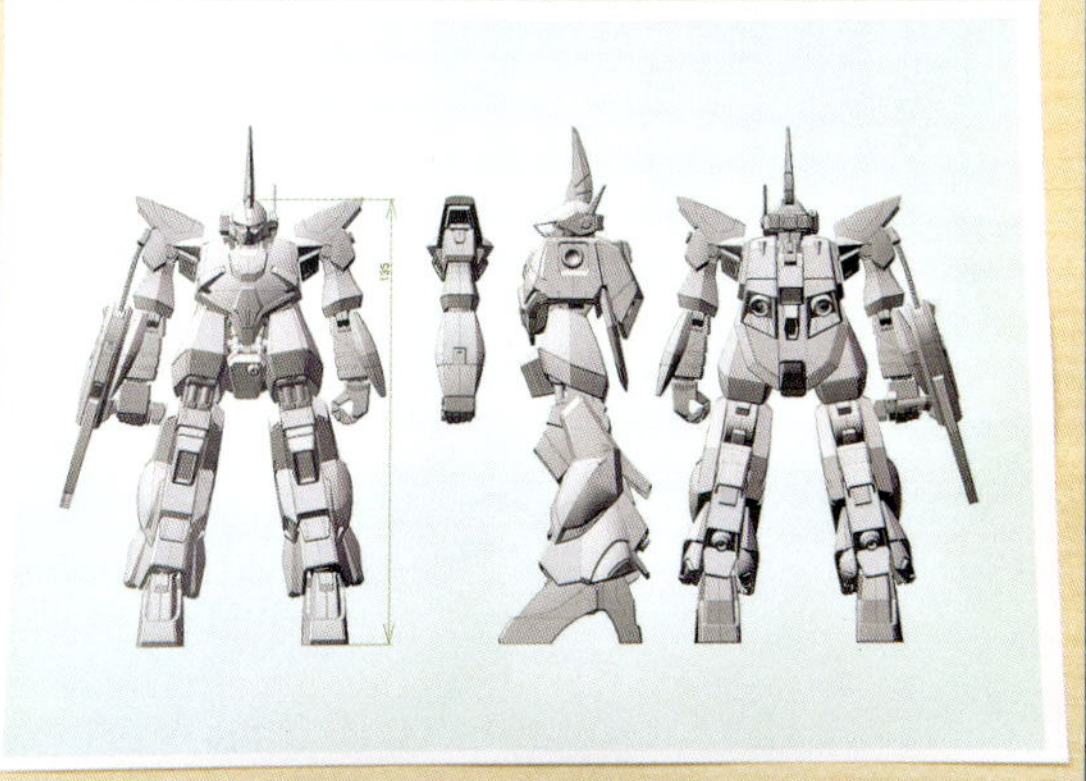

▲▶形状を3DCGに落とし込み、3Dプリンターで出力したのが右写真右側のもの。この段階は形状バランスなどを見るためのものなので、関節などの形状のほか、胸部や脚部などの形状もところどころ異なっているのがわかる。HGUC バーザムの発売が発表された'16年11月の『ガンプラEXPOワールドツアーJAPAN 2016WINTER』に展示されていたのもこの試作モデルに着色したものだった。出力はホビーセンター内の光出力式のプリンターによって行なわれ、写真の出力品は今回の取材のために出力したてのものを組み立てたものだ（！）

＊本記事は『モデルグラフィックス』2017年8月号の内容を再掲載したものです。
バンダイ ホビー事業部は現在BANDAI SPIRITS ホビー事業部となっています。

Photo by 篠部雅貴

ホビー事業部
開発設計チーム
井上僚

バーザムは普通のMSと軸の位置が全然違っていてとてもおもしろかった

やったりするんです。なので、逆に設計担当から「1500円の想定になってますが、ここまでやったら2000円になっちゃいますよ」とか言われたりすることもあるわけです。そうなったら、企画開発側は価格を現状維持にするか上げてしまうかを再考して決める……といったような具合です。

企画の内田氏からバーザムをガンプラ化に結びつかせた巧みなプレゼンテクを聞いているところに設計に携わった井上氏が登場。井上氏も交えてふたりに企画と設計の関係性について話を伺った。

◆異形のMSをガンプラに落としこむ苦闘

内田　可動ギミックについて、肩は直前に発売されたZガンダムのイメージでお願いしたんですが、股関節や下半身の可動については こまかい指示をしなかったのでそこは設計担当が考えてくれました。異形なデザインのMSなので苦労したと思います。

――ふつうのMSは太ももの上端に股関節が刺さるようになってますけど、バーザムは大ぶりな太ももの中心に軸が来るようになっていますもんね。

内田　Zガンダムを意識して、バーザムもここまで動くんだよっていうのをアピールしたかったんです。

――正座までできちゃいます。

内田　劇中でベースジャバーにヒザを立てて座っているシーンがありまして。それを再現できるようにしたいというのがミッションのひとつでもありました。

――井上さんは、設計としてこれまで何体くらいガンプラを担当されてきましたか？

井上　僕は4年目なんですけれど、30くらいだったと思います。ほかにはSDガンダムや、RE／100のハンマ・ハンマなども担当しています。

――「キワモノ」どころのMSを連続して担当されてますねえ（笑）。やはりバーザムの設計には従来のMSとは違う苦労が伴いましたか？

井上　いわゆる「ガンダム体型」じゃないというところは難しかったです。色も極力再現して、ということだったので、そのためのパーツ割りも考えつつ組み立てやすいように設計するのは大変でした。さきほどの太ももの話もそうですが、軸位置もほかのMSと全然違うんです。設計していておもしろいところでした。

――設計のお仕事というのはどのような段取りで行なわれるものなのでしょうか。

井上　キャラクターのギミックや色味をCADでデータ作成する前に、まず手書きでどう商品に落とし込めばいいか、ガンプラとして成立させるための「割図」や仮配置というものを作成します。この資料を元に金型加工費や価格に見合った商品仕様になるようブラッシュアップしていきます。

――映像や設定画は参考にしますか？

井上　もちろん。それにより商品でここが動かしたい箇所といったポイントが見えてきます。そうやってデータを作る前に商品をどのように作っていくか決めていきます。

――設計というお仕事に対しては、パーツ分割や可動ギミックについて考える役割というようなイメージがあるのですが、そもそもデザイン画を立体に落とし込む変換作業も設計の仕事なんですよね？

井上　そうです。2Dの絵だと決められた

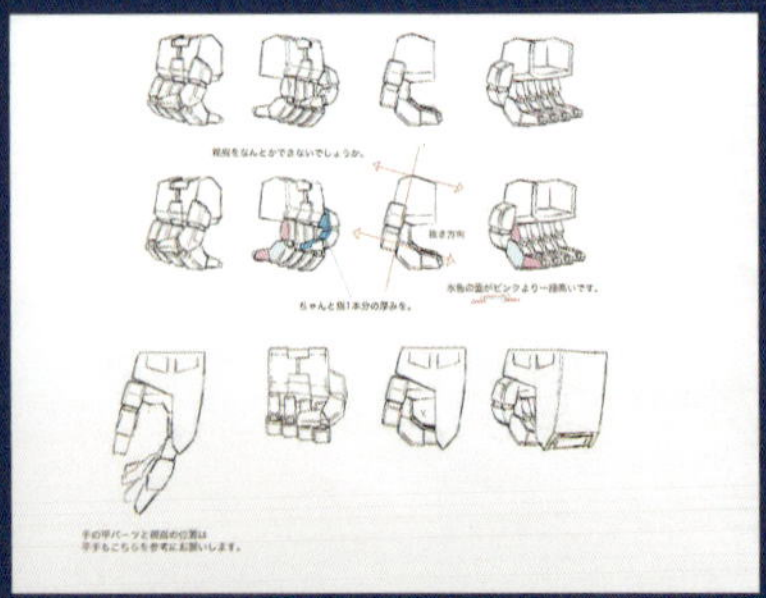

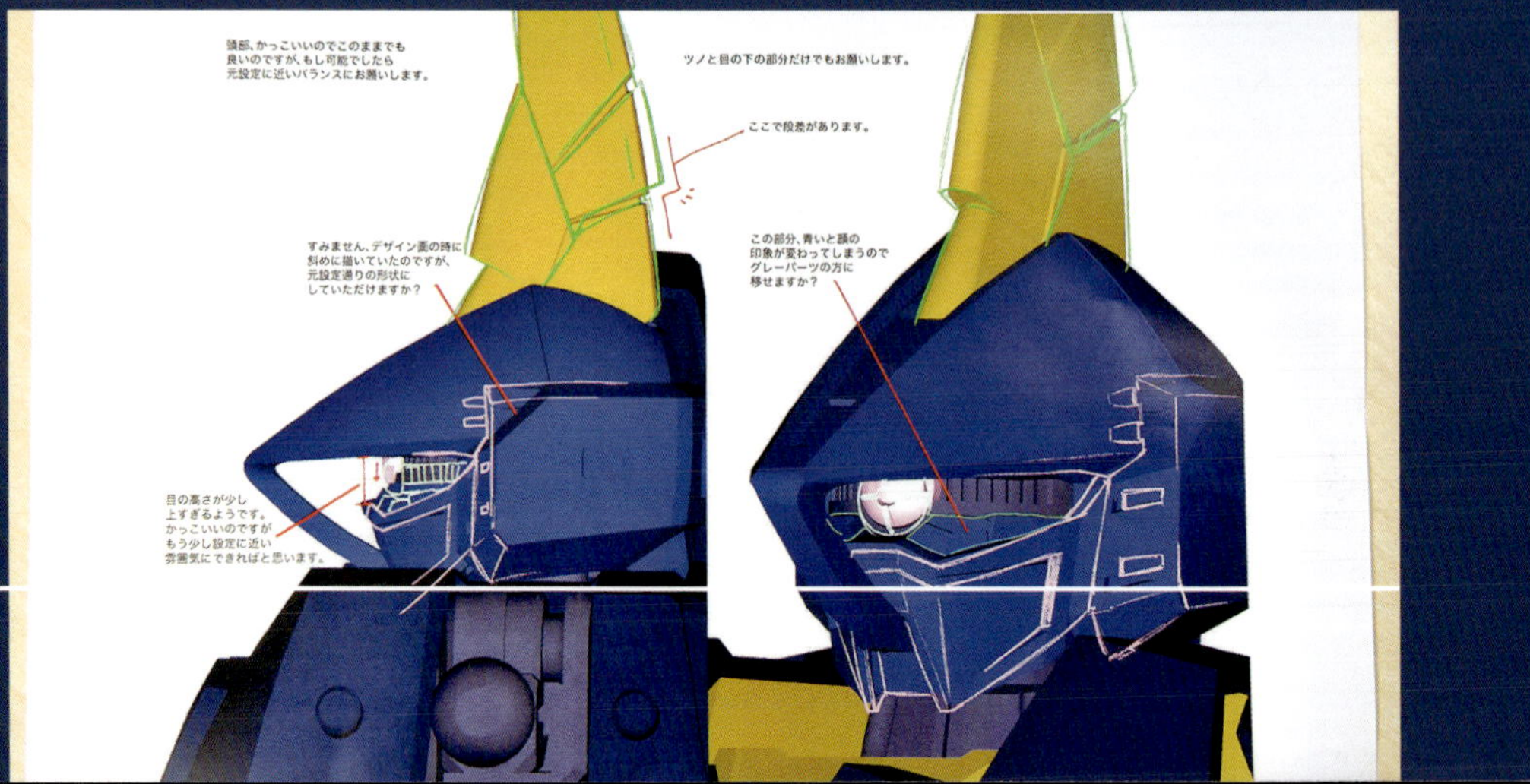

▲▶ハンドパーツと頭部の設計についての意見交換。立体化の機会が少ないバーザムだけに、どうガンプラとしてカッコよくできるかということに試行錯誤が重ねられている

アングルからになりますので、左右の形状のとらえ方が変わってきたりします。そこを調整していくのも仕事のしがいがあるところですね。実際にガンプラにするときにはパーツの肉厚は1㎜にするなどの制約も入ってきます。設定画を見て、プラモデルとして成立するように変換し設計していくことが設計担当の仕事となります。

——このキット、思い切りがいいですよね。バーザムでは多色成型のランナーが2枚入ってたりします。赤いパーツとクリアーパーツを入れ替えています。

内田　そうそう、SNSなんかでも「Aランナーが2枚入ってる!」って反応が結構ありました。これはですね、当初から金型一つで2枚ランナーが出せるように、っていうふうに企画側からお願いしました。ランナーの枚数が増えるとコストがかかるので、できるだけ同じものは2枚使用して価格を抑えたいと思っていたんです。

井上　多色成型機は4色まで成型できます。しかしAランナーで使いたい色は5色ありましたので、一回目は赤色、二回目はクリアーという風に色を切り替えて成形できるように配置してみました。今回は赤のパーツを左右用に2パーツ加工していますが、1パーツ加工しておいて、同じランナーを2枚入れてクリアーパーツは別のランナーにするという方法もあります。そうすると結果的にコストがかかってしまうので、今回の仕様に落ち着きました。

——管理が大変になりそうですね。

内田　大変です！　成形機のなかをキレイにしないと樹脂が混ざっちゃいますから。

——バーザムではポリキャップは少ししか使ってませんが……。

内田　異形なデザインなので既存のポリキャップを使えるところが少なかったんです。合計で6個使ってますが、ボールジョイントのところはポリキャップのほうが柔軟性を活かせるので使いやすいというようなところは意識しています。

——最初からできるだけポリキャップを使わずにいきたいと決めていた?

井上　そうですね。『ビルドファイターズ』から採用するようになったKPS素材がいい感じに関節の保持をしてくれるので、ポリキャップに頼らず保持力を維持できるようになりました。

——首関節などは既存のポリキャップでパーツ化されているものを使ってもよさそうに思えますが、専用のパーツが使われてます。外から見えるところにはポリキャップは使わないぞ、という意思を感じました。

井上　ポリキャップは基本的に塗料がのらないですから、なるべく外側に露出しないように気をつけています。

——バーザムと言えば問題になるのが股間の形状ですが、今回は凹んでいないほうの形状となりました。凹んだ形のほうに愛着がある方もいるのではないかと思うのですが、あれは金型スペースの都合などのせめぎあいの結果外されたんでしょうか?

内田　いえ、そこについてはバーザムのデザイナーである岡本英郎さんの見解がありましたので、2パターンの股間パーツを入れる予定はなかったんです。『ビルドファイターズトライ』に登場した際にも大きく出ていましたし。

——組み立て説明書ではHGUC　ガンダムMk・Ⅱのバックパックが取り付けられるギミックが紹介されていますが、これは誰のアイディアなんでしょうか。

内田　あれは開発用画稿を描いてくれた方のアイディアですね。ちなみに偶然なんですけどHGCEストライクフリーダムガンダムのバックパックもそのまま取り付けられるんですよ。

井上　『ビルドファイターズ』から許す限り、バックパックの取り付け方の共通化という取り組みをしていまして、新しく作るHGにもその考え方が引き継がれています。

——なるほど、そういう繋がりなんですね。本誌としてはバーザムにガンダムMk・Ⅱのランドセル……というとどうしても『センチネル』を連想してしまいます。リファイン版のバーザムとかは……?

内田　構想としてはいちおう……いつかはやってみたいとは思っています！　■

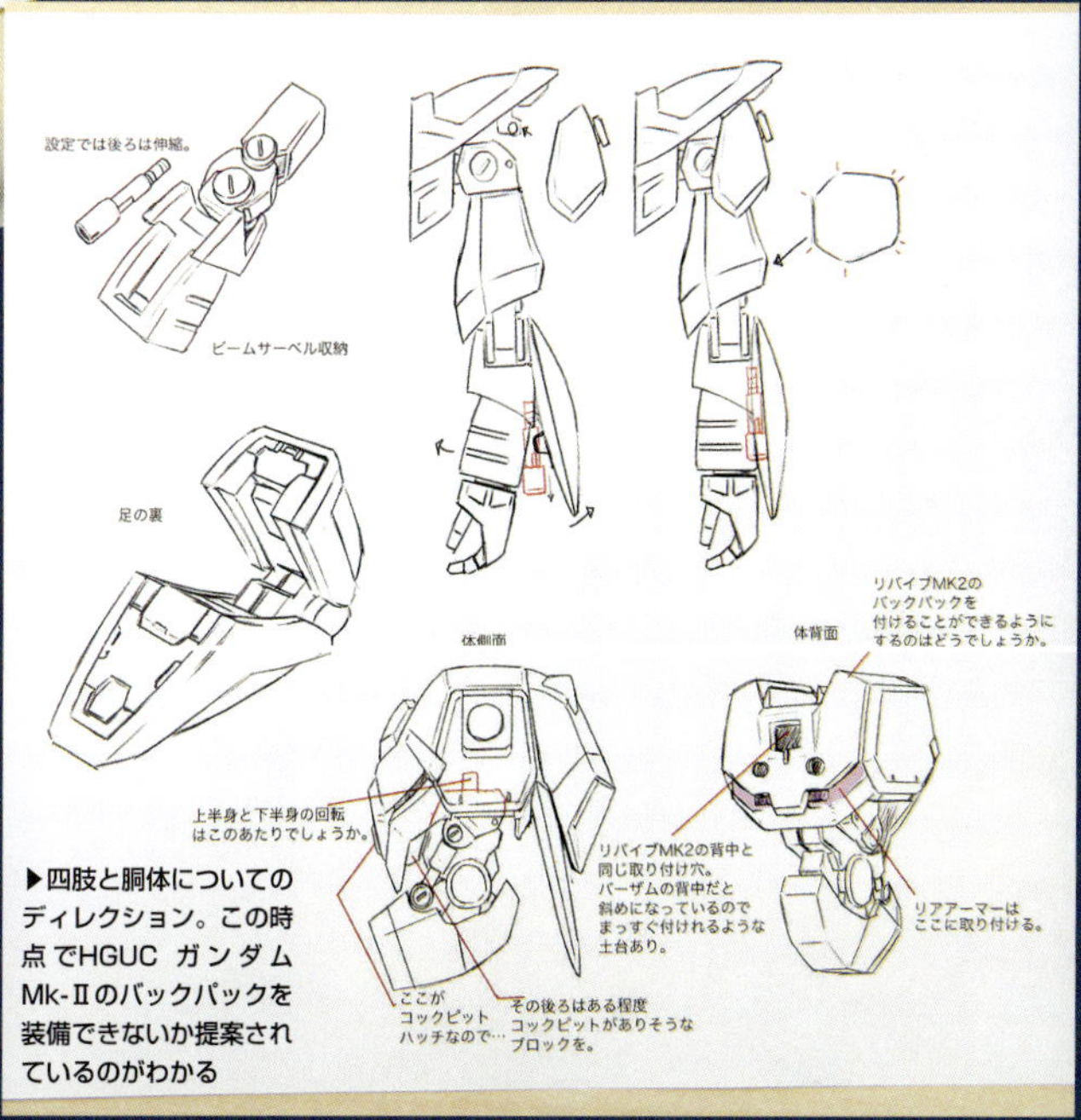

▶四肢と胴体についてのディレクション。この時点でHGUC ガンダムMk-Ⅱのバックパックを装備できないか提案されているのがわかる

●短絡的に「バーザム、捉えどころがなさそうなのに、どうやって企画を通したんだろうか!?」という疑問から行なった今回の取材だったが、成立にはさまざまな苦労があったもよう。「ときにはバリエーション展開できないユニークなMSもキット化したい！」という話を聞けたのも、うれしいではないか。P34からは、設計以降のセクションにもお話を伺っている。ぜひご一読いただきたい

←続いては、デザインや金型、生産について

HGUC バーザムを作った男たち

「バーザムを作った男たち」ここからは生産、金型、そしてパッケージデザインに関わった方々のお話を聞いていこう。生産、金型についてはじっくりと工場見学を体験しさらには特別にバーザムのパーツを打ってもらうこともできたぞ。パッケージアートのデザイン過程の変遷をご覧いただこう！

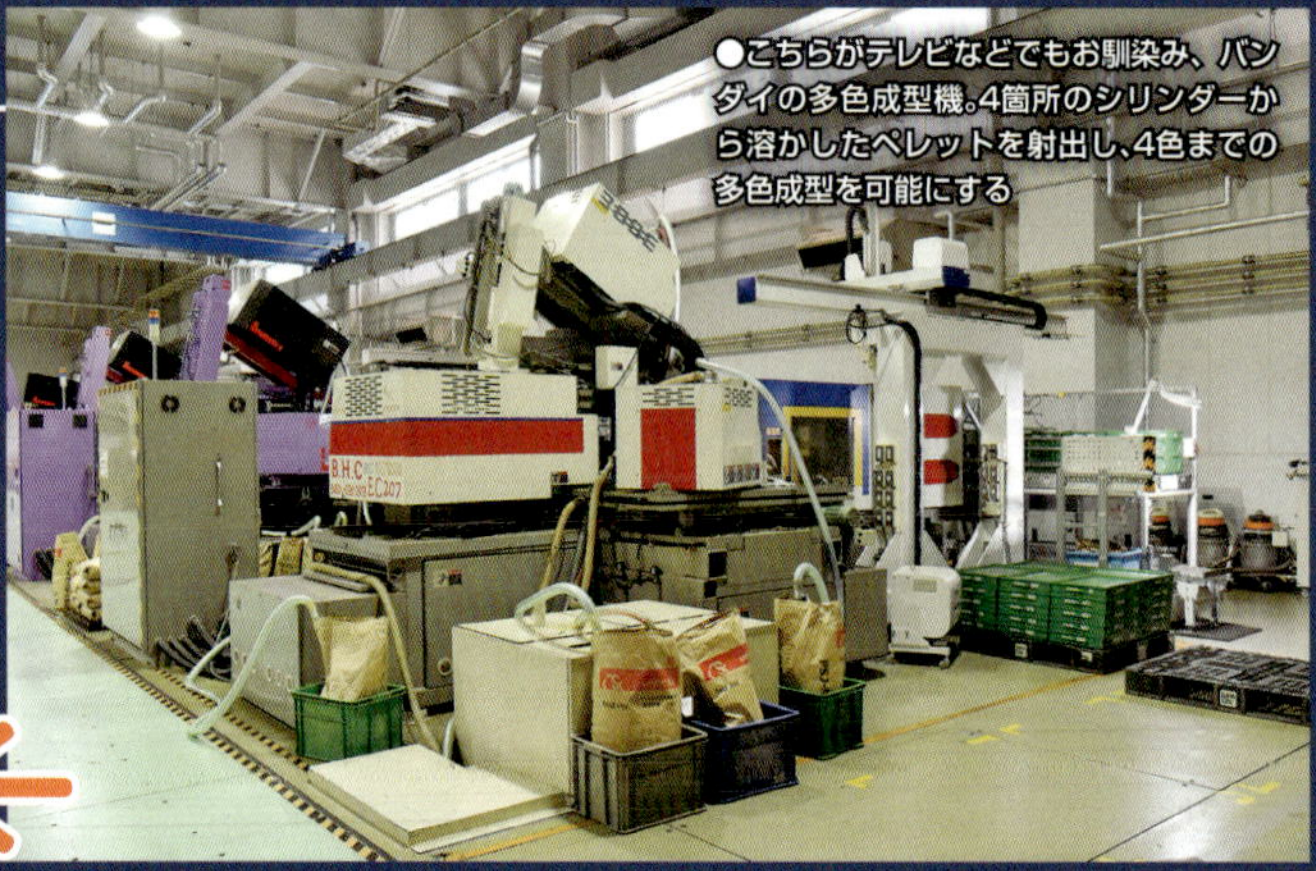

●こちらがテレビなどでもお馴染み、バンダイの多色成型機。4箇所のシリンダーから溶かしたペレットを射出し、4色までの多色成型を可能にする

▼銀色の「ホッパー」という箇所に吸い込んだペレットを貯め、その下のレール状の部分から、ペレットを溶かしながら流しこんでいく……

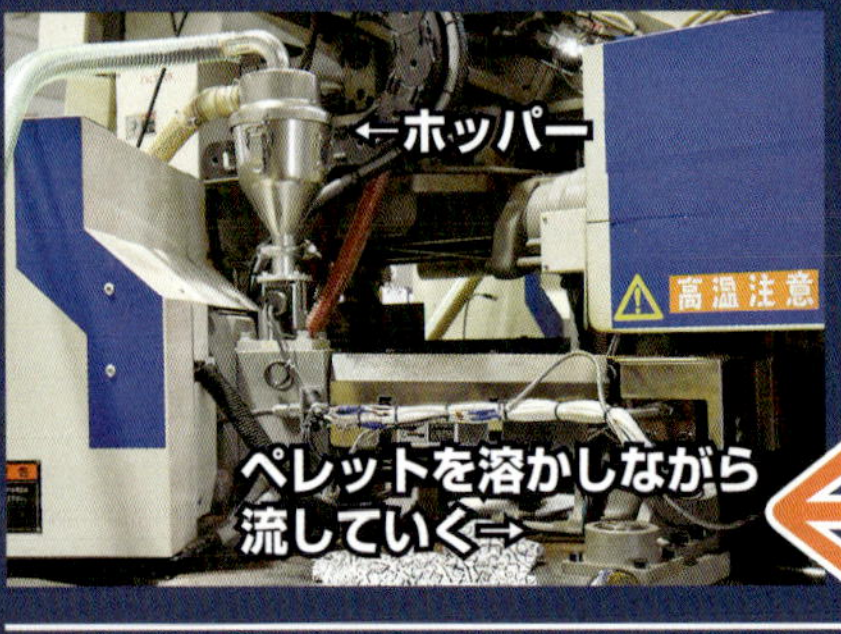

◀プラモデルの原料であるペレット。右は2種類のペレットをブレンドするバッチブレンド。ブレンドの仕方で成型色を調整できるが、透けやすくムラが出やすい。左はペレットに顔料を直接練り込んだ「練り込み」と呼ばれるペレット。コストは高いが色が透けにくい。現在ガンプラの主な原料はこちら

◆ガンプラの生産は原料の配合がキモ

——ガンプラに使われているPS素材、昔に比べて色が透けなくなりましたよね。

白鳥　原料の配合が変わりました。昔の原料は「バッチブレンド」という乳白色の色のペレットに色のついたペレットをブレンドする方式が主だったんです。それで打った成型品は基本的に光に透けやすいんです。「透けてるのはおもちゃっぽく感じてしまう」「じゃあ透けないようにしよう」ということになり、練り込み加工された原料を使うことにしました。これは原料のナチュラルなペレットに、顔料をブレンドし溶かして練り込んだものなんです。コスト的には高くなりますが、ムラも出ないし透けにくくなります。色のブレンドをしないので色味も安定しますしね。現在はそのような練り込み素材が主流です。

——ポリキャップを抜くときって、普通のPS素材とどう違うんでしょう。

白鳥　樹脂の特性として、成形収縮率というものがあります。加熱した状態からどれだけ成型品が縮むかというものなんですが、ポリキャップに使われるポリエチレンは収縮率が高いんですよ。材料としても柔らかいので、生産1サイクルに時間がかかる傾向があります。ただ、部品が小さいのと、同じポリキャップをいろんな商品で使うので、1ショットで6枚出てくるような金型で多数個どりをしてます。

——最近使われているKPS素材などはいかがですか。

白鳥　昔ABSを使っていたところも最近はよくKPSを使っています。『ビルドファイターズ』くらいからでしょうか。実用に至るまでにはけっこうかかりました。配合比を考えるのがなかなか難しかった。ABSの代替品ではあるのですが、触ってわかるとおりABSほど硬くないんです。ただ、性質的にゴム分をPS素材より強くしているので、柔らかくて無理な動きをさせても力が逃げてくれるんです。ゴム分が強いから削れないんですね。ある程度保持力の維持をしてくれるんです。KPSのよいところは塗装できるということですね。ABSは溶剤に弱いので塗装がしづらいというのは気になっていたんです。それにABSには光沢があります。「フレームがテカってるのは嫌だよね」ということになりましたが、もともと工業用プラスチックなので、どうしても光沢を抑えられなかった。

——BB戦士などで使われているタッチゲートについてはいかがでしょう。

白鳥　タッチゲートは、面というよりは点でランナーとパーツを繋いで、その点から樹脂を流し込んでいるんですが、点をどれくらいのサイズにすれば部品を取った際にバリが出ないかという調整が大変でした。小さすぎると箱のなかで部品が落ちてしまいます。しかも、子供が手でもげるようにしないといけないんです。

——金型部門と行きつ戻りつで調整……。

白鳥　そうですね。パーツの嵌合も利き手じゃないほうの手の人指し指と親指ではまればOKみたいな。お子さんの力を考えると、これくらいでできないとダメなんです。いまは数値化されていますけれど、最初の調整は試行錯誤の積み重ねでしたね。■

●金型は200kg超のすさまじい重さがあるので大型のクレーンを使って成型機から吊り上げられる

ホビー事業部
生産チーム

白鳥武彦

お子さん向けキットは利き手じゃないほうの手で組めてはじめてOKです

Photo by 篠部雅貴

バーザムは関節ごとの渋みの調整が大変でした。

●抜きたてのバーザムのA1ランナー！　こんなおまんじゅう蒸かしたみたいなノリで抜いてもらっちゃっていいの？　持って帰れなかったので読者プレゼントにはなりません

●溶かしたペレットをガツンと高圧で金型に射出してランナーがひとつできあがり

◆金型はガンプラを支える屋台骨

三谷　金型部門の仕事は、設計から来たデータで金型を作ってもらいそれのトライ＆エラーを繰り返して、安定して量産できる状態にするという流れになります。

――金型の製造自体は外注なんですか？

三谷　こまかい彫刻が必要な箇所は、社内にあるレーザー彫刻機で彫り込んでいます。とはいえメインは調整と管理になりますね。

――金型部門として、これまで扱ったアイテムで、これは大変だったというものは。

三谷　それこそバーザムは、通常と違う構造なので、関節ごとの渋みの関係なども他のキットとは違う感じがあって、調整は大変でした。

――金型を調整するという立場では、新素材のＫＰＳなどはいかがですか？

三谷　樹脂の流れ方が通常のＰＳ素材とは違いますし、嵌合の目指すところも違うので、金型の調整についても変わってくるというのはありますね。

――毎月ものすごい量の新製品を作られていますよね。管理する金型もすさまじい数になっているのではないかと……。

三谷　正直いち個人では把握できないほどの量になってきています。過去に発売したアイテムでもリピート生産しているので、減ることはないんです。

――古い金型は外側が錆びると言いますが。

三谷　なかが錆びていなければ大丈夫なんです。倉庫にしまうときも必ず錆止めを塗っています。内側が錆びちゃったら大変なことになります。

――バーザムには使われていませんが、ＲＧなどで最初から可動ギミックが組み込まれているシステムインジェクションの成型品などは機構が複雑でしょうから調整も大変なのではないですか？

三谷　そうですね。システムインジェクションに限らず、深さがあったりするとなかなかヤスリが入っていかないもので。

――嵌合調整はヤスリの手作業!?

三谷　いえ、嵌合の調整は手でやると精度が出せません。片方は固いけれど片方は緩くなったり、均等な形になっていかないんです。寸法を追っていって機械加工で行ないます。ヤスリは金型の汚れを取ったりするのに使うんです。

――調整は少しずつ旋盤で削る？

三谷　加工機を使います。横に削ったり、縦に削ったりしながら少しずつ寸法を合わせていきます。その後、テスト用の小型の成形機を使って嵌合を確かめつつ、調整を繰り返すんです。

――システムインジェクションのようなスライド金型を多用するようなものを作ってしまっても、金型部門は多少の無理には応えてもらえると、さっき企画／設計担当の方からお話をうかがいました。

三谷　そういったことに関してもチャレンジしてどんどん進化していく、というのはあります。成型が難しい部分があれば、無理にやるよりいい方法を提案し、金型の作りを変に複雑にさせずともすんなりできるような提案もしますし。やはり、できるだけ金型は長く保たせたいですからね。

――かって、ＨＧガンダムの金型が痛みすぎて絶版ということもありました。

三谷　成型するときの圧というのはすごいんです。場合によっては金型のなかのちょっとした板なんかも折れてしまうくらい強い圧を毎回掛けていますからね。■

[巻頭特集]
HGUCバーザム！
(RMS-154 BARZAM)

●歴代ガンプラの金型の主たるものは、ホビーセンター工場内の床下に収納されている。ここを掘り出したら最近再販されないあんなキットとかこんなキットとかの金型も出てこないかしら？

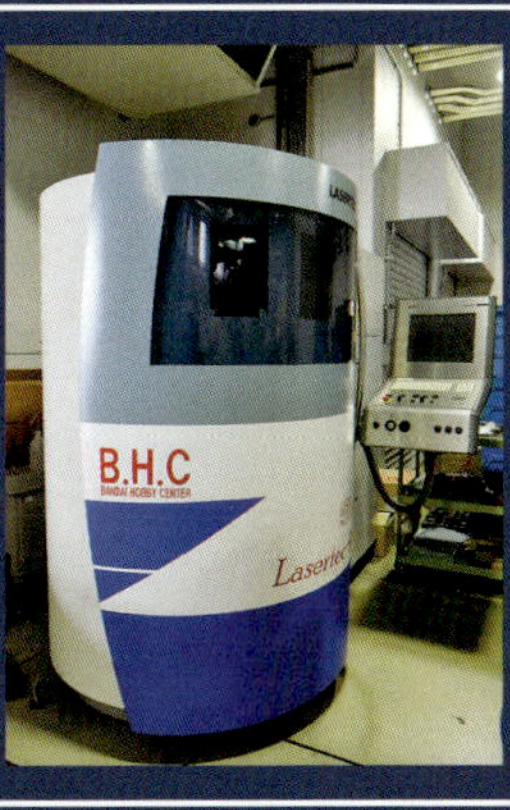

◀極小の文字の刻印や同スケールのパイロットフィギュアなど、極小のモールドを彫り込む際に使われるレーザー彫刻機

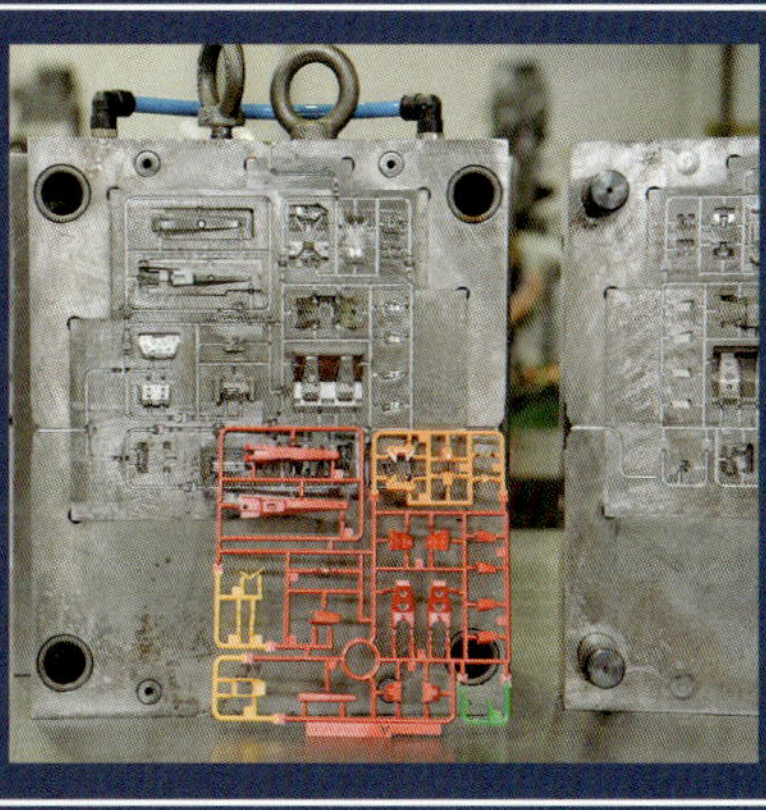
◀タイミングの問題でバーザムの金型が見られなかったので（泣）、代わりにＺガンダムのものを見せてもらった。金型金型と、話題にはよく出るものの実物はなかなか見れないので貴重！

▼日々我々モデラーが痕を埋めたりヤスったりしている突き出しピン。実物はこんな凶悪なビジュアルでした。ほぼ剣山

●ヤスリを使って金型を磨く。嵌合の調整というよりは、表面のキズを取ってパーツの仕上げ状態を良くするのが目的だ

最後に、パッケージデザインについてデザインチームにお話を伺った。多くのガンダム系商業イラストを手がける森下直親氏によって重厚に描かれたHGUC バーザムのボックスアート。これが生まれるまでにはどのようなやりとりがあったのだろうか。

◆「嘘から出た真」となったパッケージ

鈴木 デザインチーム内ではパッケージデザインが主な業務なんですが、シリーズによっては組み立て説明書も一部担当しています。部署内の住み分け的にはパッケージ担当と説明書担当で分業しているカンジですね。最近はパッケージ担当者でも、プレミアムバンダイ商品などの説明書を作る場合もあります。

——HGUCのパッケージデザインはマイナーチェンジを繰り返しつつ、基本的には同じフォーマットで作られていますよね。

鈴木 そうですね。じつは今回のHGUCバーザムでは、最初もっと躍動感ある構図案もあったんです。こちらに検討用のシートを持ってきています。

——開発用のCGを使ってるんですね。

鈴木 設計用のCADをデザインに入れまして、外部のデザイン会社と社内のデザイン担当とでいっしょにポーズの方向性を考えました。どんな方向性がもっともユーザーの心にひびくのか模索していったんです。このバーザムでは、特殊なデザインのメカを、かなりプロポーションにも気を遣いつつ可動ギミックも突き詰めたというところがあるので、当初はよく動いていろんなポーズができるというところを推してみたらいいんじゃないか、と思っていたんです。パターンとして、そうした製品仕様を推すときもあれば、劇中の活躍シーンをイメージしたパッケージにすることもあるんですが、バーザムってZガンダムに斬られちゃう場面があるくらいでカッコいいシーンってあんまりないんですよね(笑)。そこで出てきたのが製品版の案でした。『ビルドファイターズトライ』のアニメのなかに登場する架空のガンプラとしてバーザムのパッケージで描かれたことがあったんです。それはオマージュ的な意味のもので、案のひとつとして挙げられました。ポーズもおとなしいですし、当初は提案した側としても候補のなかではウェイトが低めなところで捉えていたんです。ただ、社内で相談していくうちに「意外とアリなんじゃないか?」ということになってきたんです。どれだけこういった機体がファンに受け入れられていくかを考えたときに、宇宙世紀のMSを好きなファン層以外に、『ビルドファイターズ』という新たなカテゴリ内でのファン層もあるわけです。そのなかに登場した架空のガンプラが実際に製品になってしまった、ということで話題になるとしたならば……構図だけを見ればおとなしいけれど意外とアリなんじゃないか、という判断になっていったんです。さらにもうひとつ。全体的な雰囲気を初期のHGUCを懐古させるような風合いにしたかったというのもありました。メインイラストのうしろにセピア色の活躍想像図があるというような。

——『ビルドファイターズ』の絵自体が、旧HGUC ガンダムMk-Ⅱの箱絵を元ネタにしていますよね。

鈴木 そういうところもあって、改めて候補案を見直してみたときに、がむしゃらに盛りすぎたものよりもわかりやすく、響くのかもしれないなって思い直しまして。結果この方向を素直に掘り下げて行こうということになったんです。

——実際それが当たったというか、『ビルドファイターズ』どおりのパッケージということで話題になりました。

鈴木 現実に存在していた旧HGUC ガンダムMk-Ⅱのパッケージアートがアニメの世界でオマージュされてHGUC バーザムの箱絵になり、それが今度は本当にバーザムのHGUCとして現実に製品化される。そういうキャッチボールをすることで、お客さんが手にとったときにニヤリとしてくれるんじゃないだろうか、という仕掛けです。これはうまく機能してくれました。バーザムはマニアックな機体なので、MSとしてカッコいいパッケージだけを目指すよりも、そうしたネタが仕込んであるほうがわかる人にはわかっておもしろいことになるんじゃないだろうかと。

——ヒーローポジションの機体ではないので、そのあたりのさじ加減は本当難しかったのではないかとお察しします。

鈴木 『Zガンダム』アニメ放送時のバーザムの印象だけだと、こうした仕掛けは思いつけないです。各メカデザイナーさんとファンのみなさんがさまざまなスピンオフを通じて時間を掛けて育てたキャラクターであるからこそなのかなって感じるんです。そこに応えられれば、HGUCバーザムの発売日がより楽しいイベントになるのかな、というのは考えていました。

——最終的に『ビルドファイターズ』のも

▶設計用のデータを用いた、HGUC バーザムのレイアウト案。最終的に右上のものが採用されたが、落ち着いたポーズの決定案に比べて躍動的なポーズを取っているほかの案もなかなか捨てがたい魅力を放っている

Photo by 篠部雅貴

ホビー事業部
デザインチーム
チーフ

鈴木富男

パッケージにも ニヤリとしていただける 楽しいイベントを

のを意識した構図に決まって、森下さんに発注を行なうわけですね。

鈴木　そうですね。森下さんにはここ最近のHGUCで、『UC』系アイテムやガンキャノンあたりからメインでイラストをお願いしています。

――Zガンダムや百式も森下さんでしたね。イラストレーターさんと製品は、どのように割り振りされているのでしょう。

鈴木　いまのところHGUCシリーズのメインのストリームに携わるMSは森下さんにお願いしています。往年のファンが多い作品などでは、森下さんはかなり勘所をわかってらっしゃいますので。

――イラストの彩色は成型色をイメージしているんですか？

鈴木　合わせています。ただ、今回は黄色の成型色に対して何度もリトライしていたんですよ。最初に描いてもらっていた段階だともっと黄色だったんです。最終的には紺と合わさったときのゴージャス感を大事にして、オレンジ風になったんですが。

――森下さんにはどういうふうに修正指示を入れられるのですか？

鈴木　基本的には安心してお任せしているのですが、今回は顔の振りなどを途中で変えました。最初はローアングル気味なものが上がってきていたんですけれど、よりキャッチーにわかりやすくということで、角度を調節していただきました。

――バーザムはモノアイの前に棒があるから、真正面からだと隠れちゃいますよね。

鈴木　それも含めて、製品の顔となるパッケージアートですからよりよく見えるように調整しています。

――イラストはあらかじめ構図を決めてから発注されることがほとんどでしょうか？

鈴木　最近はそのパターンがほとんどです。シリーズによっては、森下さんに提案ラフをいきなり描いてもらった時期もありました。ラフ案を2点くらい描いていただいて、それを提案に入れたこともありますが毎回というわけではないです。ときにはイラストレーターさん主導でのびのび描いてもらうようなパッケージアートのシリーズがあってもいいかもしれないとも思います。イラストレーターさん側に僕ら以上に思い入れがあるなんてこともありますし。今回も仕事を進めていくなかで、バーザムというキャラクターがこんなに奥深いキャラクターだったんだなと驚きました。

――噛むほどに味が出る機体ですよね。目立たないしライバルキャラもいないですが、ティターンズ最後の量産型MSという。

鈴木　ガンダムMk-Ⅱが源流にあって……って、当初どこまでそうした設定が意識されていたんだろう？　という点も含めておもしろいキャラクターですよね。

――熟成されていったとも言えますよね。

鈴木　そうですね。みんなで育ててきたMSの待望の製品化でした。森下さんは自分が描きたいキャラクターが模型化されたって情報を聞きつけたときは、「僕に描かせてください」って電話で言ってくれることもあるんです。そういうときは本当に意気込みというか、熱量を感じます。頼れる存在と言いますか、頼りたくなってしまう人だなって気がしています。■

▲▼製品パッケージ。最近の製品と比べると、背後にセピア調で書かれた活躍想像シーンや、左側を空けたレイアウトなどがHGUCシリーズ発足当初のようで懐かしいカンジ

●森下氏によるラフと鈴木氏による修正案。製品版と比べると頭部の振りに修正が加わっているのがわかる

HGUC バーザム ボックスアートイラスト担当 森下直親氏より、バーザムについてメッセージ

僕自身、バーザムはこれまでに何度かイラストを描きましたが、そのときにも意識していたのはインターネットなどでよく見かける熱心なバーザムファンの方々の存在です。彼らの熱量には頭が下がる思いです（笑）。アニメ『ガンダムビルドファイターズトライ』で架空のバーザムプラモデルのボックスアートが登場した回でも、数多くの方が反応して喜んでいたことを覚えています。そして今回、バンダイホビー事業部様からご提案いただいたボックスアートの構図候補の一番目がまさにあの『ビルドファイターズ』の再現だったので「さすが！　分かっておられる」と嬉しくなったものです。その後はもうひたすら熱意を込めて描き上げるのみでした。（森下直親）

▲▶『ガンダムビルドファイターズトライ』第10話で登場した、架空のHGUC バーザムのパッケージ（当時はまだキット化の予定はなかった）。旧HGUC ガンダムMk-Ⅱのパッケージが元ネタ

RMS-154 BARZAM “REFINE TYPE”

HGUCから逆算して作る『ガンダム・センチネル』版バーザム

玩具としては何度か発売されたこのリファイン版バーザムもガンプラでは未発売。HGUCガンダムMk-Ⅱのバリエーションで展開できるのではと簡単に考えがちだが、形状をつぶさに見ると外側にオフセットされた肩や埋まった首など、かなり独特の体型になっている。実際にHGUC Mk-Ⅱを芯に各HGUC製品を総動員して作り始めてみると……やっぱり相当の手間がかかる！しかしできあがってみればご覧のとおり、やっぱりカッコイイ!!

MS-154 バーザム（リファインタイプ）
BANDAI SPIRITS　1/144
インジェクションプラスチックキット
「HGUC ガンダムMk-Ⅱ
（ティターンズ仕様）（№194）」改造
発売中　税込1620円
出典／『ガンダム・センチネル』
製作・文／**KuWa**
（FRAME OUT MODELS）

FEDERAL FORCE "TITANS"/ UTILITY PRODUCTION TYPE MOBILE SUIT
RMS-154 BARZAM
"REFINE TYPE"

▲リアスカートはネオジム磁石によってバズーカを搭載可能。「バーザムは後部ラッチにバズーカを持っていた」が再現できるわけだ。バックパック装着部がほかの面よりも一段出っ張っているという、設定に準じた背面形状にも注目。▼ライフルは通常のEパックも装備可能。ところでグレネード〜を装着する場合はEパックをつけられないという謎が。『センチネル』はまだまだ奥深いのだ

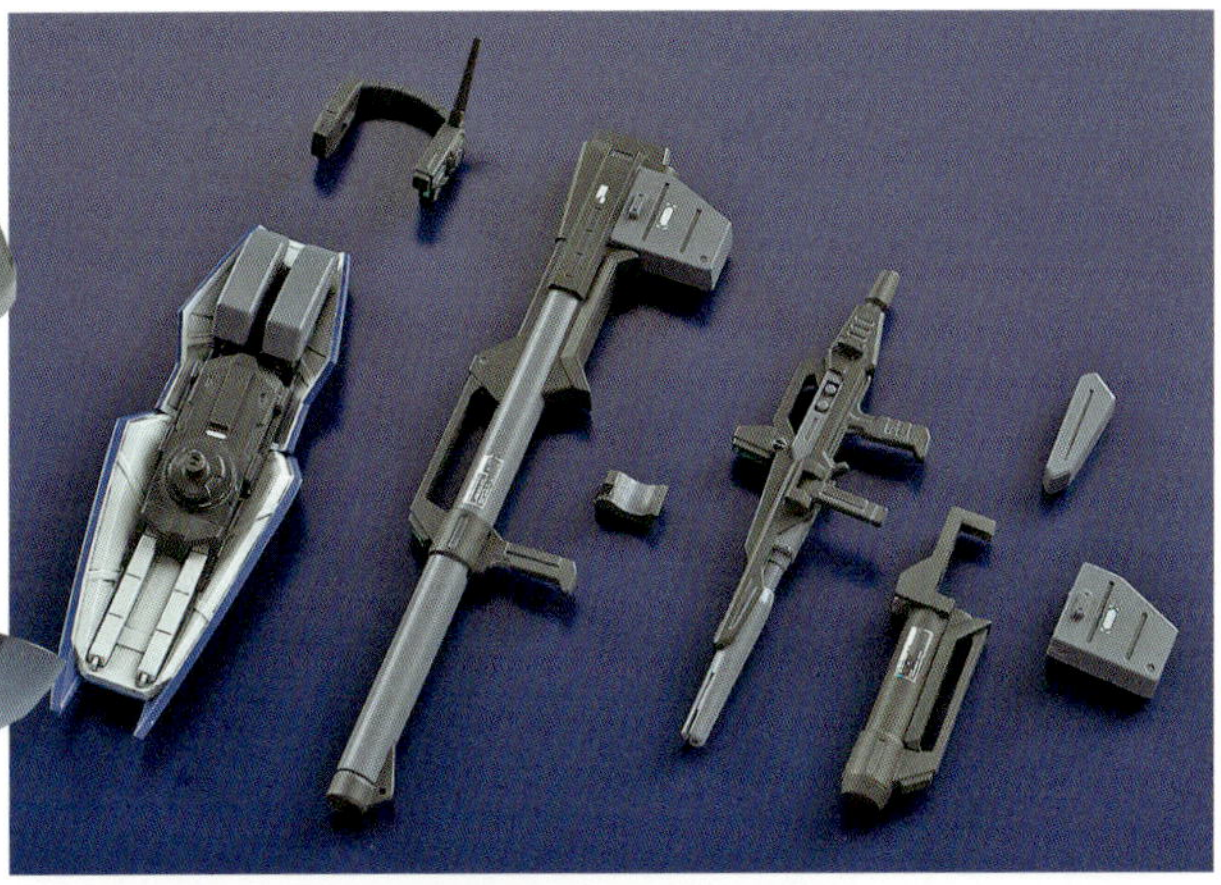

FEDERAL FORCE "TITANS"/
UTILITY PRODUCTION TYPE MS
RMS-154 BARZAM "REFINE TYPE"
1/144 scale "HGUC GUNDAM Mk-II" based.
Modeled and described by KuWa

▼HGUC Mk-IIから流用したシールド。裏側中央ブロックが厚く、そのままでは腕とシールドが離れて見えるのが気になったので、パーツを一部使いつつもほとんどをプラ板で新造。基部の厚みを1.5㎜まで薄くした。バーザムの前腕が長くなりシールドの位置も相対的に下がったので、バランスをとるため腕との接続部を下にずらしている

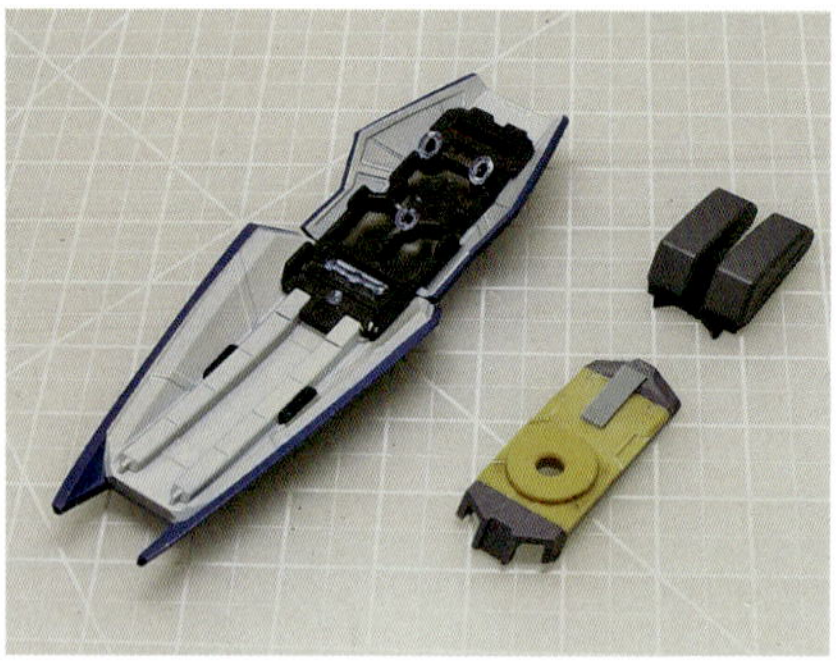

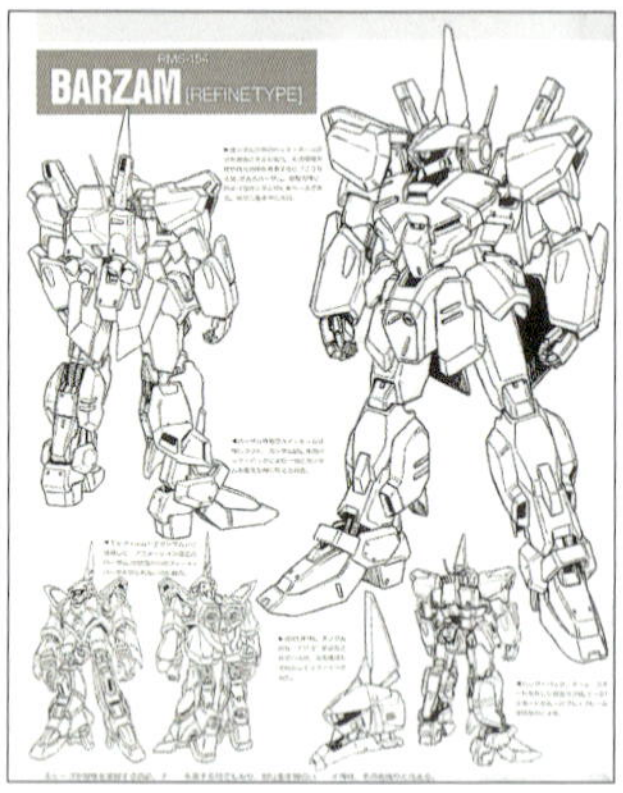

▶『センチネル』当時のカトキ氏の絵は、後の玩具化の際に描き起こされた画稿とは異なり、Mk-IIの形状は意識しつつもアウトラインはじつに異形。肩と頭がほぼ同じ高さにあるなど、Mk-II体型というよりもどちらかといえばTV版バーザムのそれを意識していることがわかる

◆はじめに

さて今回のハウツー解説を交えつつ製作したのは、HGUCのガンダムMk-II……ではなく、『ガンダム・センチネル』版バーザム（あえてこう呼びます）、いわゆる「リファイン版」です。奇跡のHGUCバーザム発売で盛り上がるなか、センチネルに魂を惹かれた一部の人たちはバーザムの頭部、胸、股間、スネをしげしげと眺めて「これでセンチネル版を……」と考えていると思います。そこで、工作はたいへんですがポイントを抑えればできる！　ぜひやってみましょう、というアドバイスをここにお伝えしておきたいと思います。

◆製作について

『センチネル』版バーザムは設定画においてもかなり独特なプロポーション。ハイヒールだし、スネは短くモモは長く、胴体、とくに胸部はかなり短いうえに頭が埋まっているので肩が結果的に高い位置に置かれるという、じつはけっこう元のTV版バーザムの雰囲気を拾ったものとなっています。この当時風のスタイルに寄せたいということで、Mk-II本体のプロポーションも多少いじることにしました。

製作にあたってはHGUC №194のガンダムMk-IIをおもに使用します。最新キットだけあって、パーツ分割も巧みでとても手を入れやすいですね。参考に旧HGUC版のMk-IIも組んでみましたが、同じデザインだけに進化を実感しました。

腰はHGUC百式、足首は安定のHGUCゼータプラスから持ってくることができます。量産型らしいこだわりでいろんな血の入ったデザインであると感じますね。

いちばんのポイントはやはり頭部。ここは当時の別冊掲載作例、横縞みゆき氏の作例でもかなりカッコイイ部分なので、設定画と作例をよく見つつ整えました。設定画にはない後頭部の面構成など、『センチネル』版の形状にこだわる方は製作解説の写真を参考にして製作してみてください。

つぶらな瞳はウェーブ H・アイズのグリーンを使っています。ヤスリで半円になるようにフチを削り、同じくウェーブ ヤスリスティック・フィニッシュで磨き、裏からハセガワ曲面追従シート・ミラーフィニッシュを貼りました。トンボの粘着ノリ・ピットマルチ2で取り付けておくと外して消灯状態にもできますよ。

◆塗装

塗装は最新のバーザム改の〝ティターンズブルー〟か、横縞氏作例の〝ニューディサイズブルー〟ベースのどちらでいくのかしばらく悩みましたが、やはりここは原点のニューディサイズブルーでいくこととしました。ただし、ゼク・アインなどと比べて黄色の多い派手なカラーリングなので、青は濁りを少し押さえてスッキリしたコバルトブルーベースに置き換えています。

◆カラーレシピ

特記のないものについてはGSIクレオス Mrカラーを使用しています。

○ブルー1／C80コバルトブルー 70%＋ティターンズブルー1 10%＋C1ホワイト 10%

○ブルー2／ティターンズブルー1 90%＋コバルトブルー 10%

○メカグレー／C305グレーFS36118

○イエロー／ガイアノーツ・ガイアカラー ビビットオレンジ 40%＋C4イエロー 60%

○バックパック等／C14ネービーブルー

○武器等／C301グレーFS36081

デカールは、ティターンズマークやペズンを示す「PZ」などはGFF版のデザインなどを参考にMDプリンタでデカールを自作しています。左肩の〝57〟は横縞氏の作例リスペクトです。コーションデカールはガンダムデカール HGUC ユニコーンガンダム用を使いました。

以上、今回は『センチネル』版バーザムとして特徴的な部分を中心に手を入れてみましや。改造／新造パーツはできるだけ写真や図面を用意しましたので、ぜひ参考にしてチャレンジしてみてください！　■

ついてこれるか!?

バーザムといえば『センチネル』版でしょ!!
リファイン版バーザム徹底攻略法

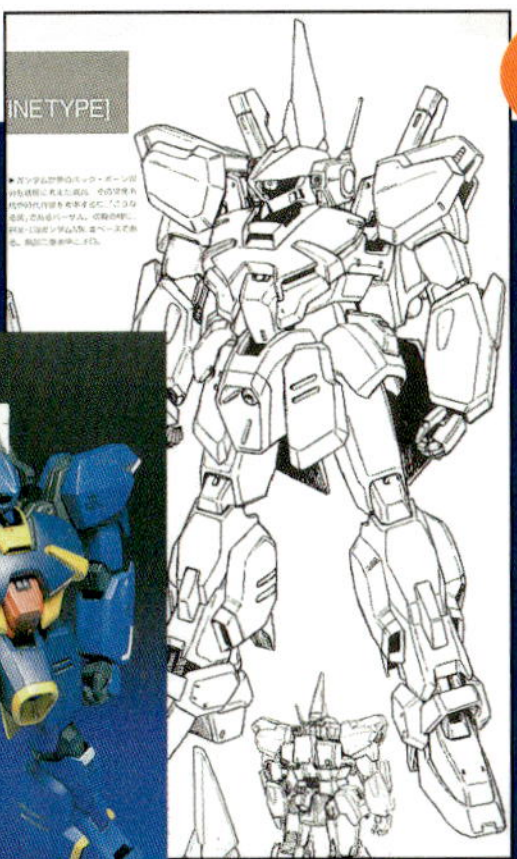

製作・解説／KuWa
(FRAME OUT MODELS)

バーザム特集ならばコイツを忘れちゃいけねえ、『ガンダム・センチネル』でカトキハジメ氏がリファインしたバーザムです。最近は玩具として立体化機会の多いこの「リファイン版」ですが、今回は『センチネル』連載時の、特異な体型をした設定画／作例のニュアンスを目指して大改修を行なうこととしました。

◀基本方針として、『ガンダム・センチネル』で発表されたカトキハジメ氏の設定画（右）、および当時製作された横縞みゆき氏の1/144作例（左）をオマージュしていく

用意したのはこの5種類！

●使用キット
・HGUC№194 ガンダムMk-Ⅱ（ティターンズ仕様）×2個
・HGUCバーザム（頭部、スネ、股間、胸）
・HGUC百式＋メガ・バズーカ・ランチャー（腰まわり）※この製品は百式がメッキされていないので改造パーツに適切
・HGUCゼータプラス（頭部、胸、足首）
・HGUCZZガンダム（足首ダクト）

HGUC №194 Mk-Ⅱが改造素体に最適なのだ（もちろんバーザムも使うよ！）

●ここではHGUCキット各種のミキシングビルドでリファイン版バーザムを製作。リファイン版はガンダムMk-Ⅱに寄せたデザインでまとめられているので、最新フォーマットで設計されたHGUC No.194 ガンダムMk-Ⅱを素体に使うのがベストだろう。注意点としては肩の接続位置と頭部の埋まり具合と、腰幅や足の長さ。これらについてリファイン版は独自のバランスなのでここは要改修。またTV版バーザムとリファイン版とではディテールから体型から何から何まで違うのだが、それでもゲージとして重宝するのでこれも必要なのだ

頭部

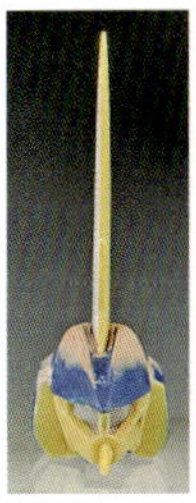

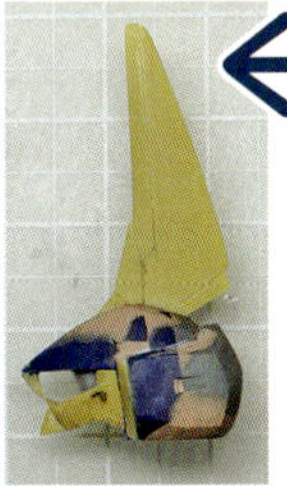

▲「耳」はゼータプラス部分の下側にポリエステルパテを盛り付け、削り込むとかなり形状が似てくる。ひさし部分は基本削り込みで形を出し、左右ともに約0.7㎜削って左右幅を細く。顔も正面を見るとHGUCバーザムに比べて細いのがわかるだろう。耳は前方に向けて絞るように削り込んでいる

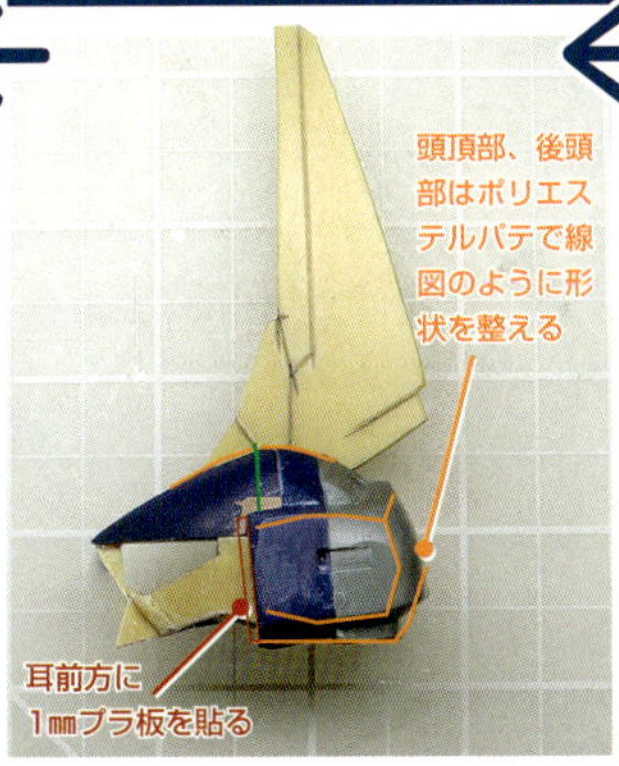

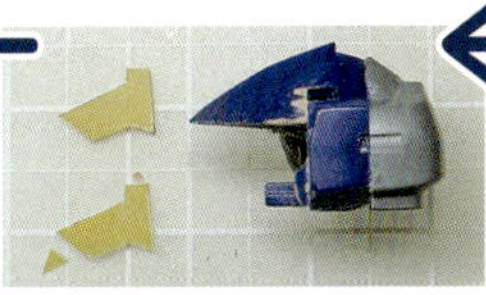

▲マスクとアゴは1㎜プラ板から切り出して製作した（P43に図面を掲載）。◀トサカもプラ板から切り出して1.5㎜厚にして前後に向けてシャープに削る。頭部全体を資料を参考にポリエステルパテで修整。耳正面に1㎜プラ板を貼って前方に延長。かつての横縞氏の作例はこの面がナナメなので外側に向かって削る。頭頂部は頂点を前方に移動するようにパテで調整した

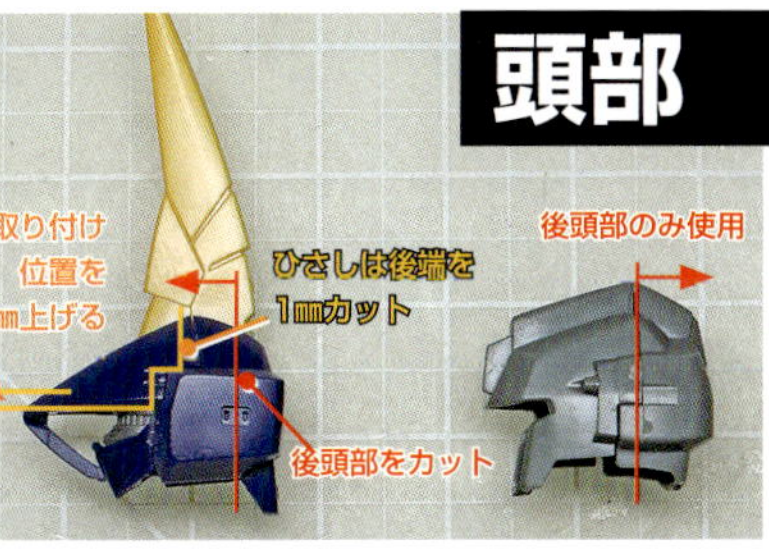

▲頭部の製作。バーザムのひさしパーツは後端を1㎜切り詰め、取り付け位置を1㎜上げて接着。マスクと中央のバー、後頭部もカットする。ゼータプラス頭部は後頭部のみ使用、バーザムの後頭部に接着する

腕部

●製品のマウントラッチを残す場合は、あらかじめ内部フレームから受けの部分を切り出して穴の裏側に接着しておく。エルボーパッドもプラ板で製作（P32に図面を掲載）。前腕正面の三角形の小さなバルジは、Mk-Ⅱの前腕パーツから削ぎ落としたものをそのまま再接着した

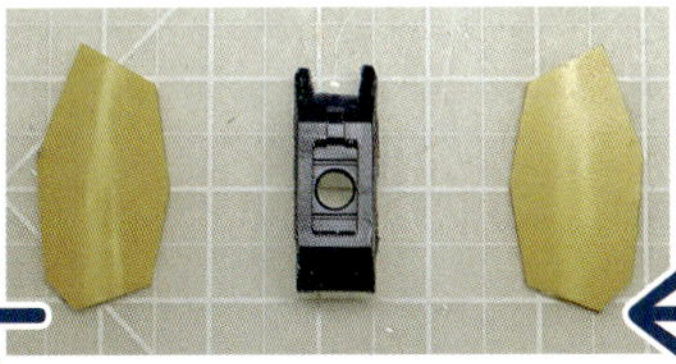

▲腕はMk-Ⅱベースの設定だが、じつはカトキ氏の描いた当時のMk-Ⅱ派生機（Mk-Ⅱ、ヌーベルジムⅢ、バーザム）の絵を見比べると前腕の形状が各々違っている。今回はもちろんバーザムの設定画をトレースした。前腕の正面形は1㎜プラ板を切り出して製作（P43に図面を掲載）。外側側面、マウントラッチがある面はMk-Ⅱのパーツを切り出して使う

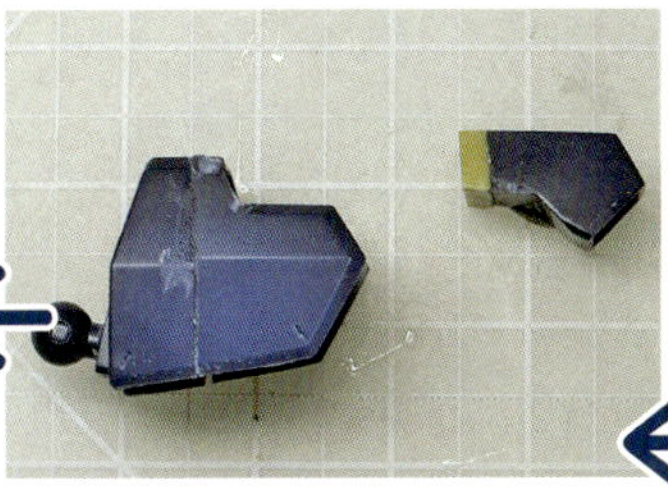

▲ニコイチした肩アーマーをつなげ合わせ大型化したところ。あわせて肩上部のスラスター部分（パーツA1-2）も付け根にプラ板を貼って2㎜延長。キットの状態よりも大きく張り出すように修整している

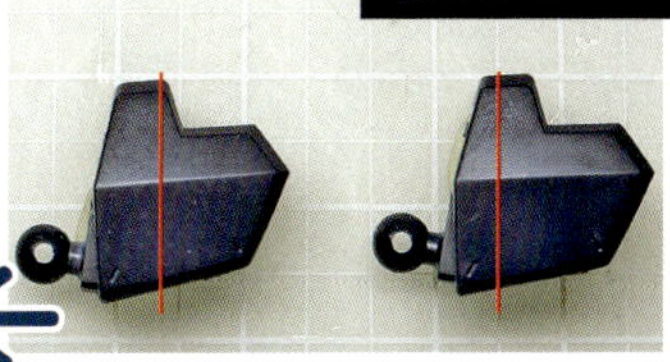

▲肩はHGUC Mk-Ⅱを使うが、イラストではこの部位が横長に見えるため、肩アーマーをニコイチして5㎜ほど大型化することに。それぞれをこの位置でカットしてつなげると、腕の位置自体も外側にオフセットされるのだ

胴体

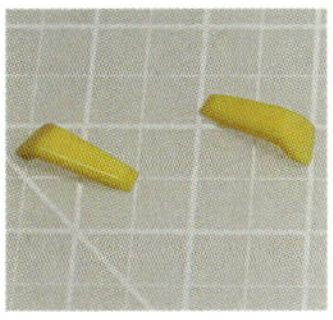

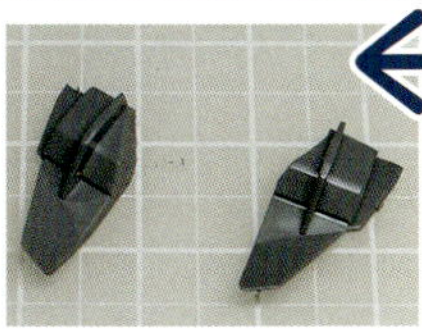

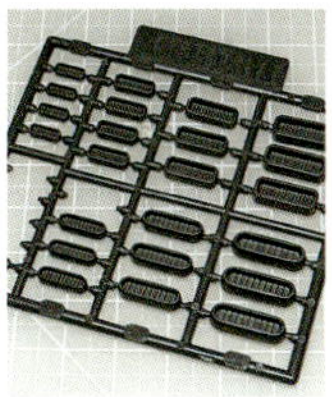

◀▲黄色いバーもバーザムの胸パーツ（D8）の突起部分を切り飛ばしたものを使う。胸部ダクト下側のプレートは、土台ごとHGUCゼータプラスの胸パーツが使える。リファイン版にある胸の白いダクトはコトブキヤのダクトノズルⅢの最小サイズを使用した

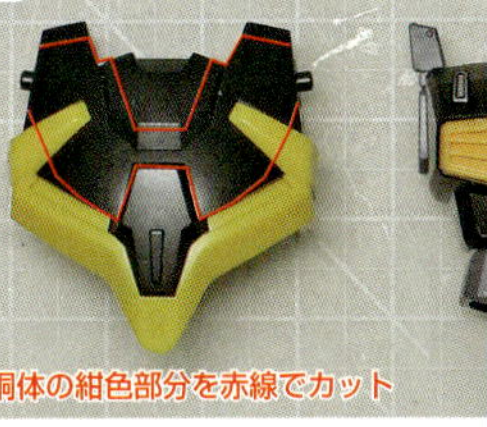

▲HGUCバーザムとHGUCガンダムMk-Ⅱの胸パーツを組み合わせて胸部を製作する。バーザムの胴体パーツ（C9）を写真の赤線の位置でエッチングソーなどでカットすれば、HGUC Mk-Ⅱのサイズに合ったパーツができあがる。カットするときは垂直に切り落とすのではなく、切断面が「斜め」になるように切って、少しずつようすを見ながら形を整えること

▶整形した肩と腕部を並べて。手首は自作のレジンキャスト製パーツに置き換えたが、「次元ビルドナックルズ」か「ビルダーズパーツHD MSハンド03（連邦系）」でもよいだろう。手首関節はウェーブ・プラサポPC05とBJ03ボールジョイントを使用している

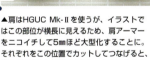

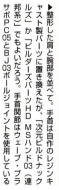

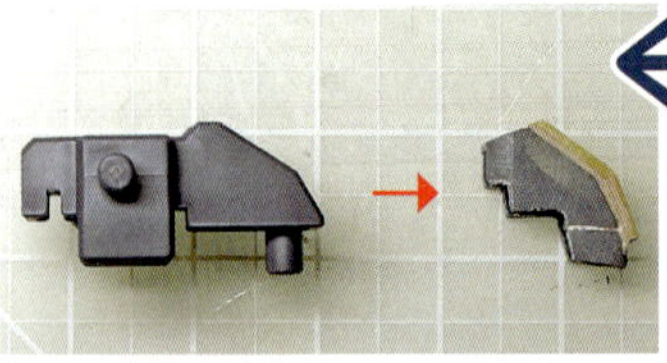

◀▲胸の赤いコクピットブロックは、HGUC ガンダムMk-Ⅱの足首フレーム（パーツB1-3）の前方を切り離し、加工して製作。正面に1㎜プラ板を貼って凹みを塞ぎ、六角形気味になるように側面を削った

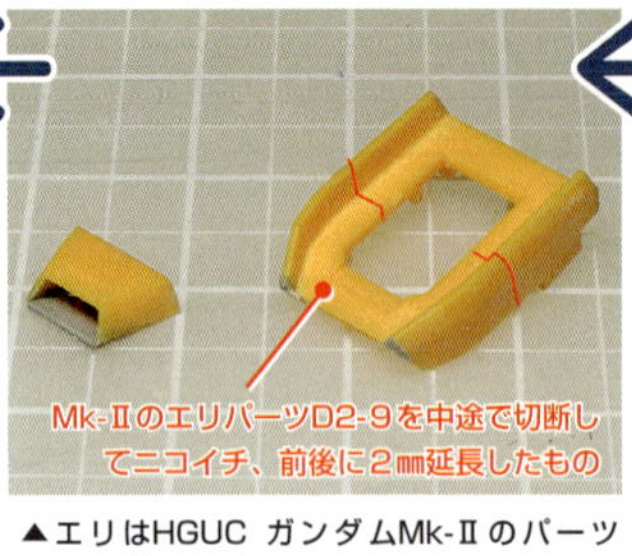

▲エリはHGUC ガンダムMk-Ⅱのパーツ D2-9を使ったが、D2-9をニコイチしてつなぎあわせた（パーツを中途で切断したものをふたつ組み合わせて前後に2㎜延長）。先端部はカット、前方をくり抜いてダクト状に加工

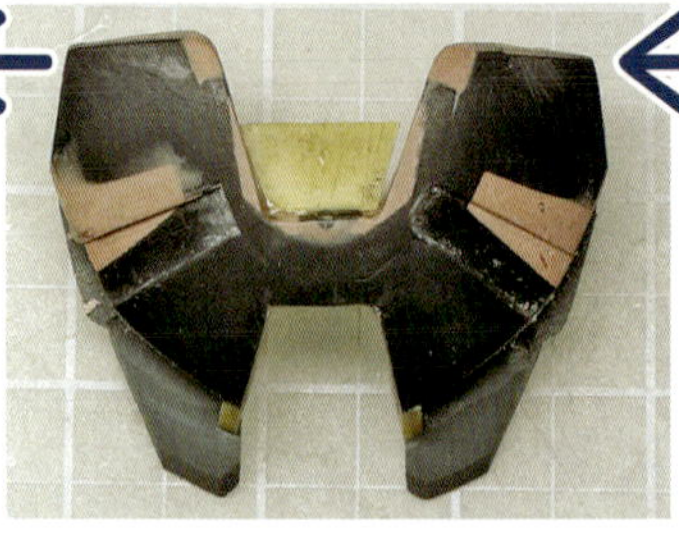

▲パーツD5を外したところを上から。もともとあったD5をはめる位置はパテで埋め、その下に新しくD5の突起部分をはめ込むくぼみをノミで彫っていることがわかるだろうか

▲パーツC9にもともとあった黄色いパーツD5を装着するくぼみは埋めてしまう。あらためてD5の突起部分をはめ込むくぼみを掘り直し、足りないところはポリエステルパテで調整する

▲HGUC ガンダムMk-Ⅱを芯にして加工した胸の基部を組み上げたところ。このあとで先に作った胸部装甲を組み付けるため、胸部前方を斜めに削ぎ落としている。首の位置を下げるため、エリがハマる部分の内部の凹凸を削り取ったり、天面を1㎜弱削って肩口周囲の高さを下げている

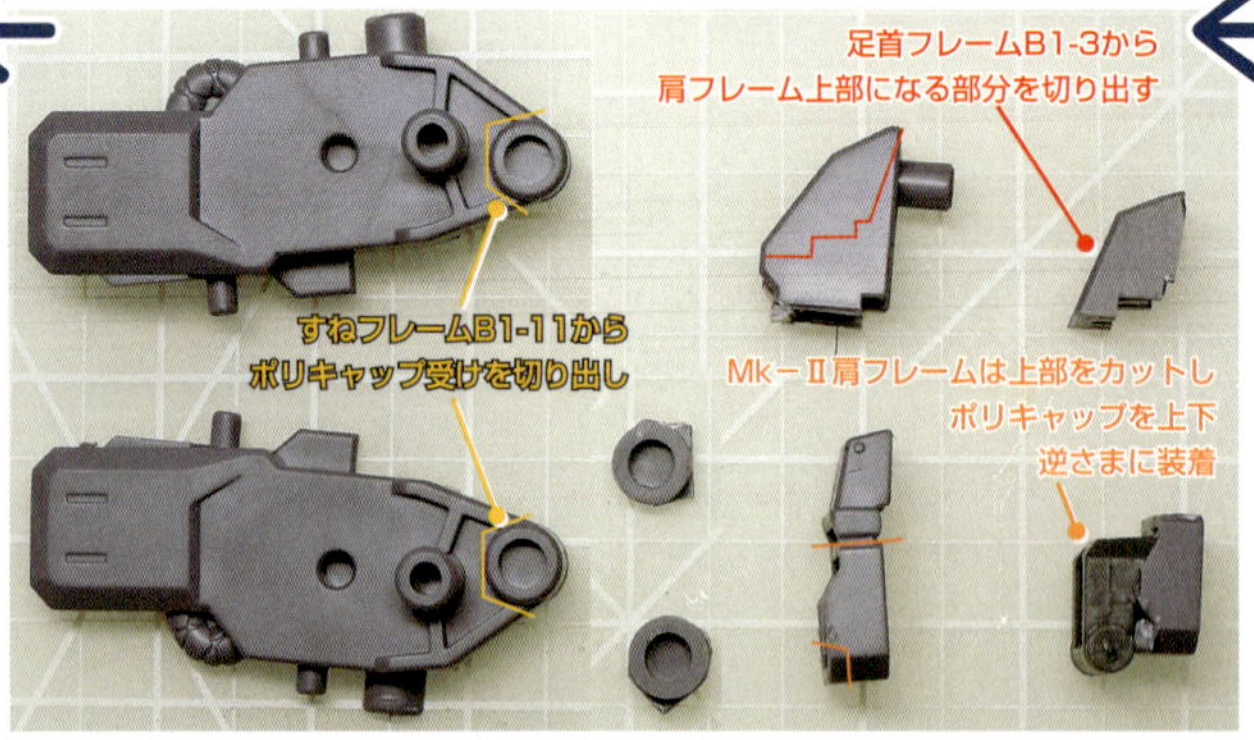

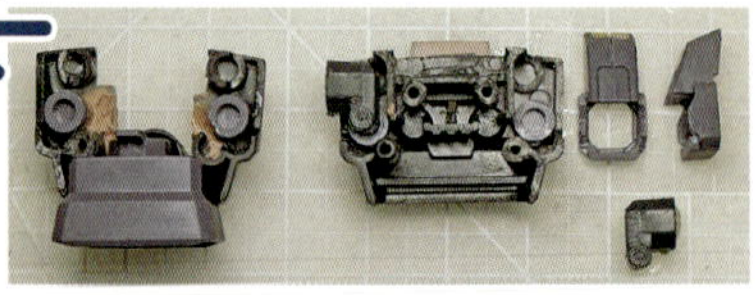

◀▲肩は付け根ごと上、外側にずらしたかったので、思案の結果胴体側のポリキャップを上下逆にして装着した。ポリキャップの受けはHGUC ガンダムMk-Ⅱのスネフレームのヒザ関節部分（パーツB1-11）から流用。大きくした肩フレームの上部、鎖骨のあたりもHGUC ガンダムMk-Ⅱの足首フレーム（パーツB1-3）前方を加工して作った。おあつらえ向きにサイズ、ディテールが合う

腰部

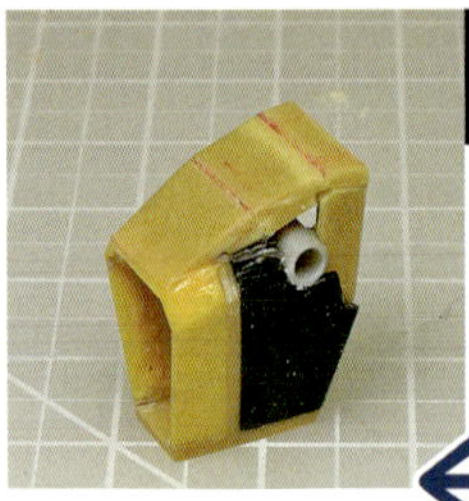

▲股間上部にプラ板を貼ってなだらかな斜面を作りフロントスカートを固定するプラパイプを横に通す。このあとポリエステルパテを盛り上下左右の外形を整えた。股間の逆テーパーだが、まず中央センサー（HGUCバーザムのパーツB9）を付ける場所に3㎜プラ棒を仮留めして位置決めし側面にパテを盛って形を整える

▲股間パーツはHGUCバーザムを加工して製作。黄色いパーツは内部をくり抜き、1㎜プラ板をはさんで紺色の基部と接着、底面にも1㎜プラ板を貼って延長している

▲リファイン版バーザムは怒り肩とすぼまった首が特徴だが、肩が上がっているというよりも胸の上下厚が薄く首が埋まっている方が正しいので、首を下げるほど設定画に近づく。背中中央のでっぱりを再現するため、やはりMk-Ⅱの背中を切り出してから少し高い位置に再接着。バックパック位置が上がり設定画に近くなる

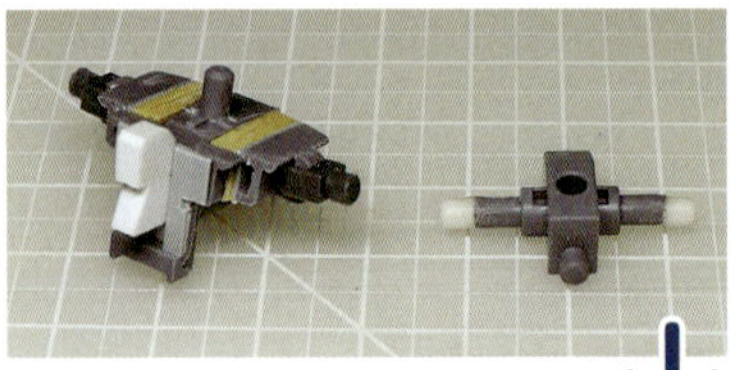

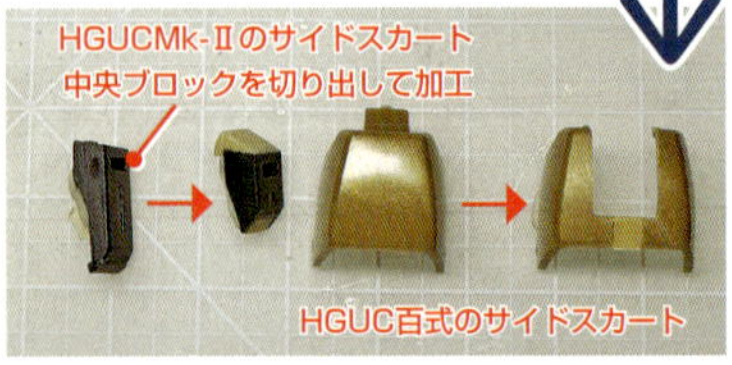

◀HGUC Mk-Ⅱの股間フレームはサイドスカート基部を切り取って左右とも3.5㎜延長。股関節軸も約3㎜プラ棒を継ぎ足して延長する。延長の際は内部に補強のため真ちゅう線を通すこと

◀サイドスカート中央基部はHGUC Mk-Ⅱのものを加工。HGUC百式のサイドスカートパーツは左右に4㎜幅増し。HGUC Mk-Ⅱのものを加工した基部を取り付ける部分をコの字状に切り抜いた

◀▲逆テーパーがキレイに整形できたらアタリのプラ棒を抜き、先述のパーツB9を中央に埋め込んで完成。絶妙な形をしているので、ていねいに製作しよう

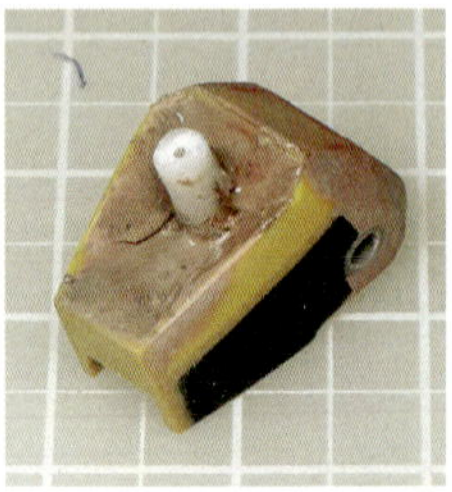

▲ポリエステルパテを少しずつ盛りながらある程度いいカンジの逆テーパー側面ができたら、上下の側にも同じようにポリエステルパテを盛って、硬化後にヤスリを入れて形状を出していく。中央にアタリで配置したプラ棒を中心に、すり鉢状に、かつ放射状になっていればOKだ

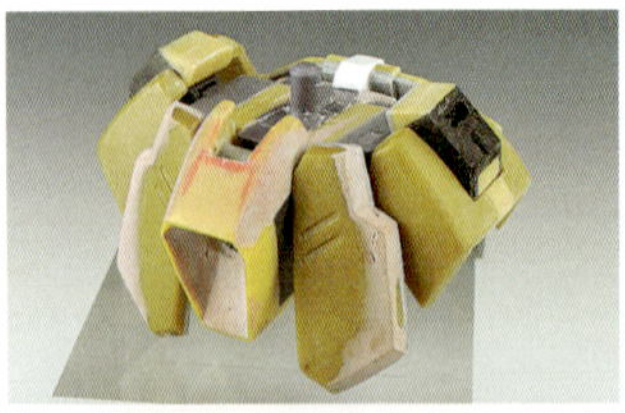

◀腰部が完成。こうしてみるとリファイン版バーザムはガンダムMk-Ⅱだけでなく、百式の要素もミキシングされているんだなぁと感じさせられる

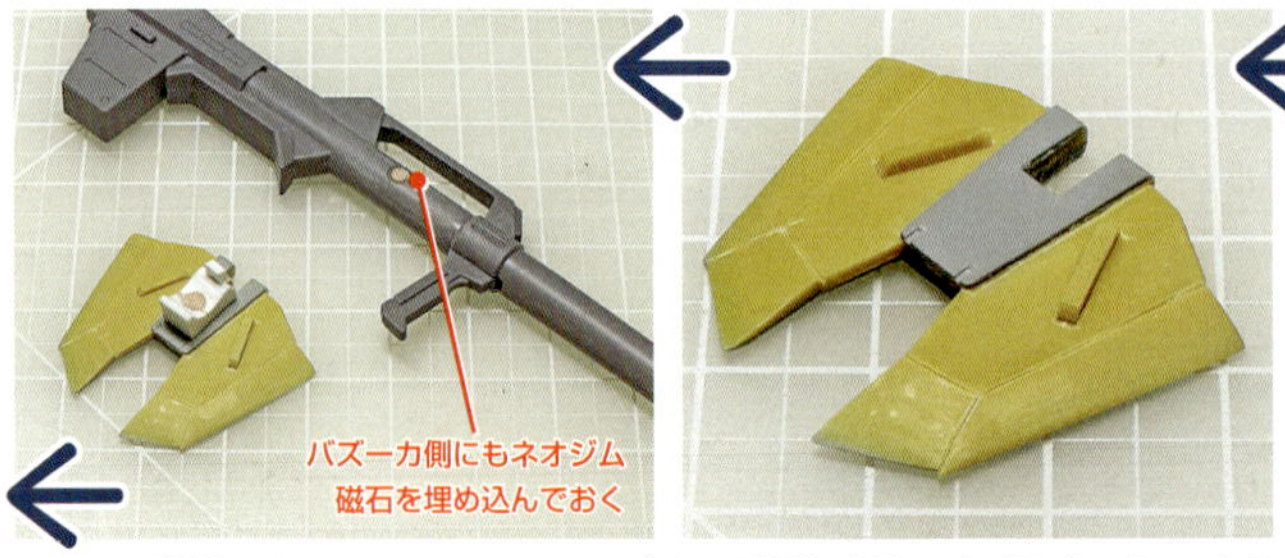

▲羽根状の形をしているリアスカート。左右の羽根状の部分はプラ板を切り出してから厚さ2.5㎜で整形。中央ブロックはさらにプラ板を0.5㎜足した（P43に図面を掲載）。中央ブロックにはMk-Ⅱのハイパー・バズーカをリアスカートに懸架させたかったので、基部にネオジム磁石を仕込んだプラ板製ラッチを固定できるようにした

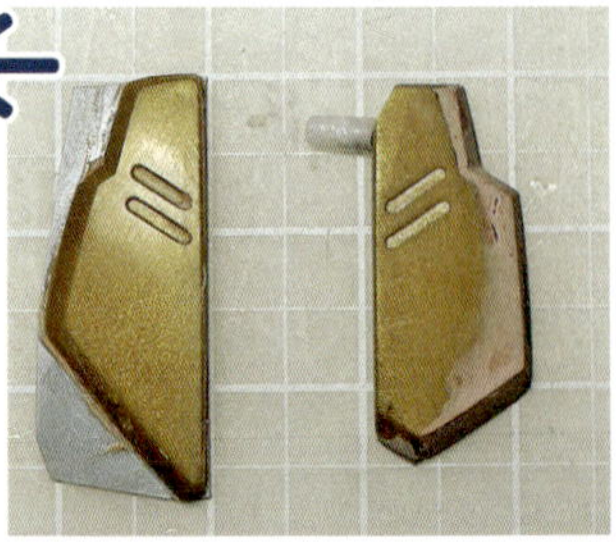

▲フロントスカートもHGUC百式を流用。裏側にリファイン版バーザムの形状に切り出した0.5㎜プラ板を貼り、それに合わせて外形をパテで修正（P43に図面を掲載）

HGUCバーザム!

(RMS-154 BARZAM)

脚部

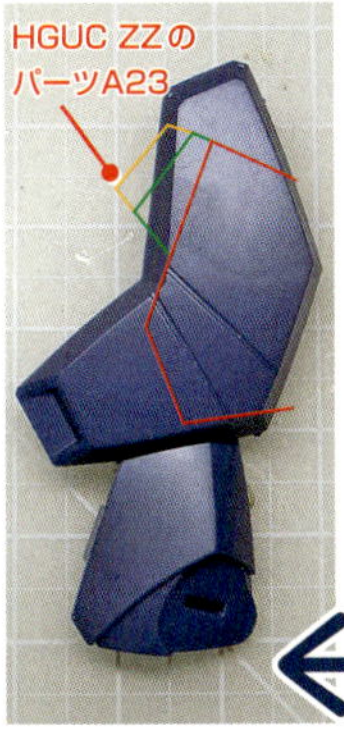

▶スネ側面（内側）は、表面の曲面や形状を活かすためHGUCバーザムを芯にする。赤線の位置でカットして緑線部にプラ板を足し、先端にはHGUC ZZガンダムの足首ダクトパーツA23を接着する

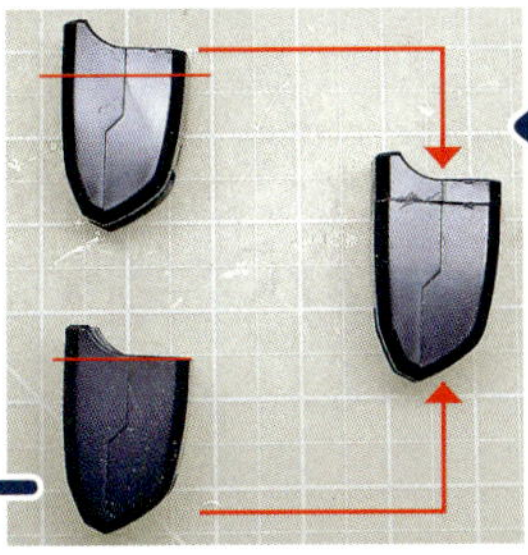

▼設定画では長めに描かれたモモもHGUC Mk-Ⅱを使用。キットをふたつ用意し、それぞれを赤線の位置でカットしてから接着して3㎜ほど延長

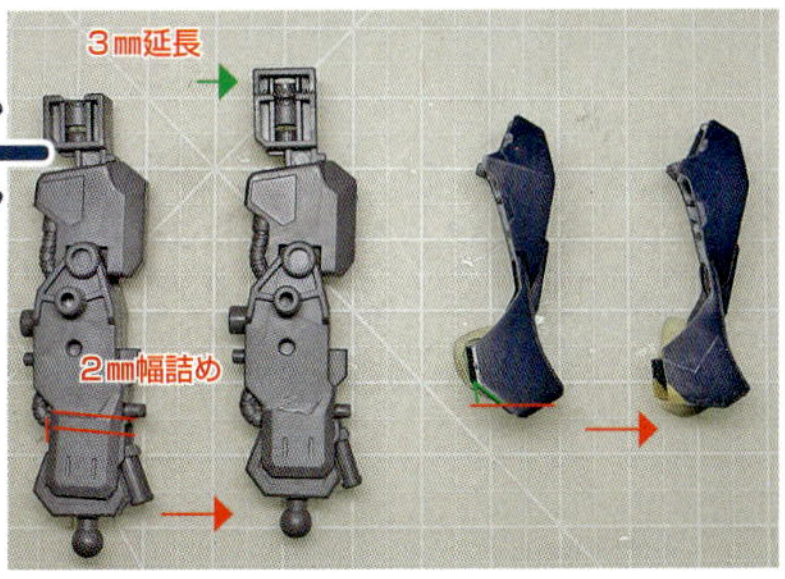

▲▶リファイン版バーザムの脚はセンチネルのMSとしては珍しくスネが短くモモが長いので、そういったバランスに修整する。HGUC Mk-Ⅱのモモを伸ばすにあたり、フレーム部をニコイチしてモモフレーム上部を3㎜ほど延長。いっぽうスネは足首フレームのある部分でカットして長さを2㎜詰めた。スネ前装甲は下を少しカットして三角の部分をプラ板で継ぎ足せばちょうどよい大きさに。さらにHGUC Mk-Ⅱのスネ前装甲は内側のリブをカットして力技で幅を狭めた

▶スネ内外のパーツ側面写真。それぞれ片方ずつ、プラ板でアウトラインを出しただけの状態とポリエステルパテで表面をキレイに仕上げた状態を並べているので、側面形状や仕上げ具合などを参考にしてほしい

▲スネの側面（外側）は、HGUC Mk-Ⅱのふくらはぎをそのまま使う。まず、なかの黄色い部分（パーツD2-11）が増設ダクトよりも上にくるよう、内部を削って持ち上げる。中のピンや受けの部分を削りとってから、上面裏側を削いでいけばこんな塩梅に（写真右）。パーツD2-11の下側の段差を隠すように追加部分をプラ板で箱組みし、先端に増設ダクト（HGUC ZZの足首ダクトA23）を接着する

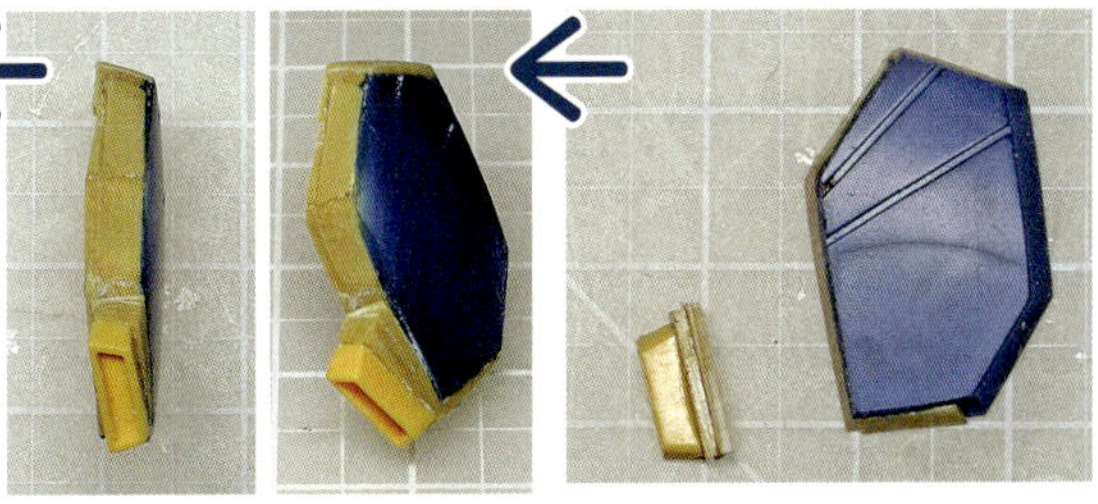

▲カットしたHGUCバーザムのスネ側面の断面にプラ板を貼り足して「厚み」を追加。HGUC ZZの足首ダクトパーツA23への延長部もプラ板積層で製作する。ダクトは正面から見て少し斜めになるように接着するとよい。実際は脚パーツとの嵌合の具合を調整しつつの製作になるので、写真を見ながらじっくりと形状やダクトの角度を決めよう

▶脚部が完成。モモが長くスネが短く、足首が大きいというバーザム特有の形状になった。HGUC Mk-Ⅱはもともとヒザやスネ前が細めなので、左右のダクトが増設されてもあまり太くなった印象はない

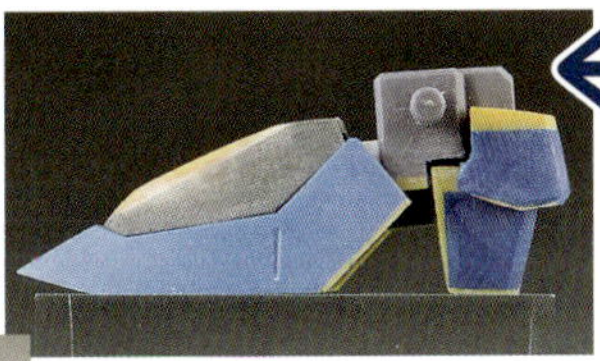

▼▶脚部を組み上げたところ。つま先部は中央で切断して1.5㎜ほど左右で幅増した。その結果ソール部と足裏パーツとのあいだにできてしまった隙間は、0.5㎜と0.3㎜プラ板を貼って調整した

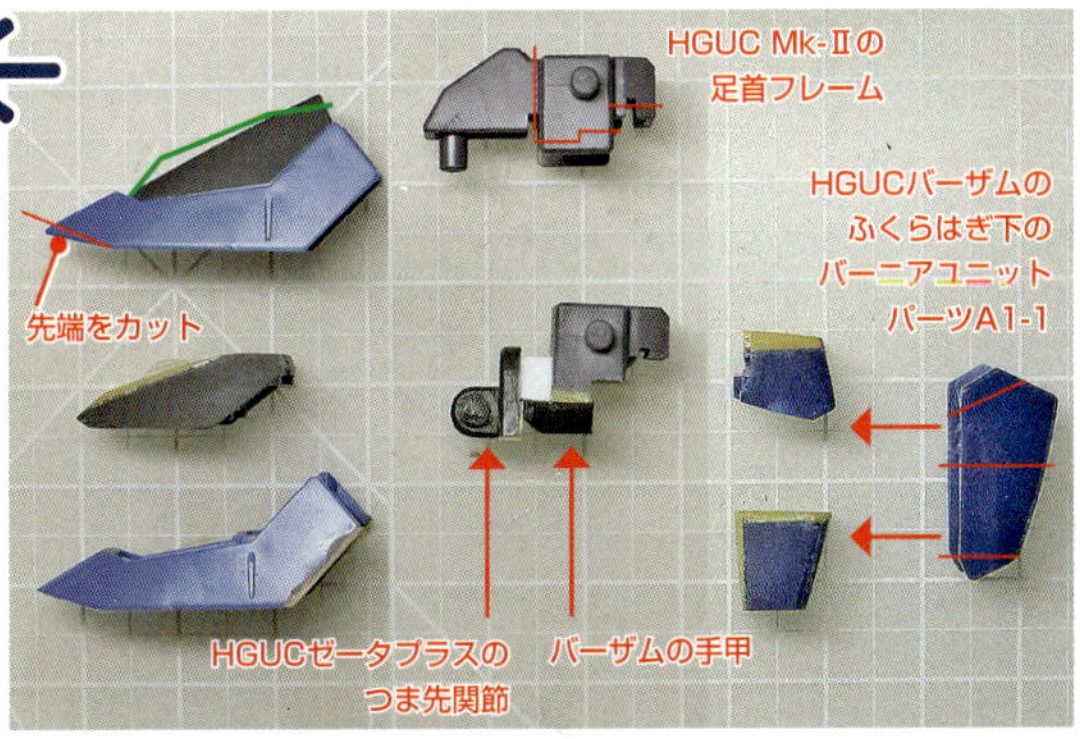

▶足首はHGUCゼータプラスとHGUC Mk-Ⅱ、HGUCバーザムのパーツを組み合わせる。ゼータプラスのつま先の先端下をカット、甲にプラ板を貼って形状修整。Mk-Ⅱの足首は基部のみ使い、ゼータプラスの足首基部からつま先関節部を切り取って移植、下にはバーザムの手甲をフレームに見立てて接着した

工作完了!!

●全工程が完了。基本的にはHGUC ガンダムMk-Ⅱを芯にしているが、各種流用キットを活用しつつ、関節位置や特徴的な各部形状に気を配ることでリファイン版バーザムができあがるのだ

武器

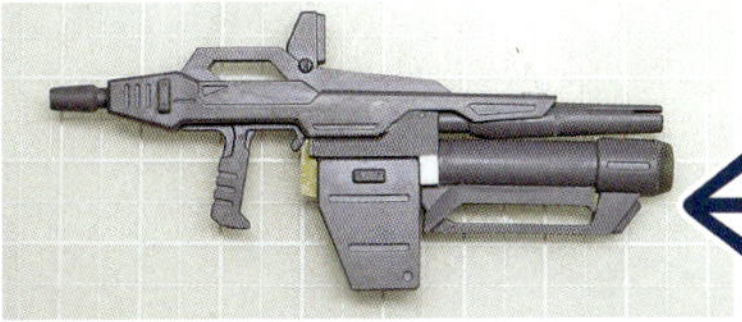

▲完成。グレネード～先端銃口にはウェーブ U・バーニアフラット1を使用。またネオジム磁石で着脱可とした

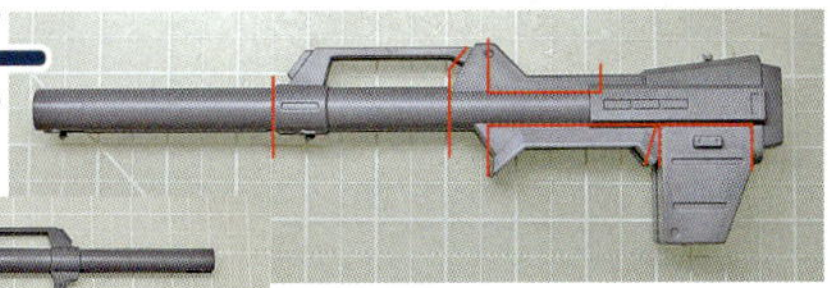

▶銃身や弾倉など、切り取ったパーツを組み上げるとほぼそのままグレネードランチャーになる

▲HGUC Mk-Ⅱが2個必要な最大の理由は、ビーム・ライフル下部に懸架したグレネードユニットのせい。まずはバズーカを赤線に従ってカットして必要なパーツを用意する

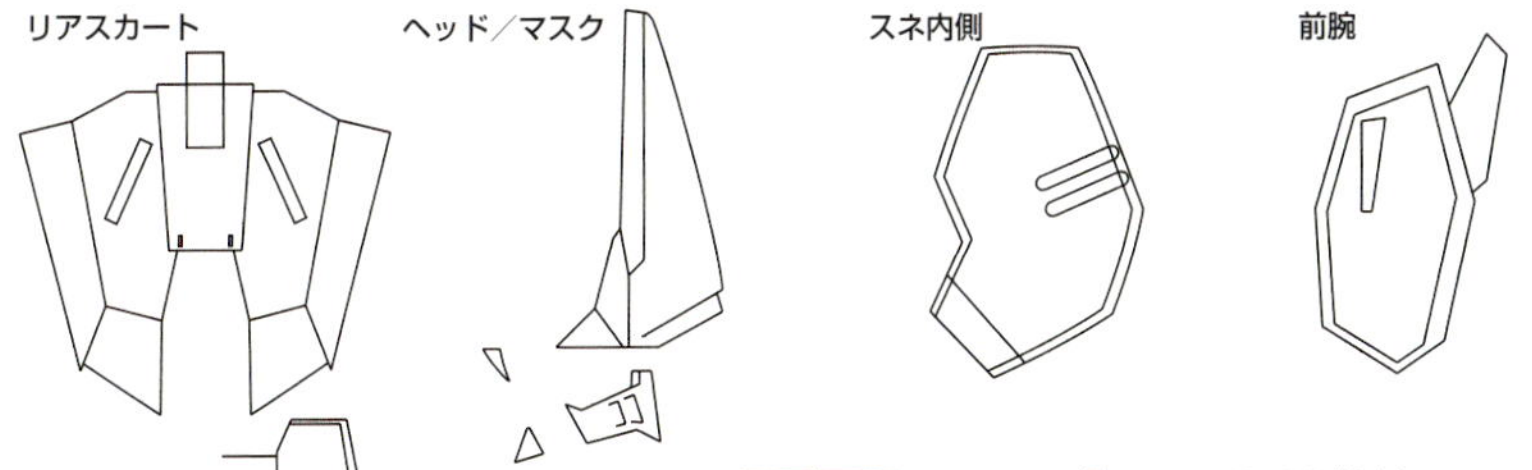

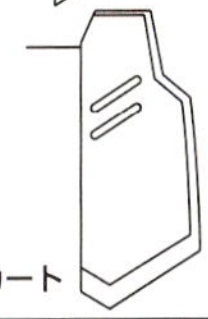

図面コーナー

125%に拡大して使ってみてね

▲作例を製作する際に製図した各種図面をオマケで掲載。使うときはこれらの図を125%に拡大して印刷したのち、それを型紙にしてプラ板に転写したりゲージにしたりして有効活用してほしい

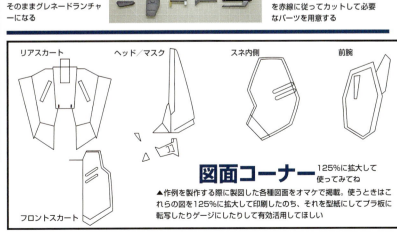

ご存じですか？ ボク、バー~~ザ~~ジム。

GMファンの「心のスキマ」バージムを作るのはいましかない！

バーザムのバリエーションってホント少ない。まぁ、そもそもバーザム自体が時代の徒花的な立ち位置のヤツなのだからそれもむべなるかな。そんな希少なバーザムファミリーのなかでも注目したいのがこの「バージム」だ。連邦軍が運用するバーザムの改修機で体はバーザム風、でもよく見りゃ顔はゴーグルっぽいGM系、そういや名前にも「ジム」って入ってるし……えっ、もしかしてこの方ってGMの眷属？　ということでHGUCバーザムをベースに、幻のGMバリエーションをモデリング。同時代に存在するジェガンとの関連を匂わせつつ、よりデザインに説得力を持たせてみよう。

RGM-87 バージム
BANDAI SPIRITS　1/144
インジェクションプラスチックキット
「HGUCバーザム」改造
発売中　税込1620円
出典／『ダブルフェイク アンダー・ザ・ガンダム』
製作・文／**リョータ**

RGM-87
BR-GM

HGUCバーザム＋HGUCジェガンで『UC』以降のスタイルを模索する

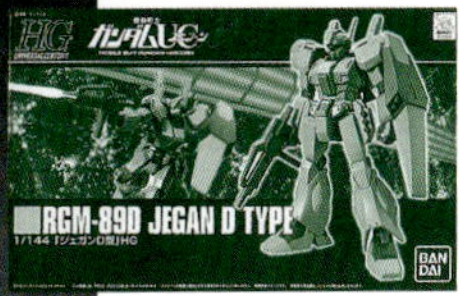

●基本的にはHGUCバーザムを素体にして工作するわけだが、ページ下の設定画を見てもらえればわかるように、バージムのデザイン自体がもとのバーザムにも似ていないうえにプロポーションの取り方がかなり独特。そのままいくと大改修になるし、結果的によくわからないものができあがりそう。そこで作例では、バージムと同時代に存在するジェガンのパーツを組み込み、見慣れた記号を盛り込むこととした。同じ連邦軍のMSなのだから、武装やパーツ規格はできるだけ融通させているだろうという前提で、肩やバックパック、シールド、ライフルはジェガンのものに変更。『ガンダムUC』で盛んに提唱された「連邦軍の規格統一」を意識してデザインを整理しているのだ

●HGUCバーザムのキットはフレームがむき出しの箇所が多いので、作例もそうした装甲に覆われていない場所を見せ場とさだめてデコレーション。ジャンクパーツやプラ板を駆使して、股関節周囲や脇の下、首まわりやバックパックノズル周囲などにそれらしいメカディテールを追加している

●肩装甲は武装マウントラッチのあるジェガンD型のものを使ったので、その気になればスタークバージム（笑）も作れる？

●バックパックは形状的な好みからD型ではなくノーマルのジェガンのものを使用している

“モノアイ隠し”の元祖はこのバージムだったんだよ！

バージムは、模型雑誌『MJ』（模型情報／バンダイ出版）で平成初期に連載された漫画『ダブルフェイク アンダー・ザ・ガンダム』に登場した機体。ティターンズ解体後に残ったバーザムを改修したもので、頭部アンテナを換装しゴーグル状センサーを搭載。大戦を終えて軍縮の一途にあるエゥーゴ、カラバ、連邦軍戦力の補助として運用された、とある。

漫画に登場するのはほんの1コマ、しかもカラーリング設定さえ判然としない（画稿がモノクロなのだ）という極めて地味な存在の機体だが、ここで特筆したいのは「モノアイ機をゴーグルタイプへ仕様変更した」機体としては最古参のデザインであったということだ。

この「モノアイ隠し」と呼ぶべきデザイン理論は、アニメ『機動戦士ガンダムUC』で見られた設定の先を行くものだった。つまり、「かつてティターンズが運用した証左＝負の象徴として映る連邦軍モノアイ機は、グリプス戦役後に破棄ないしゴーグルタイプへ改修された」という『UC』の時代背景と一致する。極論、『UC』に登場したアンクシャやバイアラン・カスタムは、バージムにインスパイアされたデザインだと言っても過言ではないのではないだろうか？　そういう意味ではバージムをただのマイナー機としてスルーするわけにはいかない気がしてくる、そんな興味深い機体なのである。■

▲『UC』に登場したアンクシャ（写真上）はアッシマーの後継機ながら、ジェガン／リゼル系頭部に更新された可変機。バイアラン・カスタムは残存するバイアランに無理やりバイザーを被せ、連邦上層部への受けをよくした機体だとされる

今月のオマケ　BR-GM

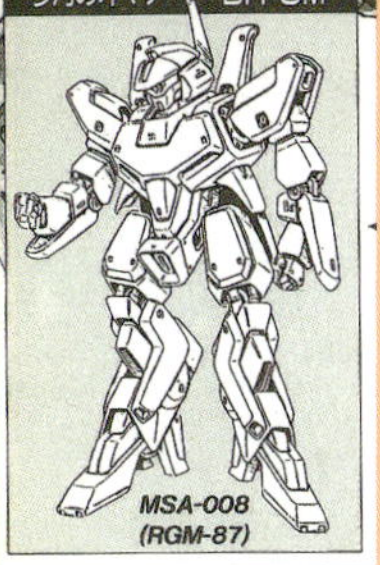

MSA-008
(RGM-87)

[巻頭特集] HGUC バーザム!
(RMS-154 BARZAM)

RGM-87 BR-GM

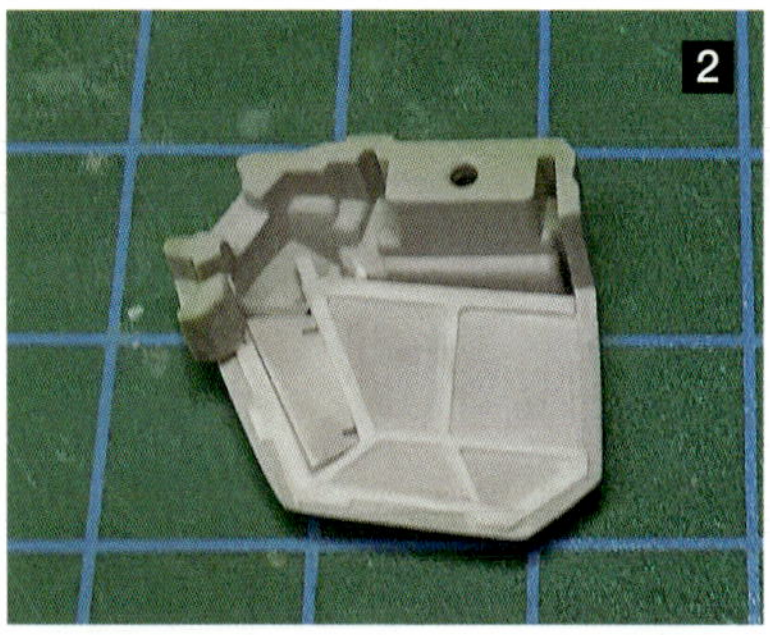

バージムなんちゃってモデリング

1 頭部はHGUCバーザムをベースに、ヒサシにエポキシパテを盛ってバージム風に整形。フェイスもバーザムのものを削りこんでムリヤリGM系っぽくしている。バイザーは、モノアイレールの上からUV透明レジンを盛り、硬化後に削り出して再現した

2 HGUCジェガンD型から流用した肩装甲。ほとんど見えなくなるが、裏側にもプラ板切り出しでトラス状のディテールをそれらしく入れている

3 胸部の前面装甲はプラ板で新造。肩の付け根や襟もプラ板やジャンクパーツ等で情報量を増やした。首も貧相に感じたのでパテを盛って太ましく

4 丸見えの腹部フレームも可能な限りディテール追加。キットでは股間正面にフタがしてあるので開口、内部に市販パーツのダクトなどを入れている

ある日編集部から唐突に「バージムってご存じ?」と電話が。いや、聞いたことないなぁと思ったら漫画『ダブルフェイク』にチラッとだけ登場しているらしい。チラッとかい! 調べてみてもあまりに情報に乏しいキャラクターなので、いっそ設定画どおりではなくHGUCバーザムの製品を活かす方向で工作したのが本作です。

イメージ的には、UC0090年代に運用された機体という想定で、『ガンダムUC』劇中にも出てきてもおかしくない外観アレンジを目指しています。そうした場合にてっ取り早いのは同時代の量産型からのパーツ流用。そこで肩と武装はジェガンD型、バックパックはノーマルジェガンから流用することとしました。

上腕はキットパーツを使っていますが、だいぶ削ったうえでプラ板を貼るなどしてひと回り小さい感じに加工。ヒジ関節もプラ板やジャンクパーツでデコレートしています。手首の手甲はキットパーツを小さく削り込み、ビルダーズパーツHD1/144MSハンド01(連邦系)を親指の位置を調整したものに被せて使用しています。

脚はバーザムからほとんどスタイルを変えていません。モモ前面にプラ板を貼って少しデザインを変えた程度です。

盾はジェガンD型のものをほぼそのまま使用。腕部との取り付けは磁石内蔵です。

◆塗装

色が不明瞭な機体なので、世間一般の解釈に準じて連邦宇宙軍カラーを採用。またセンチネルジムのオマージュで白はグレー系に振っています。下地になるベースカラーには、GSIクレオス Mrカラー ネイビーブルーとカウリング色を半々くらい混ぜたものに、多少のクリアーレッド。本体グレーは、Mrカラー ニュートラルグレーにクリアーレッド、クリアーブルー、ホワイト、ガイアカラーのインテリアカラーを入れて、色味を見ながら調色していきます。これを明暗2色作り、暗いほうから明るいほうへと塗装します。

レッドは、Mrカラー メカニカルカラーセットのフレイムシャインに多少ホワイトなど混ぜながら使いました。

関節グレーは、ベースカラーにもう少しニュートラルグレーや、クリアーレッド、ホワイトなど混ぜたものを、明るいのと暗いのを2種類用意。これも暗いほうから明るいほうへと吹いています。

バックパックの上部ノズルまわりと、ノズル内の白いところは、Mrカラー ホワイトFS17875を使っています。

バイザーは、ガイアノーツの蛍光グリーンで塗装しました。■

岡本英郎●おかもとひでお／デザイナー、メカニックデザイナー、イラストレイター。そしてUMA研究家でもあり、近年は映画監督も務めるなど二足も三足も履く草履を携えている。『ガンダム』ではバーザムのほか、ZZガンダムのデザインにも参加。そのほか特撮作品では『超人機メタルダー』の玩具デザインや『ゴジラVSデストロイア』のデストロイア完全体などを手がけている

バーザムの産みの親 岡本英郎

いま語ろうバーザム誕生の秘密!

ここまでのページで触れてきたように、とにかく『ガンダム』に登場する兵器として、MSとして、特異なデザインを持っているバーザム。それがいわばブルーチーズやホンオフェのように、病みつきになる人間を生み出している魅力でもあるわけだが、果たしてそのデザインはどのようにして産まれたのか!? 今回はバーザムの産みの親、岡本英郎氏をお招きし、バーザム誕生の秘密について伺った。

◆目新しさを追求して……バーザム

岡本　バーザムは僕がフリーのデザイナーになって、最初の仕事だったんです。それまではデザインメイトという、製品のパッケージとかのグラフィックデザインの会社にいまして。明治製菓だとか玩具だとかの、コマーシャルのディレクションとか広告に載せるブツ撮りのセッティングとか、いろいろやらせてもらってました。『リカちゃん』とか『こえだちゃん』の宣材も撮ってましたね。

――広報用の素材全体のディレクションってことですね。

岡本　はい。それで、そこの会社の上司が『イデオン』のデザインをやっていた樋口雄一さんだった。『イデオン』の映画版が終わって、『エルガイム』の途中くらいかな? 新しいガンダムをやるよって話が来て、いろんな会社に発注があったんです。

――『Zガンダム』はものすごい数のデザイナーさんが参加されましたよね。

岡本　そこでガンダムの関節の構造かなんかを描いて提出したんですよ。そしたら富野（由悠季）さんから直接手紙をいただきまして。手紙には「もう（その会社に）いるべきじゃないよ」みたいなことが思いっきり書いてありまして（笑）。

――富野さんからの直のお手紙でフリーに転向したんですか!?

岡本　そんなカンジでした。それで辞めての一発目がバーザムだったんですね。

――バーザムについてはどんな発注だったんでしょうか。

岡本　「ザクに取って代わる新しいもの」という。最初はその発注だけで描きました。ザクなんだけど、ザクじゃないもの。

――バーザムはよく「異形のMS」なんて言われますが、全体的にいわゆるMS的なデザインから外れたデザインをしてますよね。脚の付け根が高くて、「腰がない」と形容される体型であったり、よく話題に上がる股間も独特のデザインですし。

岡本　当時は、ともかく目立たなきゃいけないかったんですよね。フォルムとして、シルエットにしたときに、「このシルエットはあのロボット!」ってわからせなきゃいけないんです。ザクやズゴックやドムって、シルエットだけでわかるじゃないですか。藤田（一己）くんのガンダムMk-IIとかは好きなデザインなんですけど、シルエットにするとわかりにくいですよね。

――どうしてもガンダム的な、同じシルエットにはなりますよね。

岡本　なので、まずはシルエット重視で行こうと。「こういうふうにやってください」ってラフみたいなのもあるにはあったんだけど……。僕は『Zガンダム』観てなかったので、エゥーゴとかティターンズと言われてもわからなかったんです（苦笑）。

――えっ! じゃあそれまでガンプラも作っていなかったんですか?

岡本　ガンプラに目覚めたのはアストレイとかエクシアから（笑）。あの2機はものすごいデザインだなと思って、すぐプラモデル買いに行きましたね。ガンダムエクシアは丸を封じ込めてるデザインがすばらしい。この時代にすばらしい未来を感じさせるデザインですよね。

◆バーザムの体型はコンパスのイメージ

――さて、バーザムのデザインといえば股間（＊1）ですよね。凹んでいるのか、平らなのかという……。当時のアニメでは凹んだように描かれていて、立体でも凹んだ形で作られることが多かったんですが、インターネット上を中心として股間は平らなのか、凹んでいるのかという「バーザムの股間議論」が絶えませんでした。その後Twitterで岡本さんからの「平らなつもりで描いた」という話が出てきて、後の立体物や『ガンダムビルドファイターズ』にバーザムが登場した際も平らに表現されるのが一般的になりました。

岡本　バーザムの股間については、いろんな人から聞かれたんですよ。ただ、はじめは「股間」じゃなくて「腰」が出てるか出てないかって聞かれてるんだと思ってたんですよ。だからずっと「いや、腰の部分は引っ込んではいないよね突き出てるよね」って言い方をしていたんです。描いてから30年経って、娘とバンドを組んでいる友人が「ここの部分のことですよ」って絵を描いてくれたんで、ようやく「あ、股間のことだったのか!」って気づきました（笑）。

――先の「通常のMSデザインから外れている」という話にも繋がるところがあるんですが、この股間に配置されたドーム状のディテール。これも普通は正中線上にあると考えるんじゃないかと思うんですよね。多くの人が「バーザムの股間は凹んだ形状の中心にビーム砲やスラスターのようなデバイスが付いている」と認識したのもそうした「ロボットデザインとしての定番」から連想したものなのではないかと。

岡本　この機器はエネルギーチューブの差込口のつもりで描いているんです。そうした意味だと真ん中にエネルギーチューブを繋いだら、それこそ変なことになりますよ。

――運用的には真ん中じゃなくてここだろうと。

岡本　僕が考えてたのは、空母みたいなのから発進していくイメージなんです。戦闘機の空中給油みたいな。

――バーザムが実際に運用される姿を想像しながら描いていたわけですね。

岡本　それは思ってました。だから、1秒見ただけでわかるようなわかりやすい形にしなきゃなと。でも本人が1秒でもわかるように描いたつもりのもので30何年間も「ナニコレ」って言われてきたんだから、それは俺の責任なんですけど（笑）。

――バーザムはガンダムやザクの延長線上になくて唯一無二ってカンジですもんね。MSはスカートアーマーで太ももが保護されてるのが一般的ですけれど、バーザムは剥き出しで、しかもすごく脚が長い。

岡本　脚が長いのは歩幅を広くしたかったんです。戦場に行ったときにやられたMSとかが転がってるわけじゃないですか。そのときに、脚が長いほうが無難に前に進めるんじゃないの? みたいな。

――転がってる機体をまたぐための脚!

岡本　そうですね。だって、これやられメカじゃないですか。脚が長いほうが白兵戦のときに有利じゃないですか。

――歩幅が脚の長さの理由だったとは驚きました。

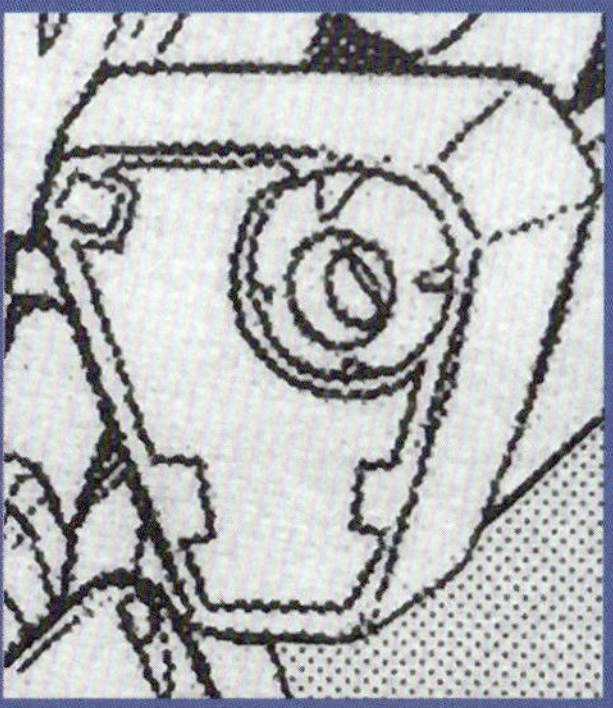

※1／バーザムの股間部については永らく「お椀のように凹んでいる形状の底の中心に丸い機器がついた、スラスターかビーム砲のような形状である」派と「平らなプレートの向かって右上に丸い機器が配置されている」派に分かれてきた。アニメ劇中やTVゲームなどでは前者のように描かれることが多く、また立体物によっても解釈が違ったりと、長い間議論が交わされていたのがバーザムの股間だったのだ。現在はHGUCがそうであったように、平らな形状とされることが多い

※本インタビューの内容については、あくまでバーザムのメカニックデザイナー 岡本氏が当時から意識されていたこと、見解であり、サンライズの見解、公式設定ではありません

岡本　あと、シルエットをアルファベットの「A」の形にしようと思ったんです。例えばZガンダムとか「A」の形、三角形をしていますよね。バーザムのシルエットも三角形を目指したんですよ。文房具のコンパスがありますよね。頭がツマミで、胴体があって、そこから針が付いたアームがまっすぐに降りる形になってますよね。そのアームが脚というようなイメージです。
——バーザムのプロポーションはコンパス！　想像すらしていませんでした。
岡本　いっぱい並んだときに、シルエットがキレイに映えるじゃないですか。というふうに思ってたんですね。
——バーザムを描き始めたときに、もうZガンダムのデザインはあったんですか？
岡本　あったと思います。
——Aの形にしたのはZガンダムを意識してのことだったんでしょうか。
岡本　そこはちょっと、いまとなっては厳密なことは正直覚えてないんですが、そうだったように思います。
——ザクは末広がりというよりドーンとドに向かって落ちていくシルエットですよね。
岡本　ザクは円というか、カーブを大事にしているラインじゃないですか。それと同じ手法はやめようっていうのは思ったんです。なにしろこれ一発で「普通のデザインだね」ってなっちゃったら、その後がないじゃないですか（笑）。だから、なんとか新しくしたいな、アピールしたいなって思ったんです。ちなみに、もともとの設定画ではもっと背中にトゲトゲとかこまかいバーニアとか付いてたんですけど、全部取れって富野さんに言われてなくなっちゃいました。あと、設定画の顔がでかいって言われてるけど、設定画ってある程度顔をでっかく描くものなので。作画で小さくできるので設定画は大きめに描きます。
——ライフル（＊2）の形も独特です。
岡本　戦場に行ったときに、銃ってはっきりわかるものを持ってたら狙われるよなって思ったんです。もちろん、最初に言ったとおり「全部新しくしたい」っていうのが第一にあったんですけど。あえて銃っぽくしたくなかったんですね。
——伸びたバレルの長いほうが下というのも珍しいですよね。普通は長いほうを上にしたくなるんじゃないでしょうか。
岡本　それも、ともかく新しくして目立つためというのがまず第一でした。目立つために逆を逆をってやっていった。あとはここを敵に刺し込む、銃剣みたいなイメージだったんですね。
——だから長いんですね！　そういえばガンダムMk-Ⅱみたいに頭部バルカン砲（＊3）を外付けにしたのはなぜなんでしょうか。思えばあれがバーザムがガンダムMk-Ⅱと関連付けられたきっかけだったと思うのですが。
岡本　あれ、なんでだろう？（笑）　でも、Mk-Ⅱと関連がどうのこうのっていうのは、後から勝手に書かれたものです。
——全体がユニークなデザインなのに、バルカンが外付けというのは意外とミリタリー的な発想ですよね。運用するのに便利そうというのは、先ほどの歩幅などの発想と通ずるところがあるとは思いますが。
岡本　なんでだろう……思い出せないなあ。もしかしたら味方になるみたいな予定もあったのかなあ。
——バーザムは1から10まですべて岡本さんのデザインなんですか？
岡本　「ゼロ号ラフ」みたいな感じの、＠こんなカンジでどうですか？」っていうのは発注側から来るんです。
——「トミノメモ」みたいなやつですか。
岡本　そうですそうです。鉛筆のラフみたいなのがありました。
——その段階ですでにバーザムはほぼ具現化されていたんですか？
岡本　俺、あんまりそういうの見ないんですよね。だいたい、仕事のとき打ち合わせしないんです。他の作品でもそうですけど、予算とかは聞いておいてあとは話聞かないんです。どうせ、あとから違うとか言われるからそれを聞いてから直せばいいじゃないですか。なので、一発目にラフがあったからって、見るには見ても「じっくりああしてこうして」っていうふうにはしてないです。どうだったのかも記憶にないです。
——バーザムは変形する予定もあったんじゃないかという噂もありますね。
岡本　結局それがバウ（＊4）になった。
——えっ！
岡本　バーザムのデザインを描いて、そこで仕事が終わるじゃないですか。そのあとバーザムを変形させてみようかなって。
——『Zガンダム』って変形するMSがたくさんいますものね。
岡本　そうですね。できた。じゃあ分離合体、させてみようか、みたいな。
——確かに、バウとバーザムは頭部が似てるなあとは思っていましたが……。
岡本　あれは途中までやって、出渕（裕）さんに渡して、出渕さんがフィニッシュしてるんです。『ガンダムZZ』はとにかく時間がなくていろいろ新しい手法も使ってました。富野さんもいろんな人の描いたデザインをハサミで切ってコラージュしたりしてましたね。そこからデザインまとめてくれと言われたりとか。
——バーザムとバウにそんな関係性があったとは……。
岡本　バウの顔も最初はもっとバーザムに近い形だったと思うんですけど。
——バウのトサカは思いっきりバーザムの名残だったんですねえ。

◆バーザムはケンカが強いMSなんだ！

——バーザムのプラモデルを組み立てながらデザインについて考えてみたんですが、疑問だったのが脚のバーニア。なぜ黄色いバーニアは外側のものより内側のもののほうが大きいんだろうなんて話をしていたんですが、ここはなぜなんでしょう。
岡本　それ、バーニアのつもりじゃなかった気がする。彩色を決めた人がバーニアと同じ黄色にしたからそう見えるのかな。
——ああ、カラー設定は別の方なんですね。
岡本　そうです。
——たとえばこのバーザムみたいな紺色と黒、黄色みたいなカラーリングを俗に「ティターンズカラー」と呼んだりされています。近藤和久さんの描いた漫画では「頭部はティターンズのエンブレムを模している」なんて書かれていたり。バーザムってティターンズの象徴みたいな扱いになっているところがありますよね。
岡本　これも記憶が確かじゃないんですけど、頭のモチーフはたぶんサメだったと思います。俺、『ジョーズ』がフェイバリット映画だったし。あと、目を大きくしたのも理由がありまして。もちろんザクと似せたらいけないって思ったというのもあるんですが……これ言ったら夢を壊すかもしれないけど、『ゲゲゲの鬼太郎』に手の目っていう妖怪がいて、目ン玉を発射できちゃうんです。それで目玉の親父がいないときに乗っ取られちゃうんです。そのときの目が元ネタで、アップの設定画はそういう風に描いた。ひさしで隠れたら半円に見えるよう、完全な丸にしてるんです。
——あと、背中の意味ありげなグレーのパーツ（＊5）はなんなんでしょう……？
岡本　スラスターみたいなのをうしろにつけるためのものです。サーフボードみたいなのに乗っかって戦う構想があったんですよね。本当に特攻機みたいなイメージだったんです。股間からエネルギーを入れて出撃して、生き残ってるやつがいたらまたなんかエネルギーを注入して、武器を持っていく、行って帰ってこないみたいな。
——戦闘機の桜花とかって作りが簡単ですよね。それが反映されてるんですか？
岡本　そうです。脚がすっとんでも、残ってる部品くっつければいいみたいな。
——腰まわりも重装甲じゃなくて、シリンダーが剥き出しだったりしますよね。
岡本　重装甲のほうがコスト上がるし、対

※2／腕の側面につけるようにグリップを逆手に持ったり、開放型のバレルの下方が長かったりと、かなり特異な形状のバーザムのビーム・ライフル。その理由は本文参照

※3／バーザムの頭部バルカン砲はガンダムMk-Ⅱのように、外付け式のバルカンポッドとなっている。これを受けて近藤和久の『コミックボンボン』版や『ガンダム・センチネル』ではガンダムMk-Ⅱの後継機という設定が考え出され、それらは現在一般的なバーザムの設定として定着している

▲※4／バウは『ガンダムZZ』に登場したネオ・ジオンの可変MS。出渕氏が頭部のクリンナップを行なったことは本誌'17年3月号巻頭特集でも氏のインタビューで語られていたが、まさかバーザムと関連があったとは……。ちなみに同じく出渕氏が手がけたジェガンもバーザムと関連があるMSだったりする。詳しくは先述の巻頭特集をご参照のこと

※5／矢印のグレーのパーツはいったいなんなのか？　なにやら意味ありげなパーツとしてランドセルに鎮座する謎の部位だが……。そのデザインの意図は本文参照のこと

応できることが少ないじゃないですか。なるべくシンプルな構成にしようと思ったんです。あんまり武装をくっつけちゃうと、武器背負って来てるのが遠くからもわかるじゃないですか。だか、剣も腕のなかに仕込んである。白兵戦で相手がビーム・サーベル持ってないと思ってたら、シャコッて出してくるのがかっこいいかなと思って。

――それでサーベルは袖に隠してるんですね。すごくアニメのなかでの戦い方を考えられてますね。

岡本　それは考えますよ。脚の長さの話に戻りますけど、白兵戦になったときに脚にコンパスのような長さがあれば距離を稼げるじゃないですか。……あと『ガ・キーン』が好きだったんですよ。

――あれも脚長いですね（笑）。

岡本　ガ・キーンの技で、キックをして足からナイフが出て来るっていうのがあるんです。あれはやりたかった。でも新しいガンダムで足が刀みたいになってるのもあったなあ。『SEED』でしたっけ。

――『SEED DESTINY』のインフィニットジャスティスですね。

岡本　ですかね。ともかく、白兵戦のことは考えました。連携してチームでというよりも、タイマンの殴り合いで、というのを。ケンカを考えてました（笑）。人間だったら投げるとか関節を極めるみたいな柔術はあるけど、MS同士じゃないですか。極めることはないから、リーチが長いほうが有利ですよね。変なものが来たら、人間は本能でまず蹴るんですよ。だったら、長いほうがいいんじゃないかな、っていう。

――バーザム観が変わるお話ですねぇ!

岡本　たとえばシド・ミードさんも∀ガンダムで従来のガンダム観を壊そうとしていたと思うんですよね。バーザムを描く前にシド・ミードさんが描いたガンダムMk-IIのイラストの原画を見せてもらったんですが、すごく脚が長く描かれていて、すごい興奮しました。極端に脚が長いロボットっていうのは最初に決めていました。

◆バーザムが主役の脚本を書きたい!!

――同時期に小林 誠さんや藤田一己さんがユニークなデザインのモビルスーツをいっぱい描いてました。

岡本　そうそう。みんなも目立たせるためにやっていたんだろうなって。ハンブラビだって、ほかのMSと比べるとおかしいじゃないですか。でも、当時は商売上ではザクとかが売れなくなってきている現実もあったんです。あるとき「だったら全部ガンダムにすればいいじゃないですか」ってプロデューサーの内田さんに言ったらメチャメチャ怒られたんですよ。でもしばらくしたら全部ガンダムになってて、「やってるじゃねえかよ!」って（笑）。

――そうして皆さんが個性を発揮した結果、個性溢れるMSが集まって『Zガンダム』が形作られていったわけですね。

岡本　そうです。なので後から見ると「MSの開発系譜的にどうなの!?」とか言われたりもするんですが……。設定的にどうこう言われるっていうのは結局ガンダムをアニメの仕事と捉えてデザインしていたことが生んだ温度差ですよね。富野さんは「テレビロボットアニメはスポンサーから見れば30分のコマーシャル」って側面があるのが嫌だったんじゃないですかね。だから『Z』では「アニメじゃない」と言っていたんでしょう。いっぽう樋口さんは、たとえばイデオンとかをおもちゃとして捉えてたんです。でもそうなると第六文明人の遺跡がなんでああなるんだって話になっちゃいますよね。そういう設定とデザインとがいちばん噛み合ってたのって『ダンバイン』とか『エルガイム』じゃないですかね。

――登場マシンのカラーが統一されてますよね。それが、『エルガイム』の後の『Zガンダム』ではそこがリセットされてしまっているように見えます。

岡本　そういう作品が限界値に達してたのかもしれませんね。本来だったら、あそこでたとえば『レイズナー』とか『ドラグナー』とかのメカデザインの方向にいくんじゃなかったのって思います。作品の統一感という意味では。

――特撮作品の『メタルダー』では岡本さんは玩具デザイナーとして参加されています。そのときは玩具前提のお仕事ということを意識されていたかと思いますが、バーザムではどうでしたか。

岡本　あくまでアニメに登場するキャラクターとして、たぶん商品化されないだろうと思っていました。ザクに代わって売ることもあるなんて話もあったんですけど、まあないだろうな、みたいな。

――今回、いよいよプラモデルになってみていかがですか?

岡本　それはめちゃくちゃうれしいですよ。

――ここ5年くらいいろいろとバーザムが製品化されてきているんですよね。波に乗ってきていると言いますか。

岡本　「ROBOT魂 バーザム」で、カトキハジメさんが（TV版）バーザムを描き直したときに、ていねいなお手紙をいただきました。電話でもいろいろ話しましたね。

――カトキさんはリデザインされるときに、ちゃんとお伺いをたてるそうですね。以前出渕さんにインタビューした際にも同じような話を伺いました。ちなみに製品化にあたって、「監修させてほしい!」みたいな気持ちはありました?

岡本　まったくなかったです。いいんじゃないの、もうって。終わったことだし、ガンダムあんまり観てないし。でも、商品化についてはすごくうれしく思いました。

――フリー一作目ということでの愛着は?

岡本　それはあります。仕事に関しては全部そうですけれどね。

――あんまりアニメのなかで活躍しないんですよね、バーザム。

岡本　ちょっとしか出ないんだよね。

――敵の次世代主力機みたいなカンジですが、とくに有名パイロットとかもいなくて。

岡本　そのへんはドラマ作る関係ですよね。僕はいま映画のシナリオを書いてるんですが、そういう意味ではわかります。

――活躍がなかったのと、ユニークなデザインで立体化が難しかったのかなと。ガンダムでトップクラスに長い間プラモになってないMSだったかもしれないですね。

岡本　でも、売れてるんでしょう?

――すごい好評みたいです。ユニークなデザインなので組むのが楽しいという声もたくさんあがっていました。

岡本　僕からすると「Zガンダム」に出てくるMSは、異端児だらけだろうと思うんですけどね。（笑）。絶対バーザムみたいに脚がついてるほうがダイナミックに見えると思うんだけどな。

――いまはガンダムワールドがずいぶん広がっていますけれど、宇宙世紀でもバーザム系列って後にも先にもないですよね。でも、なんとか歴史のなかに入れ込もうとしている人たちがいて、そのひとつが『センチネル』でのバーザムでした。バーザムは生みの親の岡本さんの手を離れて、カトキさんや藤岡建機さんなどの描いたようないろいろなバリエーションをみんなが模索したりして、宇宙世紀では「浮いて」いるからこその愛され方をしていますよね。

岡本　ありがたいです。

――プラモデルについても、ここまで放っておかれたことで熟成されて、ある意味よかったのかなとも思えます。

岡本　それは思いますね。中途半端にやったらダメだったと思います。

――放映当時ガンプラ化されていたらなんでもない存在になっていたかもしれないということですね。30余年経ったいまだからこそ考える機会があったと。

岡本　いまの倍くらい売れればアニメの主役を張れるんじゃないのかなとかって思うんですけどね。そのときはぜひ僕が脚本を書きたいですね。メカニックデザインじゃなくて脚本、『機動戦士バーザム』の脚本を書きたい（笑）。■

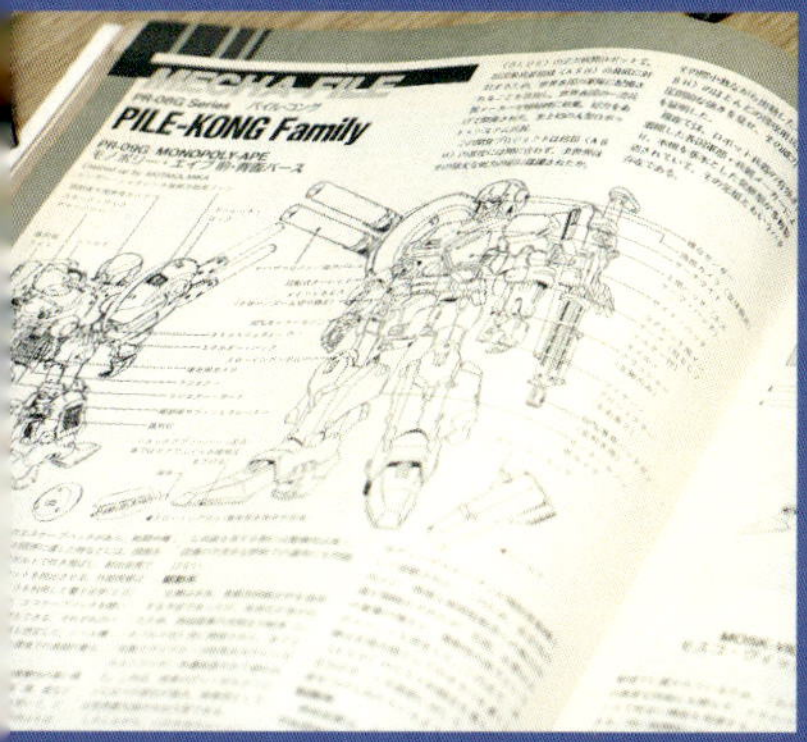

▲途中長期間の休載も挟みつつ、『ガンダム・センチネル』と同時期に展開していた本誌オリジナルのロボット企画『強襲! バクライオー』でも監修やメカデザインで参加していた岡本氏。同作でデザインしたパイルコングは、バーザムのデザインで考えていた合理的な運用を昇華させたロボットなんだとか

◀UMA研究家としても活躍している岡本英郎氏が、アイルランドで出会ったという殺人巨大カワウソ「ドアル・クー」のソフトビニール製フィギュア

MOBILE SUIT MSZ-01
ZZ GUNDAM
Ver.Ka"
SPECI / MODEL NUMBER: MSZ-010, TOTAL HEIGHT: 19.86m, WEIGH
MATER UNDARIUM ALLOY NTS / 60 GUN ×2
HIGH M NNON BER (BE IELD ×2
創通
© GUNDAM
サンライズ
0216744
TO TYPE TRANSFORMABLE MOBILE SUIT
C.0088(A.E.U.G.)
BANDAI
※パッケージの画像と商品とは、多少異なりますのでご了承ください。 ©創通・サンライズ
PAN
*The actual product may vary slightly from the images on the package. ©SOTSU・SUNRISE

長いガンプラの歴史において、ZZガンダムは常に不遇なアイテムであり続けてきた。

放映当時のガンプラシリーズにて、ラスボスメカであるクィン・マンサがキット化されないまま尻すぼみに終わった時点ですでにその後の展開は予想されたわけだが、マスターグレード以降も宇宙世紀の主役級ガンダムのなかではたいていキット化がもっとも後回しになるのが定位置なのがこのZZガンダムだ。MGではNo.30、HGUCではシリーズNo.111まで待たなければならなかったし、PGやRGに到ってはいまだラインナップに加わってすらいない。そんなZZガンダムはMG Ver.Kaシリーズにおいてもかなりの後発となった。

そして「まあ発売されるだけめっけもんでしょ」くらいに緩～く構えていた我々ガンプラモデラーに向けてバンダイから投げられたのは、恐ろしいまでに直球な豪速球だった。「ZZなのに（失礼！）カ、カッコいい!?」（笑）。　そう、ZZガンダムと言えば古参ガンダムファンには色モノ扱いをされるのが普通だったのに、このMG Ver.Kaは普通に「リアル」で超カッコいいじゃないですか。もちろん変形だってばっちり決まっちゃう。

ここであえて断言しよう。この「リアルでカッコいいZZガンダムの立体が目の前にある」という状況はガンプラ史における“事件”だ。自分でデザインを再構築してガンプラを大改造しなくても、普通に売っているガンプラを組み立てれば、カッコいいZZガンダムが手に入るのだ。これはあたりまえのようでいてできなかったことだ。この“事件”をより深く味わうべく、巻頭特集ではMG ZZ Ver.Kaを大フィーチャーする。■

いまならZZがカッコいいと心から言える!【巻頭特集】

MGダブルゼータガンダムVer.Ka完全読本

ZZ GUNDAM Ver.Ka

MASTER GRADE MSZ-010
U.C.0088..........(A.E.U.G.)

Model Graphix
2017年12月号
掲載

往時は逆にかわいくなっちゃっていたZZガンダム『ダブルゼータくんここにあり』超ひさびさに復活してみたよ

●次号予告の段階では特集タイトルが『ZZガンダムここにあり（仮）』だったのを見てのけぞった読者の方も多いかもしれない。そう、昭和末期の『SDクラブ』（バンダイ刊）を読んでいた者にとって「ZZガンダム」といえば連想するのは『ダブルゼータくんここにあり』なのだ！　同作は主人公のダブルゼータくんをはじめとして、Zちゃんやアッシマーくん、マラサイさんなどガンダムのMSをデフォルメ、美少女化したキャラクターが「SD村」で暮らしている様子が描かれた作品。基本ほのぼのとした『ムーミン』『ぼのぼの』ライクな作品だが、純朴なダブルゼータくんがその優しさから抱える悩みや、ときどき示唆される戦争の存在など随所にセンチメンタルな空気を醸し出す、心に沁みる名作だ。登場するMSのモチーフも結構ユニークなので、SD世代じゃない人にも読んでみてほしいぞ！

→なんとコレ特集のための描き下ろし！

◀ダブルゼータくんここにあり 新装版 1巻／2巻（復刊ドットコム／発売中／税込各1998円）「えっ、ZZが主役？」と驚く方がいるかもしれないが、百聞は一見にしかず。約30年前の漫画にて、主役に抜擢されたダブルゼータくんはいったいどんなコだったのか。現在新装版が発売中なので、気になる人はぜひ

イラスト／こいでたく

1986

1/144 1986年6月発売
ダブルゼータガンダム
（1/144　税込648円）

●ZZガンダム初のガンプラなわけだが、旧キット特有の姿勢のカタさを除けば形状はきちんと再現されたイケメンキット。前年のZガンダム同様、当時の技術力ではこのサイズで変形ギミックを再現するのは無理だったようだが、そのぶん細身なスタイルに。ちょっとノコを入れればHGUCにない味わいのZZになりそう。本誌的には、1/144フルアーマーZZの素体となったという意味でも見逃せない一品です

いきなり意外とカッコマン 非変形でシュッとしたキット

いきなり正解できちゃってるじゃん！ 色分けも変形も完璧な優等生旧キット

1/100 1986年7月発売
フルアクション ダブルゼータガンダム
（1/100　税込2376円）

1986

●旧1/144キットに続いてリリースされた、変形ギミック搭載の1/100キット。てか、出来がべらぼうによくないすか!?　ホントにこれで30年前のキット？　色分けはほぼ完璧だし、全体的なドッシリ感もばっちり出せてます。そしてGフォートレスへの変形や分離など、ギミック面も完璧！　ところどころ、腕や脚などからスラスターノズルが丸見えなのはご愛嬌。ホント、意外なほどよくできているのだ

ZZガンプラ屈指のパワフルさが魅力 あと説明書のイラストがカッコいい

HG 1991年7月発売
HG ダブルゼータガンダム
（1/144　税込1620円）

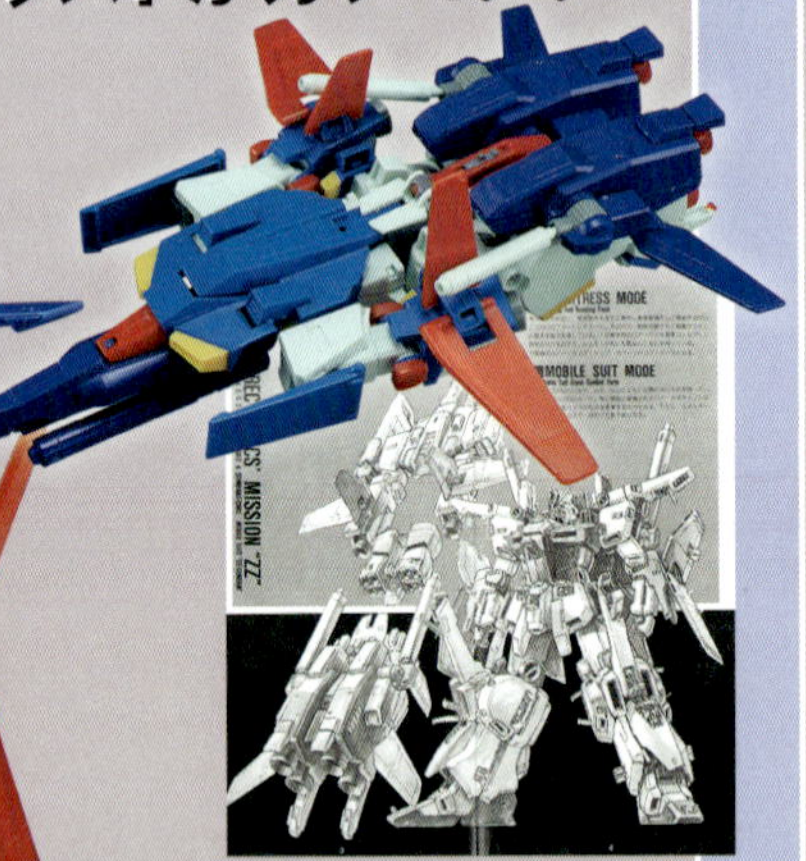

1991

●「最新技術（'90～'91年当時の）で昔のガンダムを作ったらすごいのできるのでは？」という趣旨のHGシリーズ。スリムだった旧1/144と比べるとずいぶん鍛え直したマッチョ体型が魅力。なんと頭を取り外すだけでGフォートレスに変形可能で、1/144ながらZZの複雑な脚の変形を再現しているのはスゴイ！　目はクリアーパーツだし説明書にはカトキハジメ氏のカッコいいイラストもあって、チャームポイント満載のキットだ

ガンプラ定点観測1986～2017 ダブルゼータガンダム進化論

『ZZ』放映からMG ダブルゼータガンダムVer.Kaに至るまでの30余年、その道程はどのようなものであったか？　このページでは過去発売されたZZのガンプラたちを順に見ていきながらそのガンプラロードを辿っていくこととしよう。と、いうか意外と放送当時のキットもよくできてるぢゃん！　見比べるのはもちろん、組みくらべてみるのも楽しいですぞ！

ZZガンダムは主役のガンダムタイプとしては意外なほど製品化の機会に恵まれていない。ガンダムチームの機体のなかでもZガンダムはもとより、準主役級のガンダムMk-Ⅱや百式のほうがこれまでに製品化された回数が多いくらいで、ガンダムタイプとしてはむしろマイナーといえる扱いである。知名度はさておくとして、大型機体のうえにギミックが複雑でキット化のためのコストは高いが、実際のガンプラ人気や販売実績の面ではいまひとつという点が敬遠されてきた理由であろう。

しかしながら、結果として多くはないZガンダムのキットたちは総じてレベルの高い良作揃いだ。とりわけアタリハズレの大きかったいわゆる旧キットの時代にこれだけの水準を保っていたのはバンダイ開発陣の底力を感じるとともに、ZZガンダムのデザインがなんだかんだといいつつも「プラモにしやすいデザイン」であったことが功を奏したと言えるだろう。

◆1／144 ZZガンダム

初のZZガンダムのキット。ZZシリーズのなかではキットの発売順としては意外と遅い。それでもZZガンダムのアニメへの登場時期やキットの開発期間を考えるとかなりタイトなスケジュールであったことは想像に難くない。変形合体ギミックはないがMS形態のフォルムとしては手堅くまとめられており、設定画の往年の技巧派レスラーを思わせるスタイルの再現度は高い。

◆1／100 フルアクションZZガンダム

前年の1／100Zガンダムに続き〝フルアクション〟の銘を冠したフラッグシップアイテム。1／100Zガンダムがギミックはスゴイがスタイル的に課題の残る製品となった反省を踏まえ、この1／100ZZはまさに当時のガンプラ開発陣の意地を感じる完成度となった。変形合体の再現と各形態での破綻のないフォルム、さらに成型色による色分けの再現などZZの商品として押さえるべきポイントはすべて抑えた傑作キットである。アニメ版頭部設定の

1999
死角なし！ 大ボリュームを堪能できる横綱

MG 1999年12月発売
MG ダブルゼータガンダム
（1/100 税込4320円）

●MGシリーズ４年目に発売された製品。旧1/100同様Gフォートレスに変形可能なうえ旧キットのように腕のノズルが出しっぱなしだったりしない非の打ちどころのなさ。過去のキットと見比べると真っ白ボディも新鮮に映る。のちにフルアーマーZZやFAZZにも流用された名作で、ヒジ関節と前腕の接続部でロール可能なのでいわゆる「ガワラ曲げ」ができるのもポイント

2017
旧MGを踏まえてより輝きを増した最新鋭の1/100

MG Ver.Ka 2017年９月発売
MG MSZ-010 ダブルゼータガンダム Ver.Ka
（1/100　税込6480円）

●今回の巻頭特集の主役、Ver.Kaブランドで新生したMG ZZ。前のMGと比べると腕や胸はシェイプされながらも、肩アーマーやシールド、脚といった末端がよりボリュームアップ。ZZのマッシヴなイメージを損ねずにスタイリッシュに生まれ変わっている。また、各部装甲から適度に覗くメカ色もニクい。もはや「ガンダムマーカーでスミ入れカンタン仕上げ」する必要すらない!?　という外見の満足感は、40周年を間近に控えたガンプラ開発の成熟を感じさせてくれる

2010

HGUC 2010年6月発売
HGUC ダブルゼータガンダム
（1/144　税込2484円）

●現在、ガンプラでもっともスタンダードな製品ラインが1/144HGであることに異論があるガンプラモデラーはいないだろうが、このHGUC ZZもHGUCらしい手堅い仕上がりとなっている。旧HGでのGフォートレスは、頭部の取り外しのみでGフォートレスに変形できたが、こちらではMS形態のプロポーションや可動を重視し、あえて変差し替えを多用した変形の割り切った仕様となった。いま見ると「強化型やFAにも備えてたんだな！」って面影が見られるランナーもおもしろいので、即ゲットして要観察

新たな千年紀のスタンダードキット!!

おっさん顔の再現度も高いのでこだわりのある方はMGなどに流用するのも一興。

◆HG１／144 ZZガンダム
ガンプラ・リメイク路線の先駆けとなったHGシリーズの3作目。イロプラ&スナップフィット仕様ながら、ギミックを整理して１／１４４サイズでの変形合体を再現しており、製品内容的にはすでに現在のフォーマットに近い。組み立て説明書に掲載されたカトキハジメ氏のイラストはのちのＭＧ Ｖｅｒ.Ｋａにも繋がるイコンであり、当時からこちらのアレンジの製品がほしいというユーザーの声は高かった。

◆MG１／100 ZZガンダム
マスターグレードでは先発となるキット。当然ながらＶｅｒ.Ｋａと比べてカトキ版的なアレンジは控えめで、この時期のＭＧらしくアニメ設定画寄りのスタイリングとなっている。一部パーツをネジ止めとするなど複雑なギミックとスタイリング再現のための当時なりの強度面への配慮も伺える。

◆HGUC１／144 ZZガンダム
ＨＧＵＣシリーズが脂の乗ってきた時期のキットであり、ギミックとスタイリング、組みやすさのバランスの取れた良作である。変形合体を差し替え式としたことでストレスなくギミックを楽しめるのも◎。なぜかフルアーマーＺＺやＦＡＺＺといったバリエーション展開できそうなアイテムが発売されないまま現在に至っているのは謎である。『ビルドファイターズ』枠でのトライオン３が初のバリエーション製品となった。

◆MG1／100ZZガンダムVer.Ka
詳細については本誌特集記事を見ていただくとして、やはり最大のセールスポイントはカトキ・イラスト版に近いＺＺがようやくガンプラとして手に入るという点に尽きるだろう。時間はオタクを裏切らない。ＺＺのマッシヴなイメージは残しつつ、シャープで精悍なスタイルとなっている。

（キット解説／北澤匡嗣）

[徹底検証]

MG ダブルゼータガンダム Ver.Kaはここがすごい!!

MG ダブルゼータガンダム Ver.Ka 完全読本

このMG ダブルゼータガンダム Ver.Kaはただカッコイイだけじゃない！ あらゆる部分に工夫が凝らされ、従来のZZキットの常識を覆す驚きに満ちているのです！ そんな期待の新星のアピールポイントをご紹介。

1 可動性能の大幅向上

▶右写真が旧MG 、左がVer.Ka。一目瞭然、旧MGは肩が上がらず開脚もそこそこだが、Ver.Kaは手足を大きく広げられることがわかる。これは肩アーマー内部にクランク状の引き出し式関節を配置しているのをはじめ、股、肘、膝などに二重関節を設けることで可動性能が大幅に向上しているため。また、これまでの合体変形するZZ製品では初となる「腰の水平回転」を実現したのも重要ポイント。バックパックが背中と尻の二箇所で胴と繋がれるデザインのため、上体と腰をひねることが構造上難しいとされていたのだが、Ver.Kaでは股関節部分に水平回転軸を設けることでこの問題をクリアしてみせたのだ

◀▲胸ブロックに可動軸があり上体を傾けることができる。首にも引き出し関節があり俯きも仰向けも自在。また合体機構を残したまま腰を水平に回転できる製品は極めて珍しい

2 ツインアイの完全別パーツ化

●ツインアイをクリアーパーツで成型することはMGならばあたり前だが、ZZ Ver.Kaは一味違う。大型のPG製品と同様に「瞳の部分だけ」をクリアーパーツで抜いているのだ（顔裏から瞳パーツを差し込んで組み立てる）。これまでは瞳の周囲のクマドリの部分とくっついていたので、クマドリを黒で塗りつぶす必要があった。その手間が軽減されるという意味でも、この精密パーツ分割を歓迎したい

4 主翼の航空機的アレンジ

●Gフォートレスの主翼となる腕部ダブルシールドは現用機風にアレンジ。前縁にはスラット、後端にはフラップとエルロンが造形されており、飛行形態時の説得力が増している。またそれら動翼部は成形段階ですき間が抜けているのもじつに「分かってる」ポイント。カトキ氏監修によるウォークウェイ（整備員が歩いてよい場所）風の白線デカールもリアルさに一役買っている

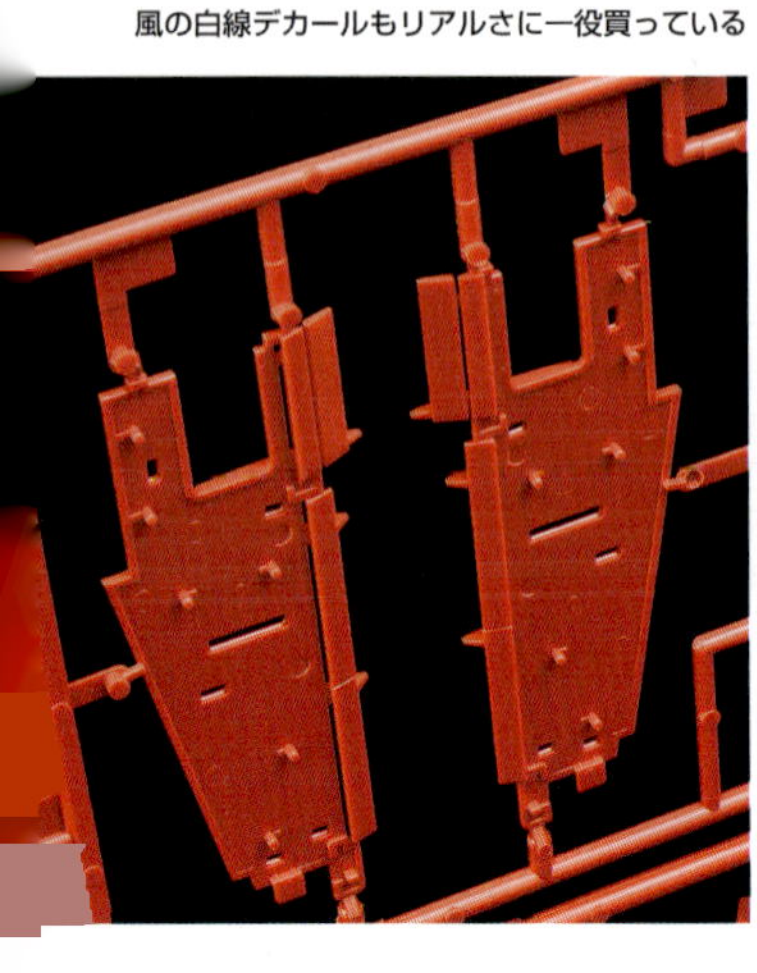

3 一味違うエクストラフィニッシュの輝き

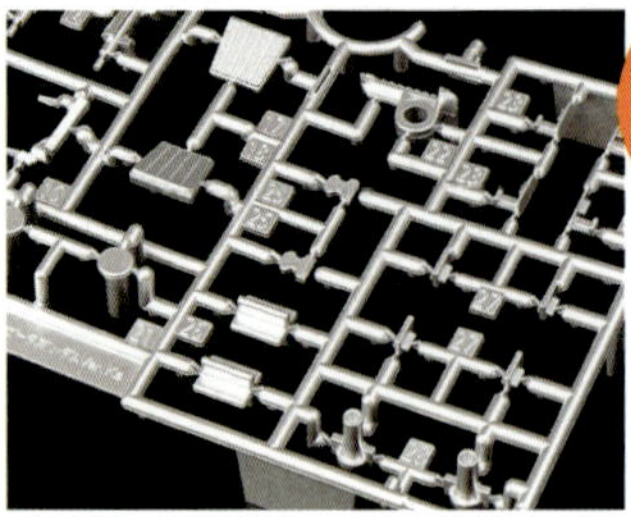

●ZZはダクトやバーニアの多いデザインだが、これら開口部分のランナーには、エクストラフィニッシュと呼ばれる銀塗装があらかじめ施されている。ダクトの奥まった部分が金属のように鈍く輝いてアクセントとなるこの試み、一般販売のガンプラに採用されたケースはこれが初という

飾ってよし、遊んでよしの次世代型ZZキット誕生

ZZガンダムは生まれ落ちた瞬間から数多のギミック搭載を課せられていた。人型から重戦闘爆撃機に変形するかと思えば、上半身と腹部、そして下半身の3機の飛行機に分離する破天荒さ……。そこに「リアル」があるかという議論はさておき、'99年に発売された旧MGもプロポーション再現度は高く、かつ完全変形をこなしてみせるなどひとつの到達点に達した感はあった。

しかし再MG化となる今回のMG Ver Kaではそのさらに上を見せてくれた。最新の設計ノウハウ導入や変形構造の再検証により「可動性能」と「保持力」、つまり「遊びやすさ」を突き詰めているのだ。そのうえでこまやかな部分の改善……変形用のすき間を隠したり各部にリアルティストを感じさせるディテールを盛り込んだりすることで、ディープなユーザーの鑑賞にも耐えうるよう全身をシャープにブラッシュアップしている。飾ってよし、遊んでよし、隙のない逸品と言えよう。■

5 ランディングスキッドのアレンジ

●Gフォートレスや分離形態のコア・トップ、コア・ファイター、コア・ベースに変形できるのは当たり前として、本製品で劇的に改善されているポイントがある。それは着陸脚のギミックだ。飛行形態にしてひとしきり遊んだあとは駐機形態でも飾りたくなるわけだが、そのときに着陸脚の差し替えパーツをいちいち付け外しするのはいかにも面倒……（実際、旧MGではすべてのタイヤが差し替えであった）。そこで、今回は各部の着陸脚を胴体に収納できるスキッド（ソリ）パーツとしてアレンジしつつ、着陸脚の位置も再検討。すべてのスキッドを差し替えなしで展開できるようにしているのだ

▼青い翼パーツ先端と後部スキッドパーツが一直線に揃うのはもちろん、MS形態時に足首の甲だった部分も地面とツライチになるよう入念に設計されている。置いた際にどこか一部が出っ張ってガタつくことがなく、ストンと置ける気持ちよさ！　また足首裏がモモとピッタリくっついているのもなにげに模型では珍しい処理だ。空気抵抗に配慮してるカンジね

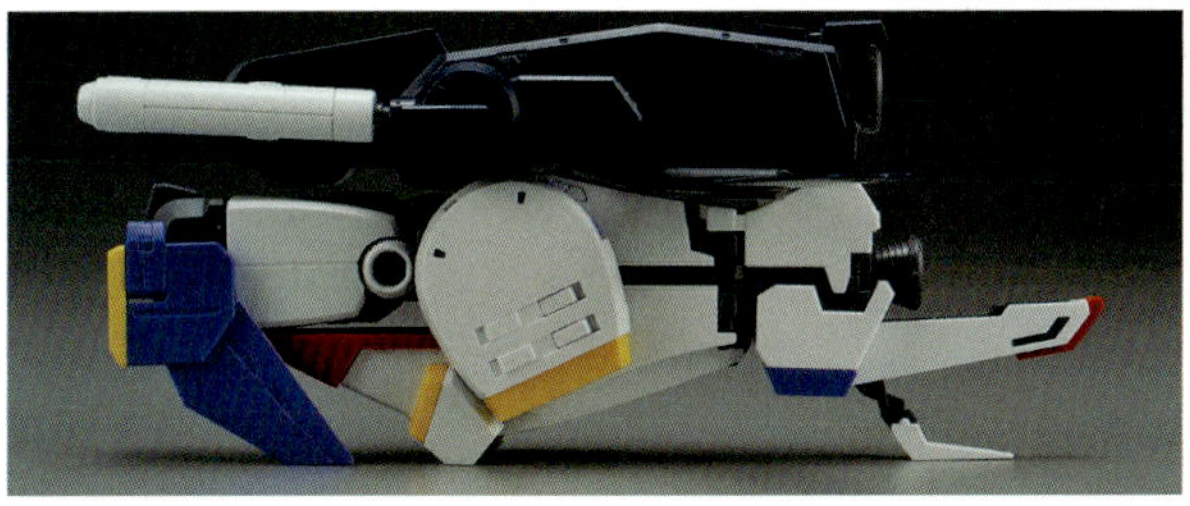

▲下半身側はフンドシブロックがめくり上がり、さらにふんどし中央部パーツが起き上がることで接地部が形成される。上半身側は、設定では上腕にランディングギアが収まるのだが、Ver.Kaでは腹部に着陸脚を移設。脇腹の青い部分が左右に広がり、そこからスキッドが展開できるのだ。「上腕にタイヤを収納なんて、いささかムリがあるでしょ……」と思っていた古参ZZファンも納得のアレンジなのだ

7 コア・ファイターは2機付属!!

▲コア・ファイターが飛んでいるところにコア・トップとコア・ベースが合流、3機編隊で飛ぶ場面が劇中でよく見られたが、それを再現するために製品にはコア・ファイターが2機付属する。このコア・ファイターもよくできていて、飛行形態／MS形態時に合わせてパイロットシートが90度回転！　また、レーザー彫刻による同スケールのジュドー人形も付属。めっちゃジュドーです

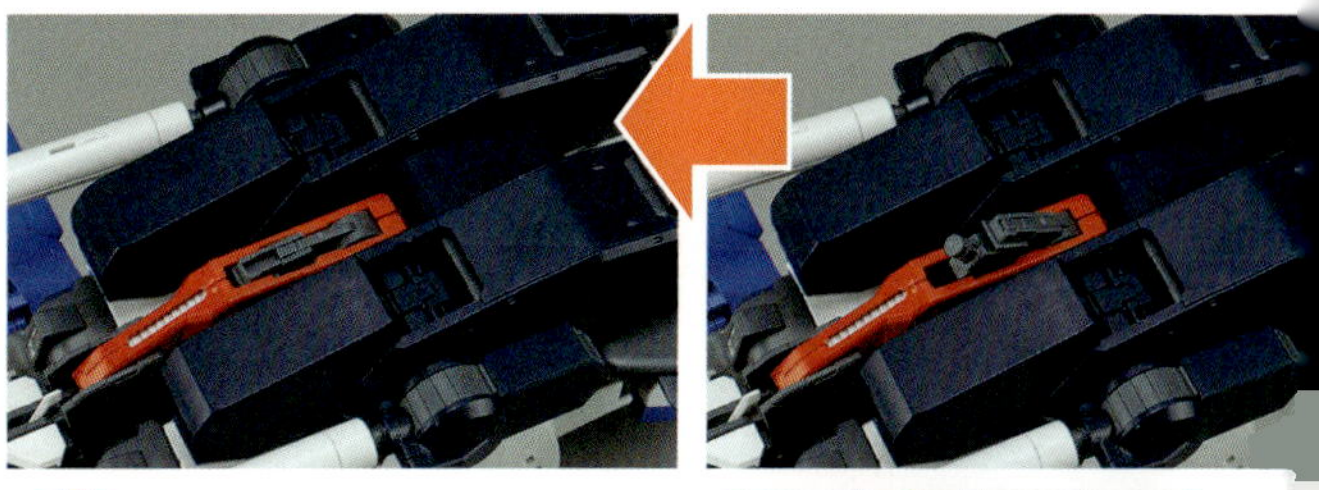

6 ジョイント穴にフタをしろ！

●飛行形態へ変形する際は背中からバックパックを外す。このとき背中側のジョイント穴が開いたままとなるのだが……Ver.Kaはここも見逃さなかった。スライド式シャッターパーツでフタができるようになっているのだ。また、バックパック側のオスジョイントのほうもアーム基部に収納、さらにスライドパーツを被せて軸棒を隠すという配慮が見られる

10 スネ裏のオシャレポイント

●スネ左右の板状装甲は、変形時に開いたり閉じたりする設定のため、開いた状態ではどうしてもすき間ができてしまう。製品はアレンジを施してすき間を隠すパーツを内部に配置。MS形態時に大きく左右に広げた状態でも、後ろ側のすき間が目立たないようになっているのだ

9 変形用ダボの頼もしさ

●旧MGでは飛行形態の保持力がいまひとつで、遊んでいる最中にパーツが外れたり、ずれたりしてしまうこともあった。そこで最新商品ではロック用のダボを増備。左右の足のガタツキを押さえるふくらはぎの起倒式ダボはじつに効果的で、しっかりと両足を固定することができる

8 ミサイルランチャーのパーツ分割の妙

●斜めに生えたバックパックのミサイル、弾頭は片側７×３で21個、左右で42個にもなる。そこでVer.Kaではミサイルを縦１列の７個ずつで成型している。これならパーツの整形がやりやすい。また先端にはそれぞれマイナスモールド状の開口部があり、奥の基部グレーパーツがのぞき見えるのも見栄えよし。さらにランナー状態では金型の上下の抜き方向に逆らわないよう、弾頭が階段状に並べられているのもユニーク。これで断面が真円に成形できるわけだね

11 今後の展開に期待させる謎のジョイントめっけ！

●肩アーマー中央、四角い部分がフタになっており、めくるとそこには今回いっさい使用しないジョイントが……。これってつまり、アレとかアレのためだよね！　と思っていたら案の定プレミアムバンダイで強化型ダブルゼータガンダムが受注販売されることに（写真右／限定販売）。つまりバンダイはVer.KaでZZのバリエーションをしっかりと押さえていくつもりということだったのだ。うーん、今後に期待しちゃうよ!!

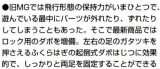

A.E.U.G.
01
AC

MASTER GRADE MSZ-010
ZZ GUNDAM
"Ver.Ka" U.C.0088(A.E.U.G

あれから30年の刻をこえて——
ついにリアルでカッコいいZZとめぐりあう

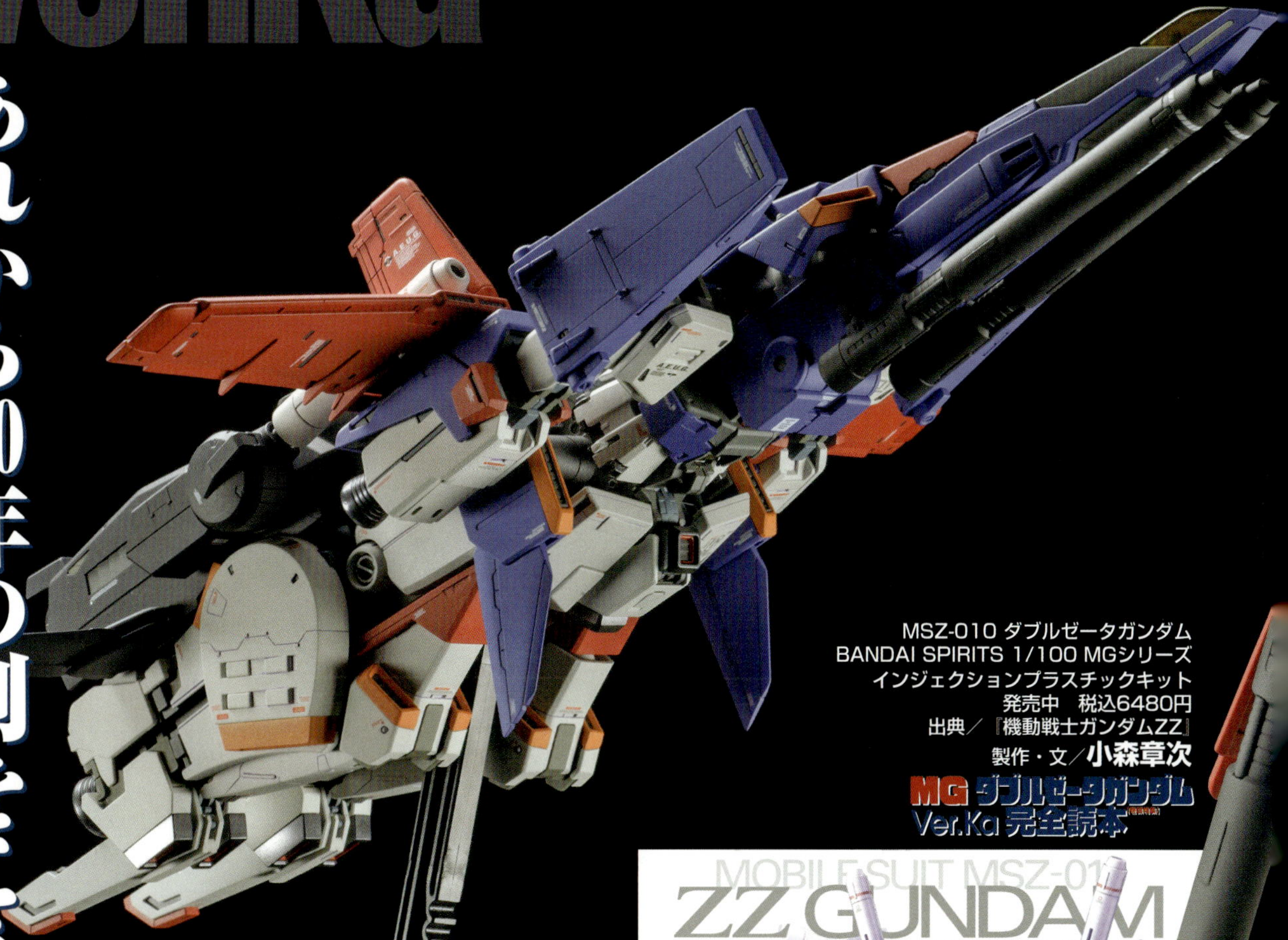

MSZ-010 ダブルゼータガンダム
BANDAI SPIRITS 1/100 MGシリーズ
インジェクションプラスチックキット
発売中　税込6480円
出典／『機動戦士ガンダムZZ』
製作・文／**小森章次**

MG ダブルゼータガンダム Ver.Ka 完全読本

「ZZガンダムがカッコいい」というと、お兄さんモデラーたちに「あんなオモチャっぽいガンダムが好きだなんて、なんてお子様」認定をされたのも今や昔。時代は変わり、ZZガンダムが好き！　ということになんのてらいも感じる必要がなくなった。そうなれば次に思うのは「めっちゃカッコいいＺＺガンダムがほしい」。そんな時代のニーズにちょうどいいタイミングで見事に答えてくれたのがこのMG ZZガンダム Ver.Kaではなかろうか。そのまま作ってもカッコいいプロポーション、最新の技術、ノウハウを惜しげなくつぎ込んで再現された変形機構を持つこのガンプラは、現時点で考え得る最高のZZガンダムのキットであると自信を持って言える。そんなMG ZZガンダム Ver.Kaの美点を活かしつつ、さらに見映えよくしようと製作したのが本作例だ。もちろんプロポーションを変えるなんて野暮なことはいいっこなし。ディテールに主張を込め、塗装にこだわることによりキットベースでここまでの完成度のZZガンダムを手に入れることができるのだ。

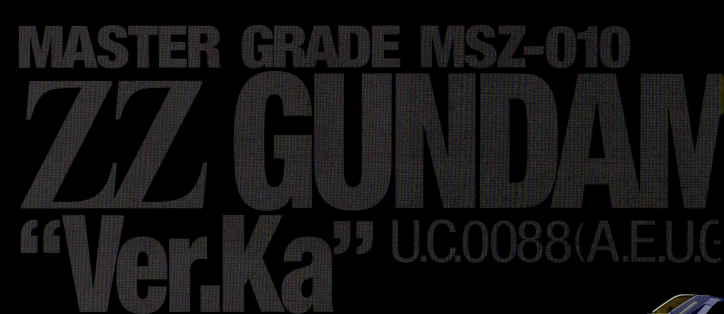

●頭部は、アンテナ部分とハイ・メガ・キャノン部分に少し隙間があったので、0.3㎜プラ板で埋めた。ついでに、ハイ・メガ・キャノンがちょっと小さく感じられたので、上側に0.3㎜プラ板を貼って大きくしている。赤いアゴ部分と頬は、柔らかい印象の顔つきにしたかったので、面が緩やかなイメージになるように削って形状を修整

●ダブル・ビーム・ライフルは、砲身部だけFAZZタイプの「断面が卵形」のものも製作してみた。キットパーツにプラ角材を貼りエポキシパテで形を整えている

MG 1/100 ZZ GUNDAM “Ver.Ka”

▶改めてEx-SガンダムとZZガンダムを並べると、ユニット構成、ボリュームバランス、色設計における共通点と差異が明確に見てとれ興味深い。「こうすればリアルにできる」というわかりやすい例だ

◀旧HGの組み立て説明書に掲載されたカトキ画稿。MG Ver.Kaはこの画稿を直接的に再現しているわけではないが、各部に共通する箇所も見てとれ、製作の際の参考にすることもできる

置き去りにされたZZガンダム 30年越しで果たされた立体リファインの快挙

文／**森慎二**

ZZガンダムはガンプラにおいて不遇であったが、ガンダムとしての「デザインリファイン」という面でもかなり不遇な扱いを受けてきたMSだ。RX-78やZガンダムがカトキ版、藤田版、MG、PGといったリアル系のデザインリファインを積み重ねていったのに対し、ZZガンダムは'91年に発売されたHGの組み立て説明書でカトキハジメ氏の画稿が発表されたくらいで、その後25年間本格的な「リアル」系デザインリファインは行なわれなかった。

思い返せば、『ZZ』の翌年スタートした『ガンダム・センチネル』のEx-Sガンダムは真の意味でのZZガンダムの“リデザイン”であった。別物の機体として登場したEx-Sだが、変形機構やボリューム感などはまさしくZZガンダム的であり、しかもより「リアル」で、時代のガンダムモデラーの空気感をすくい上げていた。そんなEx-Sの存在が、子供向けアニメメカライクなZZガンダムをリファインして「リアル」にカッコよくしようというモチベーションをスポイルしてしまったのではないか。

もうひとつ、「リアル」系デザインリファインがなされなかった要因には、いわゆる小林（誠）版の存在がある。小林版はMa.K.やAFVモデル的な「別方向のリアル」の探求だった。『ガンダム・センチネル』に代表されるような「コンサバティブな宇宙世紀世界的リアル」とは別のベクトルへとZZを誘い、まったくの別物と言っていいものができあがった。小林版ZZはモデラーに大きなインパクトを与え、その反面としてZZをそのままリアルにカッコよくするという手法は忘れ去られていく。

ともあれ、空白の数十年を超えてオーソドックスにリアルでカッコいい立体としてリファインされた MG Ver.Ka。「リアル」派ガンプラモデラーでも「これならカッコいい」と安心して作ることができる時代がようやくやってきた。本キットの登場には心からの大きな拍手を贈りたいと思う。

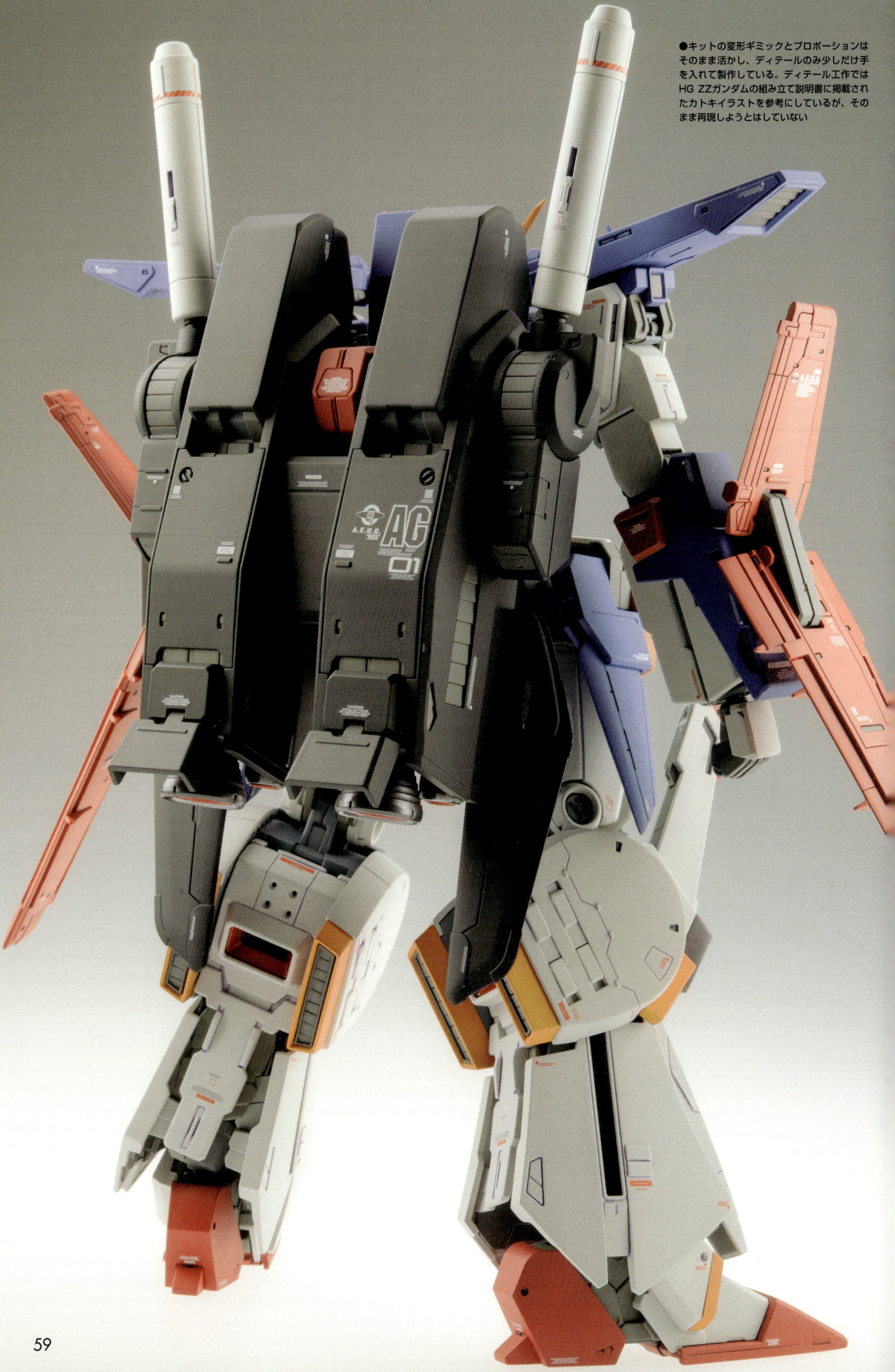

●キットの変形ギミックとプロポーションはそのまま活かし、ディテールのみ少しだけ手を入れて製作している。ディテール工作ではHG ZZガンダムの組み立て説明書に掲載されたカトキイラストを参考にしているが、そのまま再現しようとはしていない

『機動戦士ZZガンダム』がTV放映された1986年といえば、ドラクエやおニャン子クラブがブームとなり「やるっきゃない」などの流行語が生まれた年。世の中的にはバブル経済がスタートし狂騒の時代が幕開けしていたが、ロボアニメにおいては'80年代前半のガンダムブームに代表される狂騒の時代が終わり、年にロボットアニメが1～2本あれば御の字という冬の時代が到来していた。いっぽうで、同人誌やゲーム、多人数グループアイドル、ジブリアニメといった、当時で言うところのサブカルチャー的な、いまとなっては一般化したオタク系カルチャーの主要なムーブメントが芽吹き花開きはじめた「曲がり角」的な年でもある

BACK TO THE 1986.

"宇宙世紀"の鬼っ子『機動戦士ガンダムZZ』僕たちは『ZZ』を望んでいたのだろうか？

文／北澤匡嗣

『宇宙戦艦ヤマト』からはじまり『機動戦士ガンダム』を経て空前の社会現象とまでなった'80年代アニメブームという巨大なサブカルチャー（サブカル）・ムーブメント。すでに'86年ごろにはさまざまなユーザーの欲望に応え「アニメ」に関連することだけでもエンタテイメントに対する欲望は充足できるような環境が整いつつあった。模型の世界でも、この影響を受けてガンプラを中核に変革が巻き起こり、それまで「児童向け」とされていたアニメキャラクターモデルの世界でも、成人のアニメモデルマニア層という新たな市場が急速に勢力を伸ばしていた。このような流れが、当時の本誌を愛読するようなロボアニメ好きの世間知らずな僕らに与えた影響はそれはもう計りしれなかった。

しかし、サブカル的フロンティアはすでに次のステージへと移りつつあった。たとえばそう、僕たちのようなロボアニメ好きの世間知らず、ここではあえて“ボンクラ”と言おう、ボンクラ男子は、あいかわらず毎日の模型屋通いをこなしつつ5時までに家に帰らなければならなくなっていた。そう、『夕やけニャンニャン』の放送を観なければいけなかったからだ。

ものすごくわかりやすく言ってしまえば、当時の『タニャン』はスタートアップ直後の、ホットでイノベーティブなメディアだった。しかし、いっぽうのアニメやガンダムはもはや「ブームの圧倒的な熱狂期」を脱して安定というより収束しつつあった。

事実『Zガンダム』の時点で『ガンダム』というタイトル自体がすでに僕たちの見たいアニメ像からズレてきていたし、本当にほしいモノがキット化される場は、すでにプラモデルじゃなくてガレージキットになりつつあった。また、リアルロボットアニメブームは急速にシュリンクして、ガンプラ以外の（ガンプラ的な）プラモデルは淘汰され、「ロボットアニメならなんでもプラモデルが発売された時代」はあっという間に終焉を迎えていたのだ。

おニャン子には新メンバーが次々と加入するし、とんねるずは番組中に機材を壊すわけで、「おもしろくなければテレビじゃない」というCX（フジテレビ）全盛期を迎えるバブル前夜のアタマの悪いボンクラ男子のノリと勢いの部分は、完全に夢工場でどきどきパニックであった。なぜならそっちのほうが盛り上がってるから。

とはいえ、新作ガンダムの話題となれば「えぇー？　まだやるんだガンダム」とか斜に構えつつも、まだまだ気になるのがボンクラ男子のボンクラな所以である。最終的に発表されたZZガンダムの決定稿は、頭に波動砲は付いてるし変形合体はするしで「あれ？　ガンダム＝リアルっていうのがルールじゃなかったっけ？」とマジメにガンダムと付き合ってきた「古参」のファンほど困惑するものだった。『ZZ』のアニメ本編も、シリアスな前作『Zガンダム』とはコンセプトを一新して明朗な作品を目指すとアナウンスされたが、『Zガンダム』最終回の鬱展開からそのまま地続きの話として唐突にドタバタコメディタッチの作劇がはじまったのには違和感しかなかったし、「正直ガンダム終わったわ……」というのが大方の「古参」ガンダムファンの反応であった。

とはいえ、「アニメはアニメ、模型は模型」で楽しむという作法がすでにガンプラ界隈では確立されていたので、それはそれとして「新しいガンプラが出るいうならウチらも好きにさせてもらいますわ」という、フリーダムな「ガンプラはどんな自由な発想で作ってもいい」ルールが主流の時代であったがゆえに、模型雑誌の誌面的には結果的にバラエティに富んだ作例が並び、かえって充実してしまうという現象も起きたりしていた。

だがしかし、ジ・オのプラモが発売されないのにハンマ・ハンマのプラモが発売されてよいのか？　我々が心からほしかったガンプラは本当に『ガンダムZZ』のMSだったのか？　たしかに我々はおニャン子のソロデビューは望んでいたが、本当に国生さゆりのソロデビューを望んでいたのか!?　……といったさまざまな葛藤は解消されないままに時代は進み、いつのまにかZZガンダムも漠然とビンテージ枠のなかに祭り上げられる存在になりつつある。

2017年のいま登場したこのカッコいいMG Ver.Ka ZZは、そんな存在自体を忘れ去りかけていた「ZZガンダムとはなんだったのか？」という問いを改めて突きつける存在なのである。■

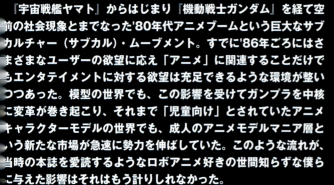

01
AG

玩具化を前提として比較的無理のない変形機構を有するZZガンダムだが、本キットでは単に変形可能なだけでなく、さらに「変形の質」に非常にこだわられている。とくに脚などに顕著だが、飛行形態への変形後に各部が収まるところのクリアランスやユニット配置はまさに絶妙のひとこと。それらの積み重ねがこのような見事な「塊感」を生み出しているのである。

ぴたりと収まる塊感にしびれる——
これぞまさに"完全変形ZZ"だ!!

G-Fortress
MASTER GRADE MSZ-010
ZZ GUNDAM
“Ver.Ka” U.C.0088(A.E.U.G.)

●Gフォートレスのプロポーションは初代1/100、旧MGもよかったが、このMG Ver.Kaではさらに塊感が増したスマートな印象になり、ギミックの保持力や隙間部分の処理が格段に向上している。ZZガンダムの変形設定にあまり無理がないのもあるだろうが、CGがあたりまえの現在ならともかく、この時代のアニメメカでここまで両形態のフォルムを両立できている可変モデルはなかなかないのではないだろうか

MASTER GRADE MSZ-010 ZZ GUNDAM "Ver.Ka"

UC0088(A.E.U.G.)

CORE-BASE

●脚が回転してぴったりと収まるところが非常に気持ち良い。スラスター同士の避け方や脚とバックパックの組み合わさり方がかなり計算されており、変形させていったときにとても説得力がある立体構成となっている。キャノン砲が翼と干渉してまっすぐになりにくいのはデザイン上の制約なのでご愛敬。肩アーマーとなる青い板状パーツや胸には小型のフィンを追加。MS時に胸となる青い部分は、HGの組み立て説明書には具体的なディテールが描かれてないので、兄弟機的な位置づけのSガンダムの形状を参考にディテールを追加している

21世紀初となる1／100 ZZガンダムはいかに？

はじめの1／100ガンプラ発売から31年、マスターグレードから18年。21世紀初となる1／100 MG ZZガンダムはVer Kaとして発売となりました。テレビアニメ放送当時には、「明るいガンダム、愉快なガンダム、みんなのガンダム！」とか「アニメじゃない♪」ではじまる主題歌などに頭がクラクラしながら見ていたものです。土曜の夕方5時半からという放映時間では、学生だった自分には見るのが難しかったので、タイマー予約でビデオ録画して見ていたというのも懐かしいですね。

主役機のZZガンダムで印象的だったのは、永野護氏から小林誠氏へのデザイン交代劇。その後Gフォートレスの機首がなかったりといったちょっとしたドタバタ劇もあり「大丈夫?」と見ていましたが、最終的にはZガンダムのスマートなイメージからマッシヴな重MSのイメージへ転換され、自分はこの対比が好きでした。

放送当時に1／100キットを使って作られた牛久保氏の本誌作例がカッコよく、色を真似て塗ってみたりしていましたが、さすがにバックパック裏側のスクラッチビルドはできず……。MGは比較的早い段階でキット化を果たし、フルアーマー、FAZZと次々店頭に並びちょっとしたZZバブル状態になったこともありましたね。

MG Ver Kaは、スネが大型化し胴まわりが小ぶりな印象で、これまでのZZとは違うスマートなプロポーションとなりました。もちろん変形、合体ともガッチリ決まります。各所にはバリエーションを期待させるアタッチメントが……（早速、強化型が決定！）。ディテールアレンジはアッサリめですね。テストショットを見て、これはテストショットだからあとでモールドが追加されるのかなと思っていたり。というわけで、今回はポイントを絞ったディテール工作と、変形／合体の際のクリアランス調整などで見映えをワンランクアップさせるような作例を目指して製作しました。■

CORE-TOP

●MG ZZ Ver.Kaのすばらしいところは、分離させたときのそれぞれの形態の形状的な説得力とまとまり感にもある。絶妙なリアリティーで、戦闘機と攻撃機と爆撃機というような役割分担をも想起させられる

CORE-FIGHTER

分離後の各形態フォルムも万全！
死角なしの傑作キットを活かして作る

●変形モデルなため、塗膜のぶんの厚さのクリアランスをとるべく関節部分をスポンジヤスリでひと皮剥いたり、変形の際に見えてしまうフレーム裏側がどこなのかのチェックを入念に行なっている
●バックパックはカトキ氏のイラストを参考にして側面にルーバーを追加している。ドリルで開口し、0.3㎜プラ板でルーバーの板を製作。各部のバーニアはフチをカンナがけで薄く削った
●シールド部は内側に肉抜きがあるのでプラ板で隙間を埋めた。また、コア・トップの主翼でもあるので後側をカンナ掛けして薄くして翼っぽくしている
●MS時に胸のところにくる黄色ダクトはZと同じような形状に変更。内部のルーバーは彫って再現した
●赤いつま先部分は、MS時の上面が左右に向かって緩やかにカーブを描いている。ここは好みで、ヤスリをあてて平らになるようにした

MG《マスターグレード》 ZZガンダム Ver.Ka 製作法

キットを活かして作り込むディテール工作のキモ

そのまま作って塗ってもカッコいいMG ZZガンダム Ver Ka。でも、プラモデルなりのエッジに手を入れたり、ちょっとしたディテールを追加することでさらに見映えをブラッシュアップすることができますので、ここでは重要なポイントをピックアップして解説。作例のすべての工作をトレースしなくても、少しずつマネしてみることでお手元のZZもますます魅力的になるはずですぞ！

step1
負荷のかかる部分の接着

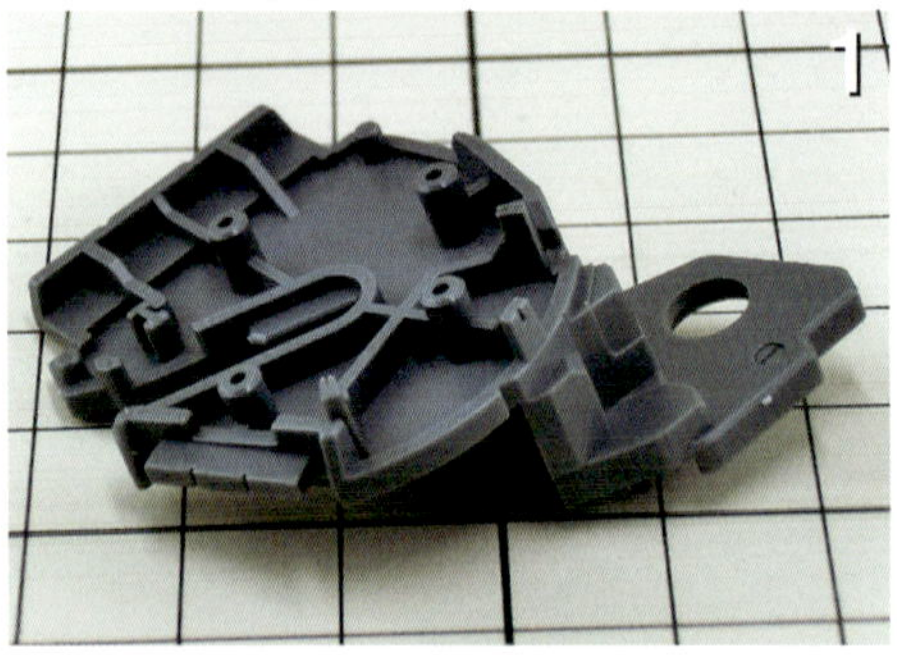

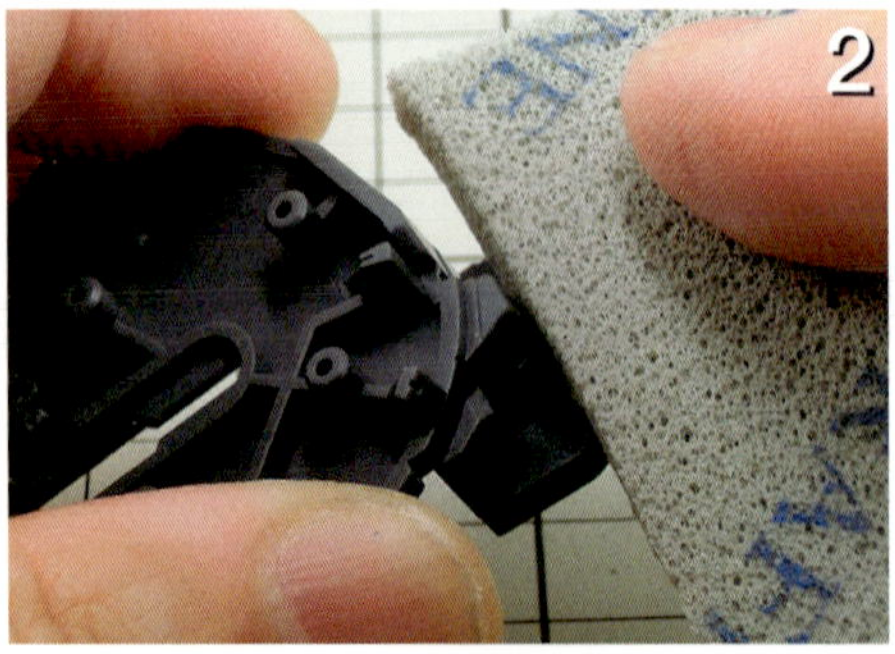

●スネパーツはヒザ関節との接続や、変形ギミックなどの負荷が集中する箇所なので接着してしまいます
❶❷ゲート跡をきっちり切り取り、整形。塗装しますので、装甲パーツの組み立てや、関節を動かした際に塗膜が削れないようにスポンジヤスリでひと皮剥くようにヤスります。肩やヒジ関節、足首とスネをつなぐフレームも同様です
❸接着剤がはみ出さないようダボに瞬間接着剤を塗布し接着
❹接合部に流し込み接着剤をサッと流しておくと安心です

step2
エッジのシャープ化

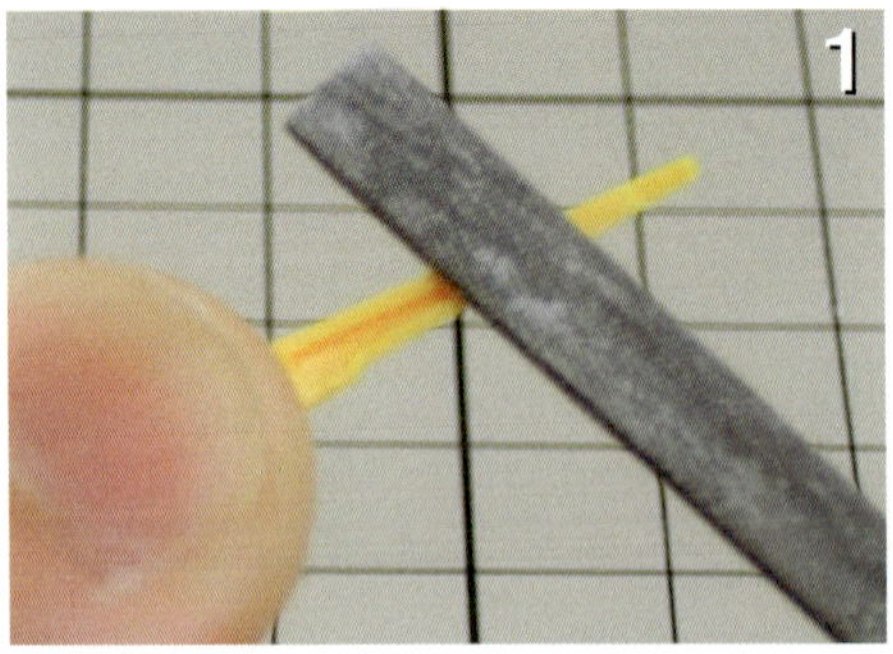

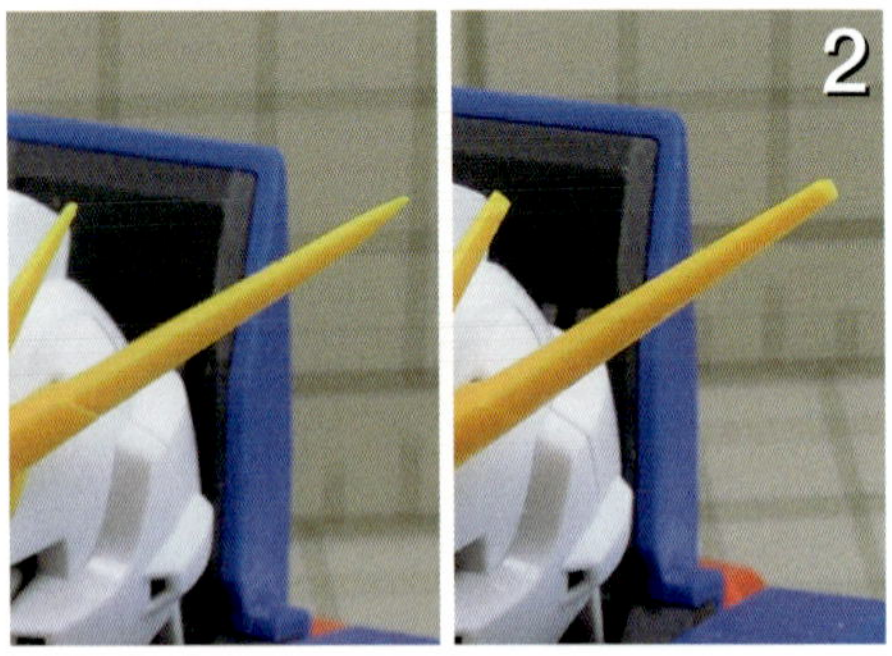

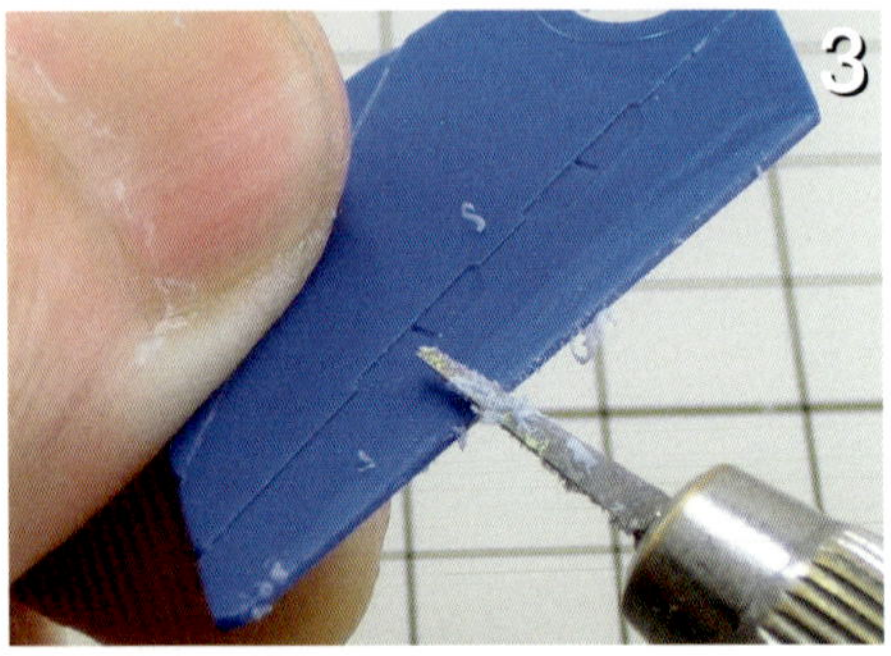

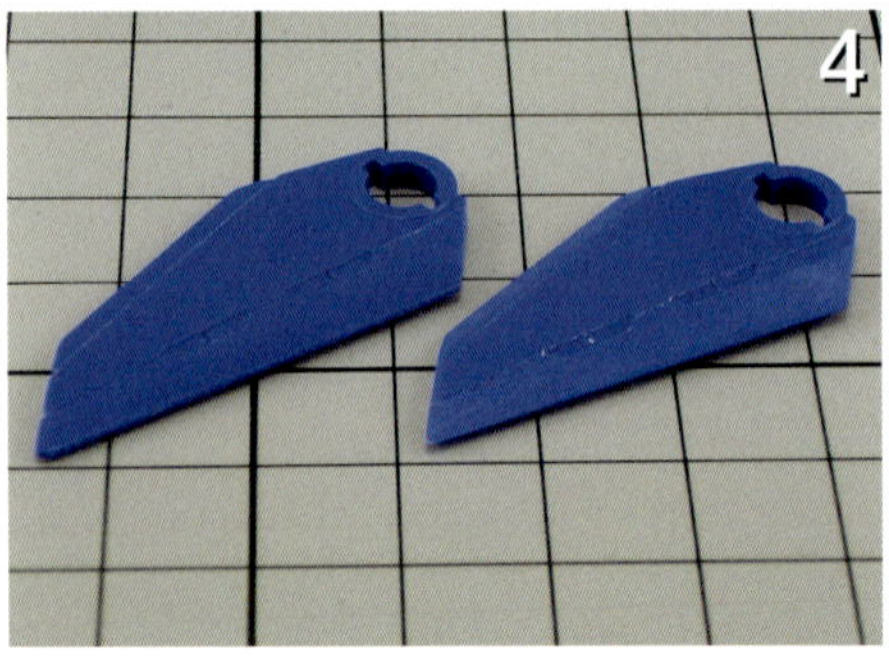

❶頭部アンテナは先端が丸く厚いので、まず棒ヤスリで裏側を削ります。いきなり前側から削ると失敗時に困ります
❷ようすを見ながらスクレーパーやデザインナイフなどで前側をカンナがけしエッジを出していきます。折れないようほどほどに
❸ZZガンダムは飛行形態に変形するため各所に翼状のパーツがあります。エッジをスクレーパーなどで削って鋭くしていきます
❹左がパーツのままで右が整形後。バックパックやシールド、コアファイターも同様に仕上げています

あのZZのエッセンスを……

ZZガンダムのイラストといえば旧HG ZZガンダムの組み立て説明書に掲載されたカトキハジメ氏のイラストです。これまでのイラストとはまったく異なる、解像度の高いリアリティー溢れるディテールで、『ガンダム・センチネル』のFAZZでも衝撃を受けていた直撃世代の僕たちをさらに魅了しました。

このイラストはHG ZZのキット形状とは無関係の、いわばイメージイラストであったため、当時はコレを再現したくても出来なかった……というトラウマがあるわけです。

今回はこのトラウマを払拭する為に、ディテールを出来るだけ移植して、イラストのエッセンスを乗せていきたいと考えました。

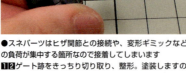

step3
バーニアの整形

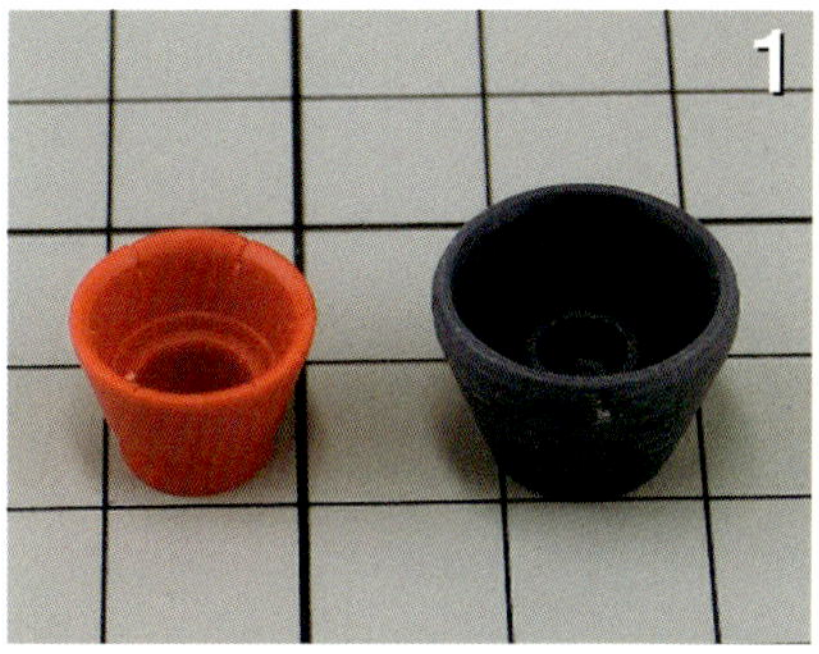

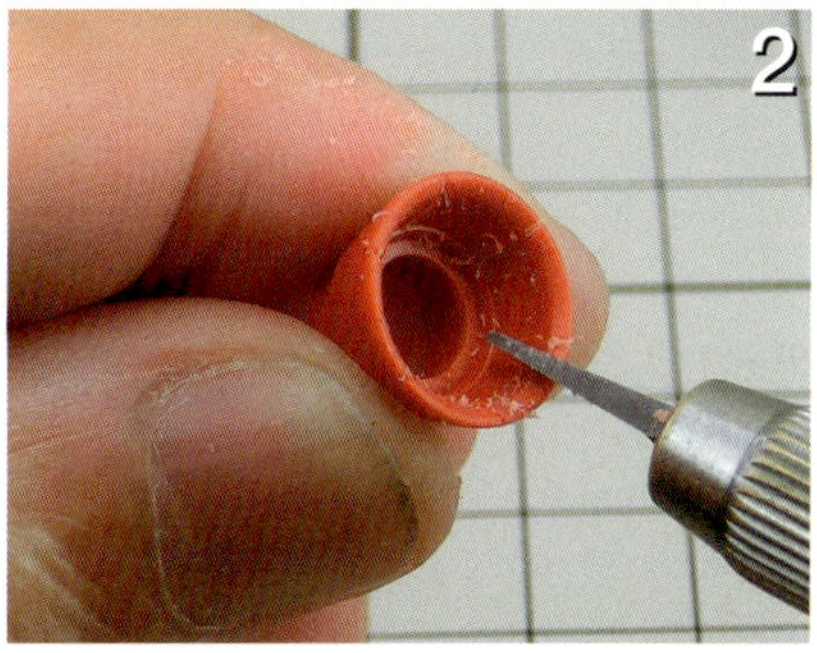

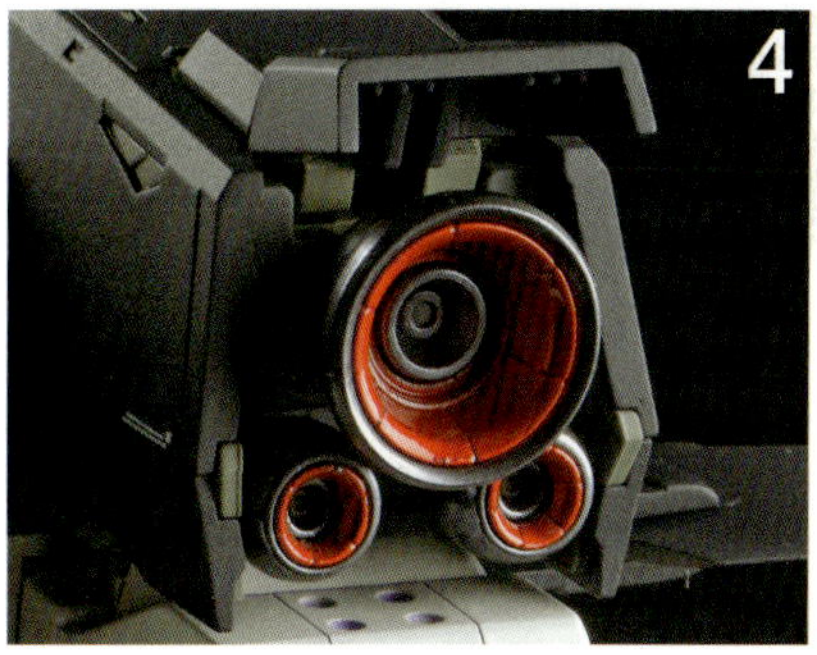

1 バーニアはコア・ファイター以外すべて2パーツ構成で内部色を再現していてフチに厚みがあるので削り込みます
2 内側にディテールがあるのでラインチゼルなどで深めに彫ってからフチをスクレーバーで薄く削ります。外側も同様に
3 4 バーニアはモビルスーツのディテールのなかでもスケール感や精密感を出しやすい工作ポイントで、フチを薄く整形するだけでも一気にそれらしく見えます。実物のロケットノズルなどを参考にするのもよいでしょう

step4
手首のボールジョイント化

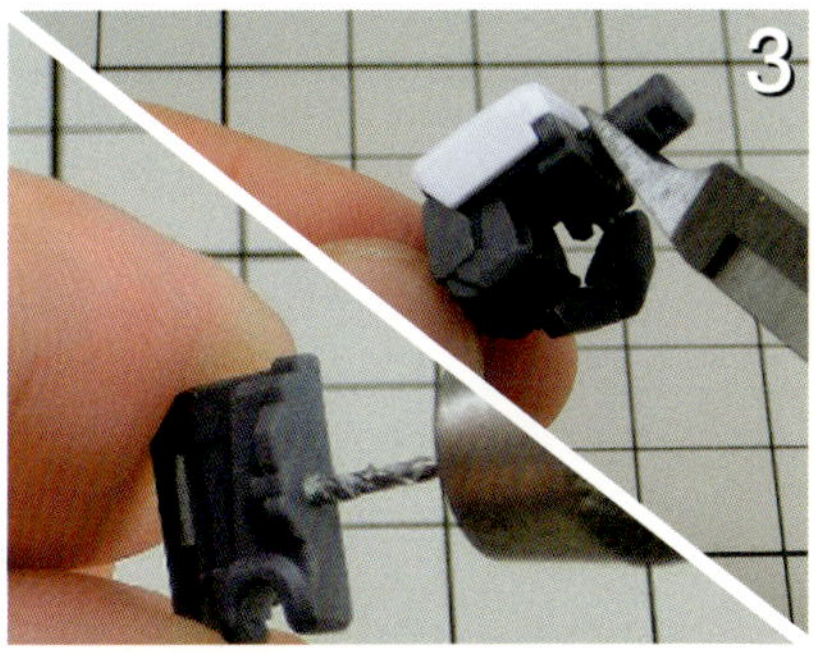

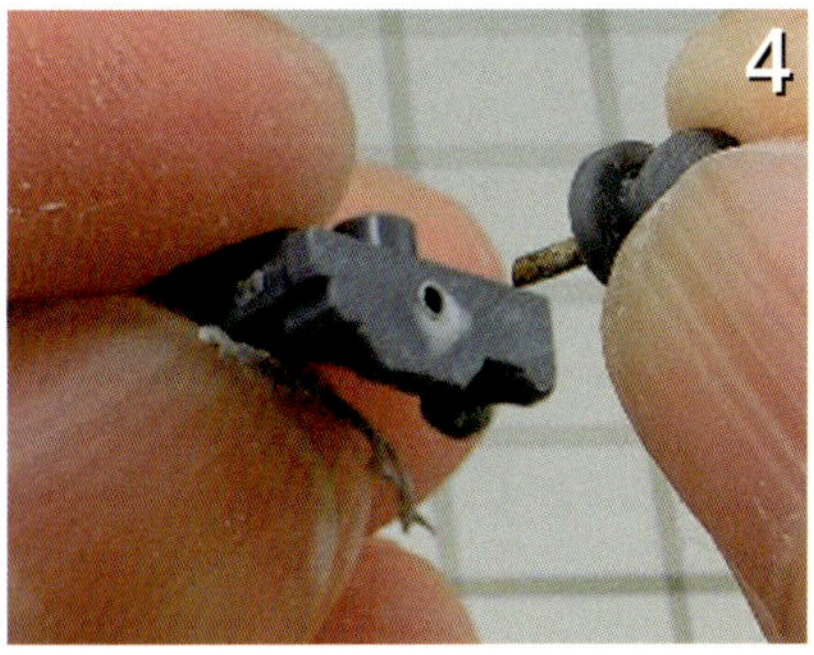

1 2 武装の持ち手は保持力を高めるために接続軸が棒状です。のでボールジョイントに置き換え。コトブキヤ「カスタムハンドB」の小さいほうのボールジョイント（4㎜径）を使います
3 キットパーツの軸棒を切り取って整形後、真ちゅう線を通すためピンバイスで1㎜径の穴を開けます
4 ボールジョイント側にも同様に穴を開け、真ちゅう線を通して瞬間接着剤でガッチリ接着します。これで拳を内側に曲げた力強いポージングが可能になります

step5
穿孔と埋め込み

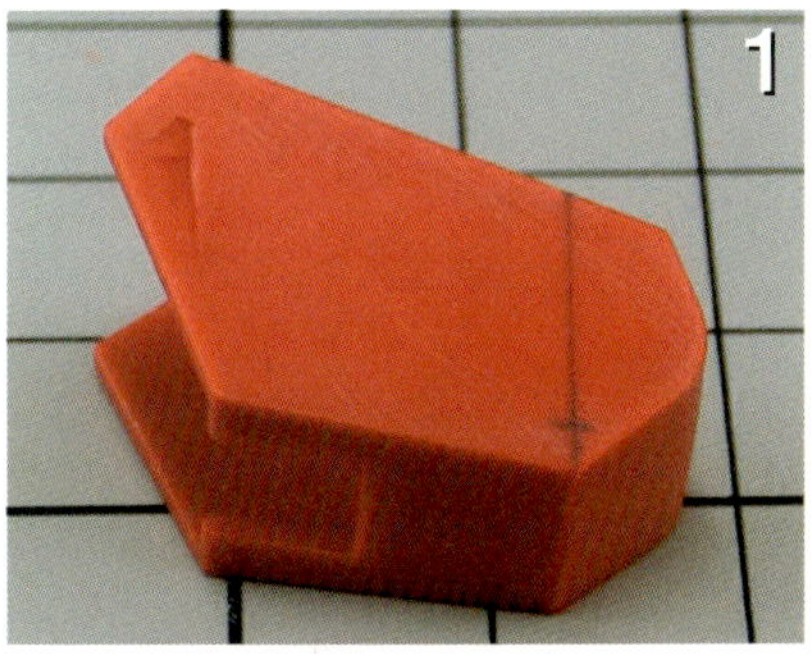

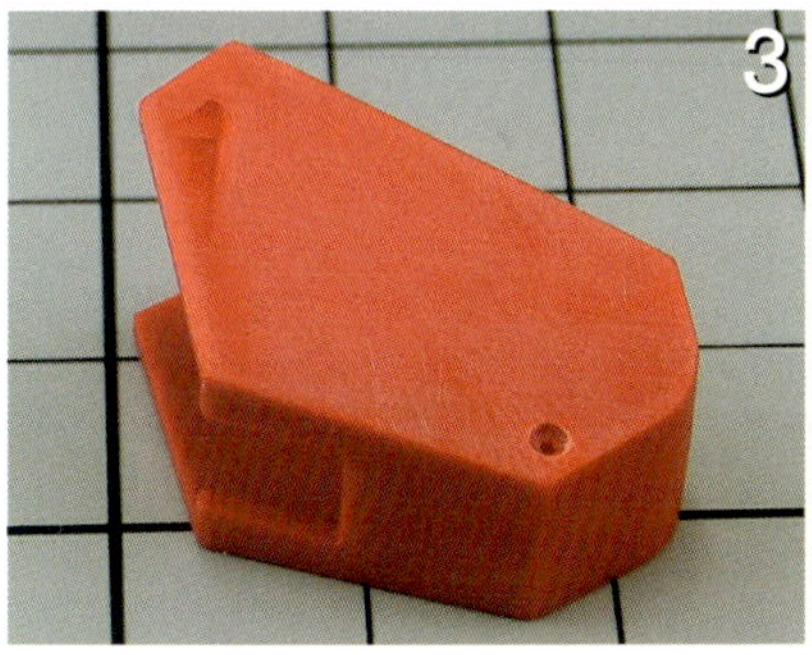

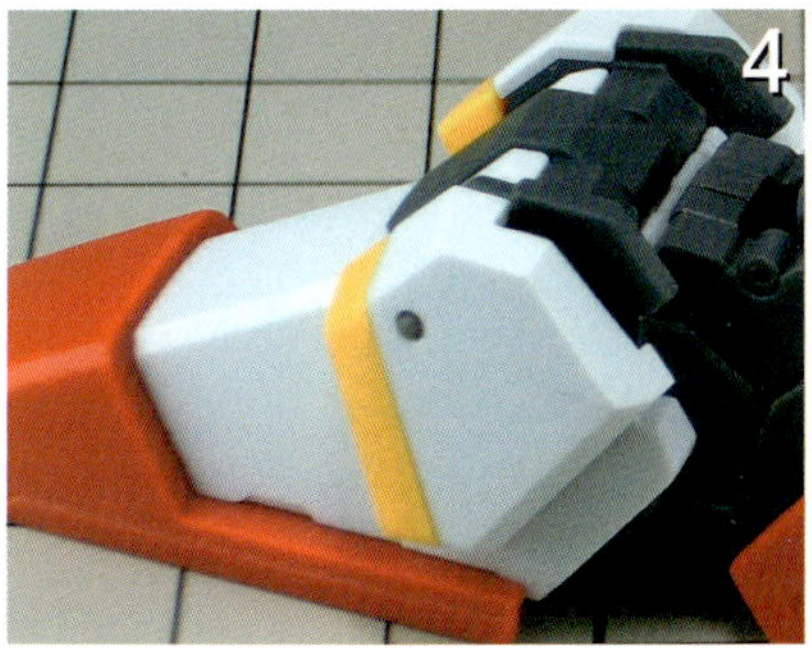

●HGのイラストではカカトに孔モールドがあるのでそれを再現。パーツ角に小さめに穿孔を施してみます
1 2 3 まずは鉛筆で下書きをし、0.5㎜のピンバイスで穴を貫通させたあと、1.5㎜ピンバイスで貫通させないよう穴を彫ると二重の穿孔モールドが作れます。カカトや太ももの関節に近い部分に彫ると見映えがします
4 このようにウェーブの「Oボルト」などディテールパーツを埋め込むのもよいですね

番外編：エクストラフィニッシュを落とそう

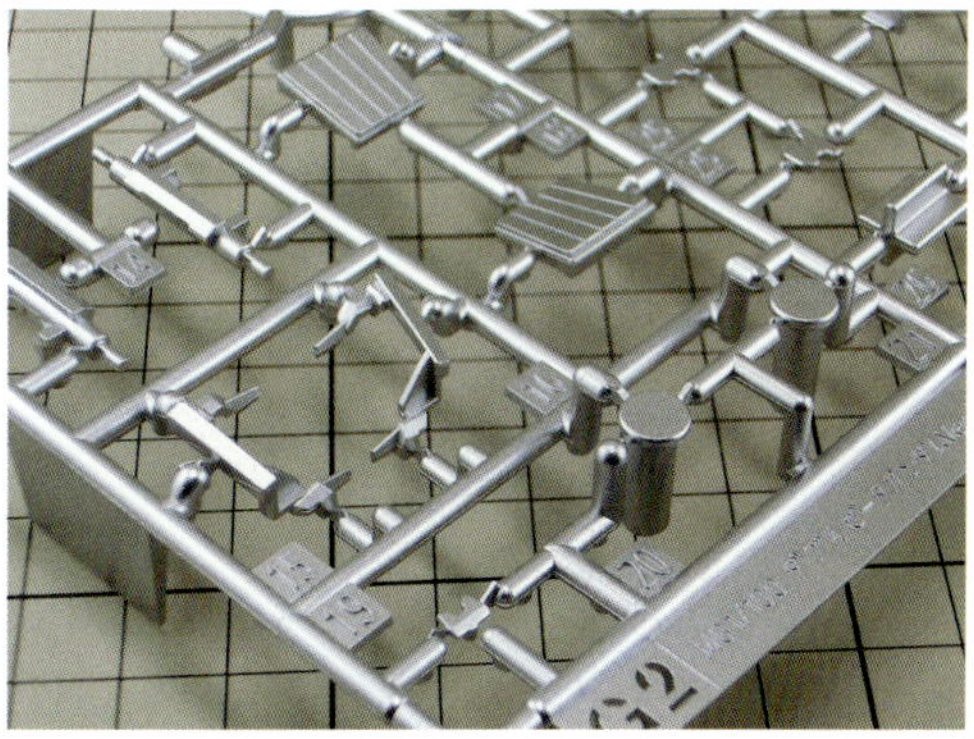

MG ZZ Ver Kaのキットでは、胸ダクトや肩スラスター内部に、塗装をほどこしたパーツ……エクストラフィニッシュが施されたパーツが使用されています。

本キットのエクストラフィニッシュはシルバー塗装ですが、個人的にちょっとイメージと違うので落として塗装することにしました。エクストラフィニッシュを落とす手っ取り早い手段は、ジッパー付きのビニール袋に切り出したパーツを入れて、ラッカー系のうすめ液をスポイトで適量入れ、ビニール袋をモミモミすれば数分もかからずに塗装が落とせ、ティッシュペーパーなどで拭き取ればバッチリ使えます。

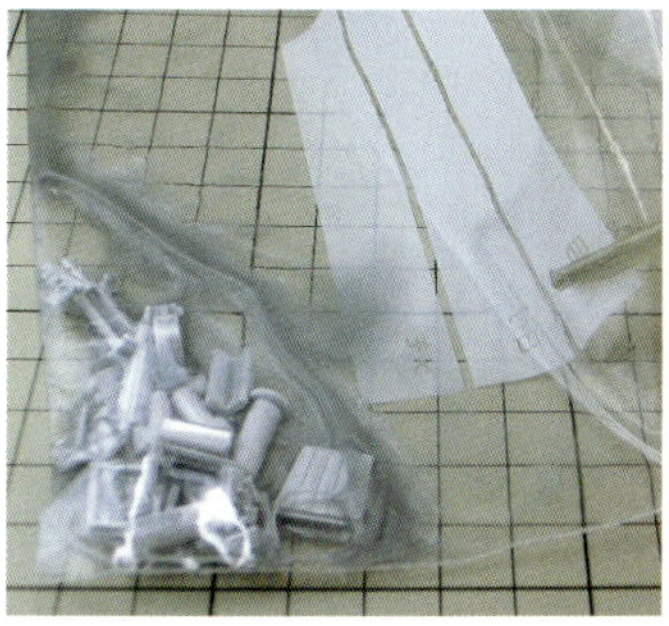

step6
バックパックのダクト追加

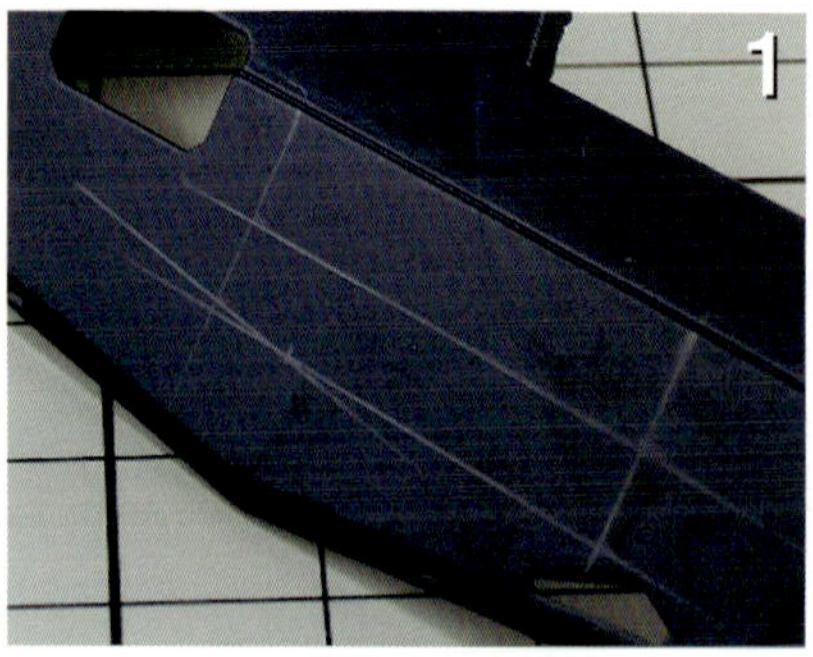

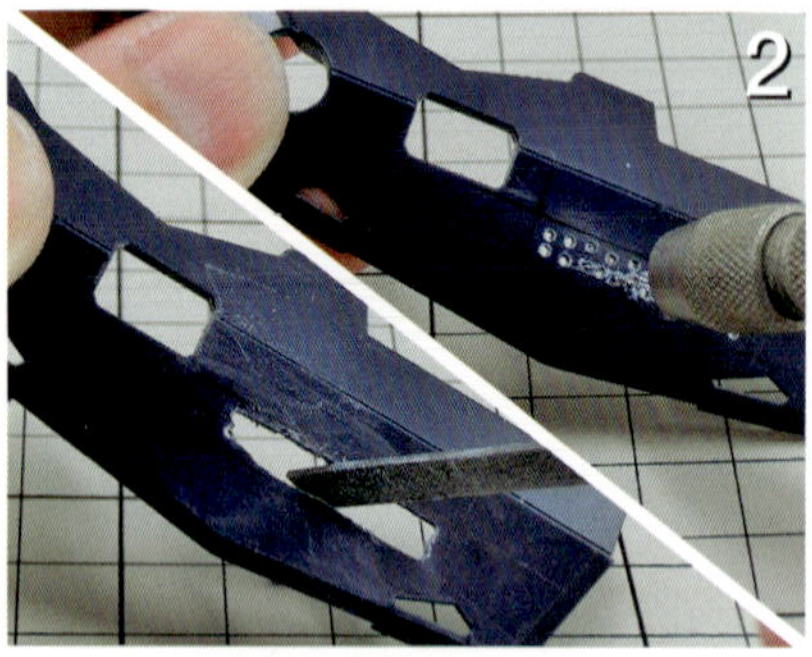

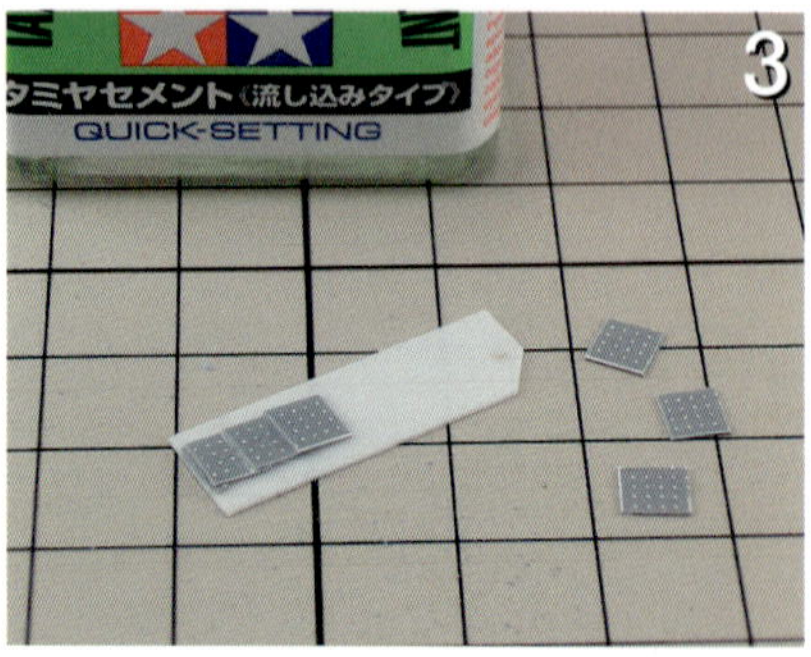

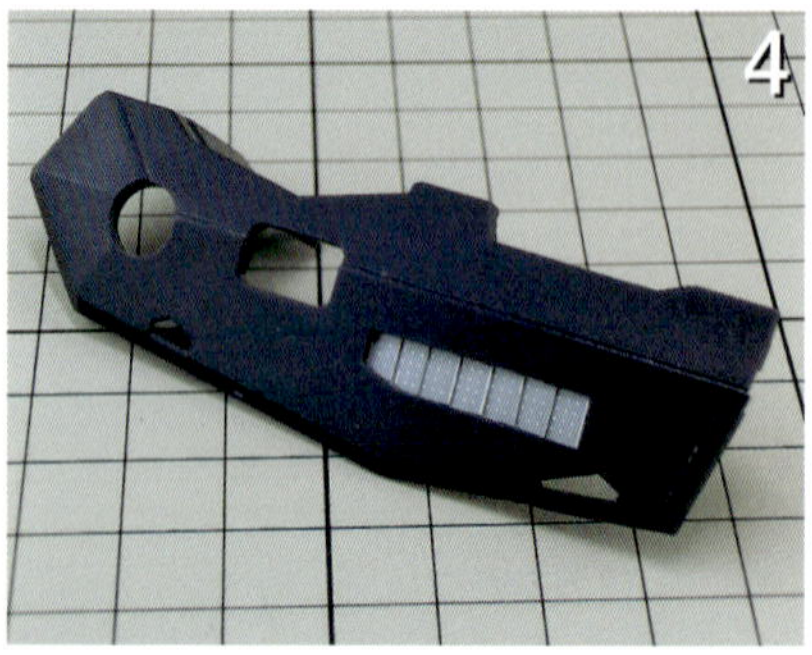

●HGのイラストでは、バックパックの左右にダクトらしきルーバーが見られるのでこれを再現します
12まずは鉛筆で開口部を下書きし、ピンバイスでその下書きをなぞるように大まかに開口。ナイフで穴をつないだあとヤスリで穴の形状を整えていきます。左右の穴の大きさや位置が合っているか確認しながら作業します
34ダクトは0.3㎜プラ板を、下地となるプラ板の上に重なるように接着して製作。塗装後に接着しましょう

step7
胸部のディテールアップ

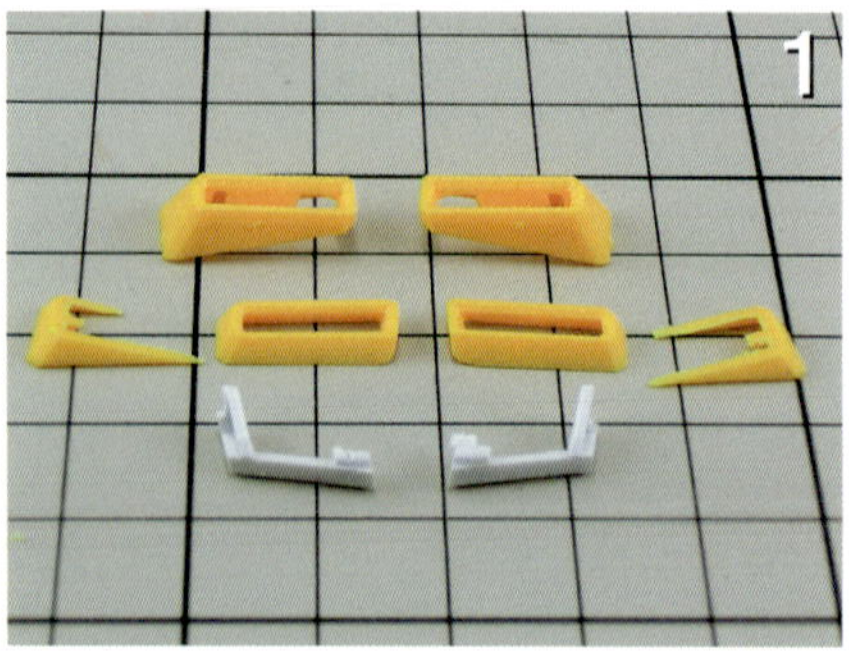

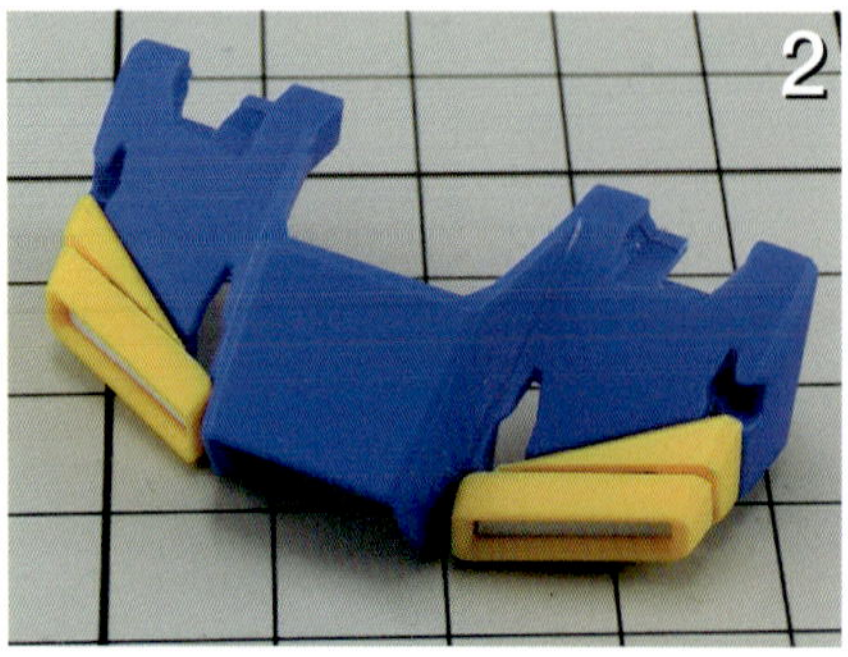

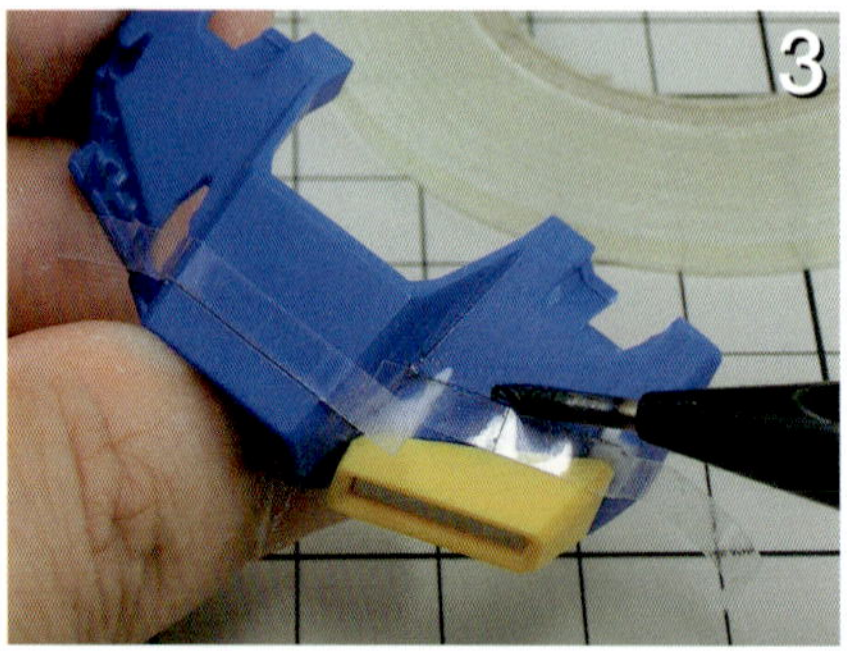

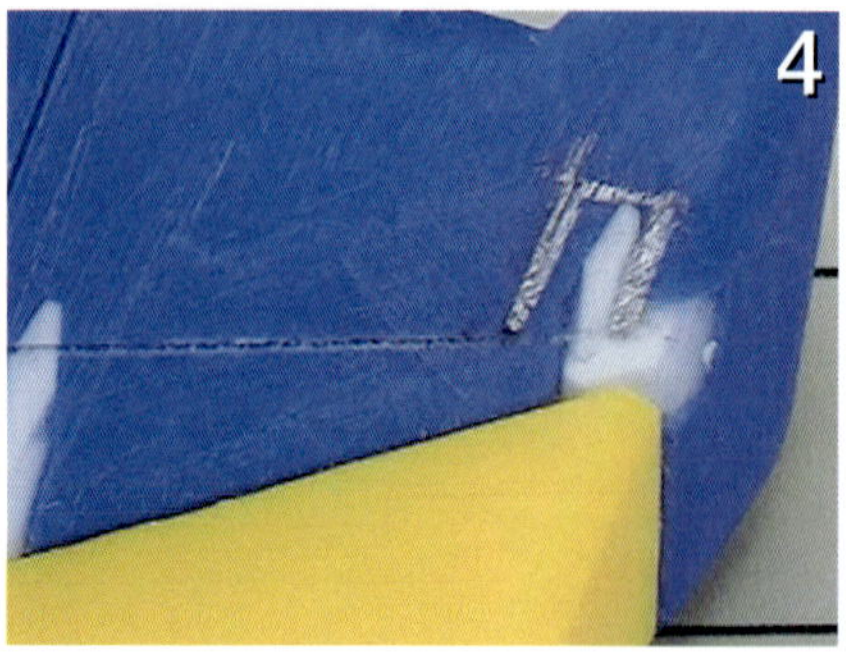

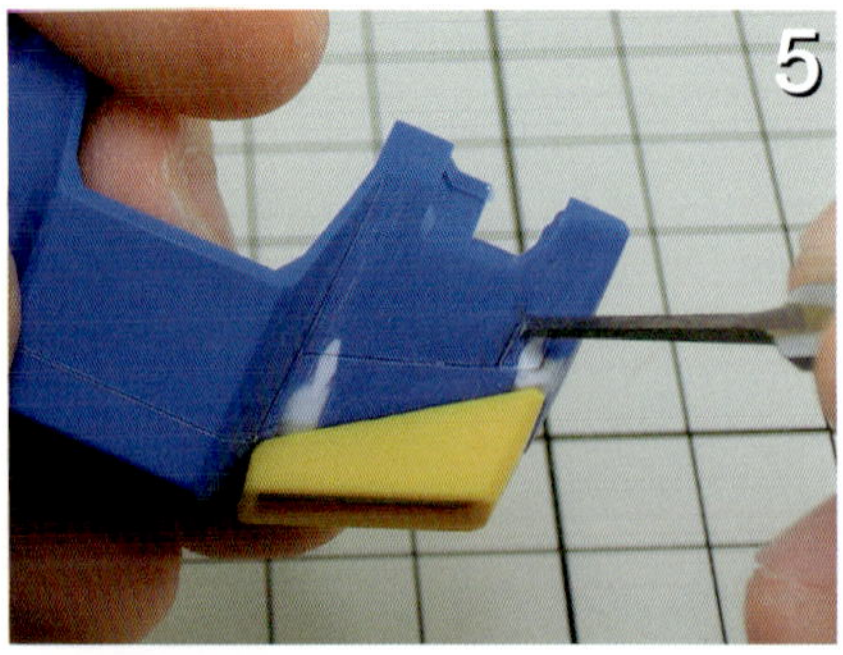

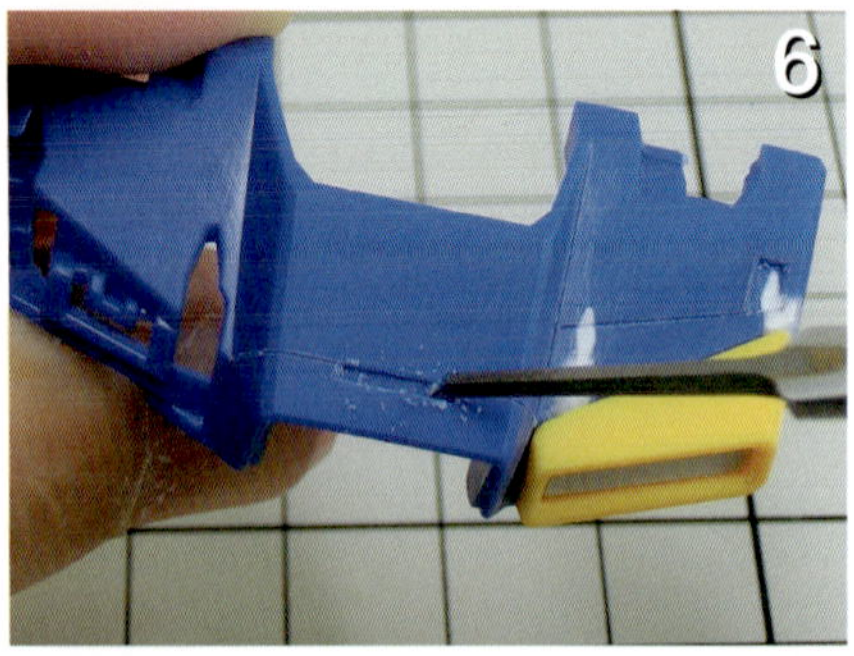

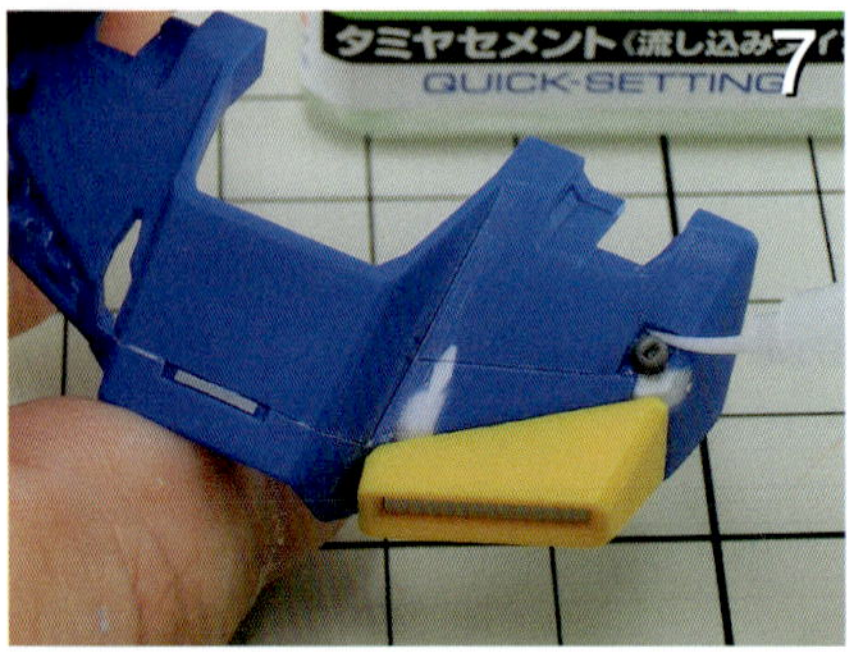

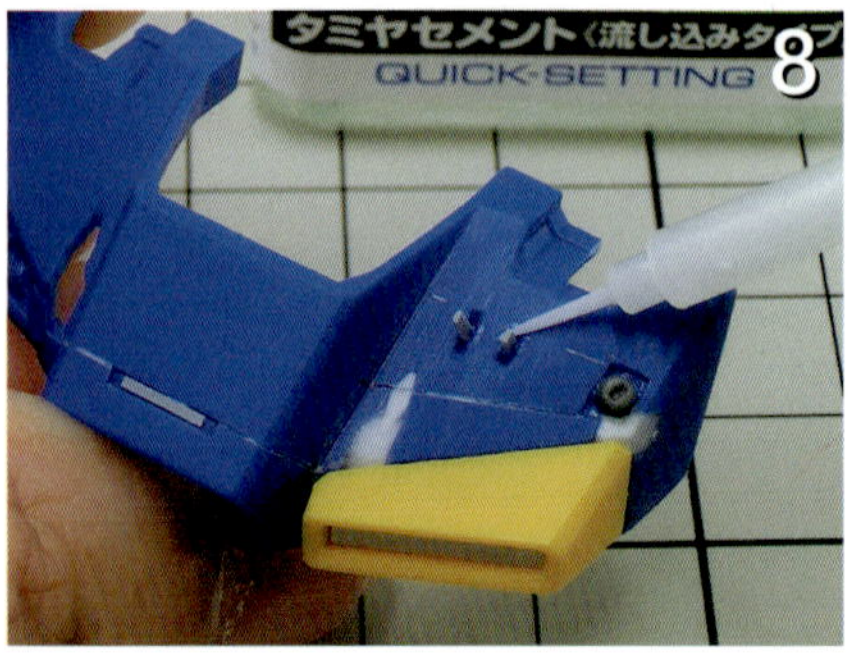

●黄色い胸ダクトはZガンダム風の薄い形状にアレンジしてみるのもアリかも、と思いついてやってみました
12エッチングソーでダクトをカットし仮組みしてみます
3胸パーツににもディテールを追加したくなったので、Sガンダムを参考にしながらスジ彫りやディテールを追加。ガイドテープを貼ってラインチゼルでスジ彫りを彫っていきます
4スジ彫りの追加ははこれでできあがり。次に段落ちモールドを作るため鉛筆で下書きをしていきます

5タガネで彫ります。失敗したら瞬間接着パテで埋めやり直し
6胸のセンター部分もタガネで段落ちモールドを彫ります。ここには後で短冊状に切り出した0.3㎜プラ板を貼り込みます
7短冊状プラ板はピッタリに切り出して埋めるよりも、短めに切り出して貼ったほうがそれらしくしやすいです。先に彫り込んだ段落ちにはマルイチモールドを接着しました。
8VHFアンテナはラインチゼルで彫った溝に0.3㎜プラ板で作って流し込み接着剤で固定しています

番外編：ダブル・ビーム・ライフルをFAZZ風に!!

ダブル・ビーム・ライフルもちょっとひと捻りしてFAZZ風の砲身を作ります。断面が丸くなく、下側が三角形なので2㎜プラ棒を貼ってゲージにし、間にさらにプラ板を貼って形を作ります。

上側はエポキシパテを使用してプラ板との段差をなくしてヤスリで仕上げ、0・3㎜プラ板に5つ穴を空けたものを4つ作って砲身先端に貼りこんで完成です。

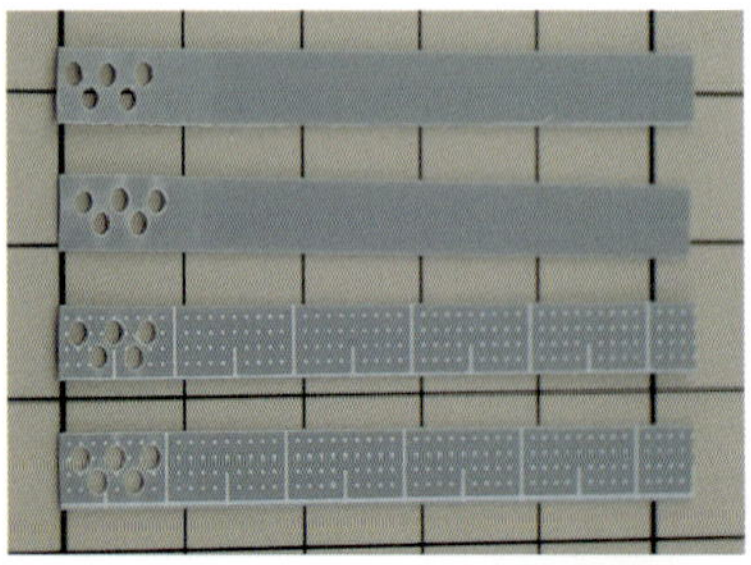

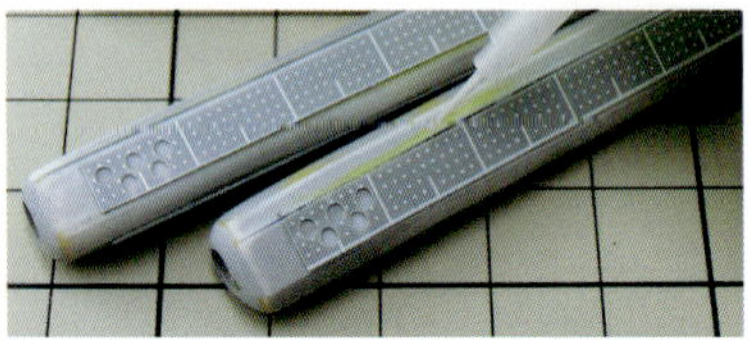

郵便はがき

おそれいりますが切手をお貼りください

101-0054

東京都千代田区神田錦町
1丁目7番地　㈱大日本絵画
読者サービス係行

アンケートにご協力ください

フリガナ　　年齢
お名前　　（男・女）

〒
ご住所

TEL　（　　）
FAX　（　　）

e-mailアドレス（メールにてご案内を差し上げてよい場合にご記入下さい）

ご職業　1 学生　2 会社員　3 公務員　4 自営業
5 自由業　6 主婦　7 無職　8 その他

愛読雑誌

このはがきを愛読者名簿に登録された読者様には新刊案内等お役にたつご案内を差し上げることがあります。愛読者名簿に登録してよろしいでしょうか。

□はい　□いいえ

ガンダム アーカイヴス
『機動戦士Zガンダム』
『機動戦士ガンダムZZ』編

978449923243

「ガンダム アーカイヴス『機動戦士Zガンダム』『機動戦士ガンダムZZ』編」アンケート

お買い上げいただき、ありがとうございました。今後の編集資料にさせていただきますので、下記の設問にお答えいただければ幸いです。ご協力をお願いいたします。なお、ご記入いただいたデータは編集の資料以外には使用いたしません。

---

①この本をお買い求めになったのはいつ頃ですか？

年　　　月　　　日頃(通学・通勤の途中・お昼休み・休日）に

---

②この本をお求めになった書店は？

（市・町・区）　　　　　　　　　　書店

---

③購入方法は？

1書店にて(平積・棚差し）　　2書店で注文　　3直接(通信販売)

注文でお買い上げのお客様へ　入手までの日数(　　　日)

---

④この本をお知りになったきっかけは？

1書店店頭で　　2新聞雑誌広告で（新聞雑誌名　　　　　　　）

3モデルグラフィックスを見て　　4アーマーモデリングを見て

5スケール アヴィエーションを見て

6記事・書評で（　　　　　　　　　　　　）

7その他（　　　　　　　　　　　　）

---

⑤この本をお求めになった動機は？

1テーマに興味があったので　　2タイトルにひかれて

3装丁にひかれて　　4著者にひかれて　　5帯にひかれて

6内容紹介にひかれて　　7広告・書評にひかれて

8その他（　　　　　　　　　　　　）

この本をお読みになった感想や著者・訳者へのご意見をどうぞ！

●ご記入の感想等を、書籍のPR等につかわせていただいてもよろしいですか？

□ 実名で可　　□ 匿名で可　　□ 許可しない

協力ありがとうございました。抽選で図書カードを毎月20名様に贈呈いたします。

お、当選者の発表は賞品の発送をもってかえさせていただきます。

step8
スジ彫りとディテールアップ

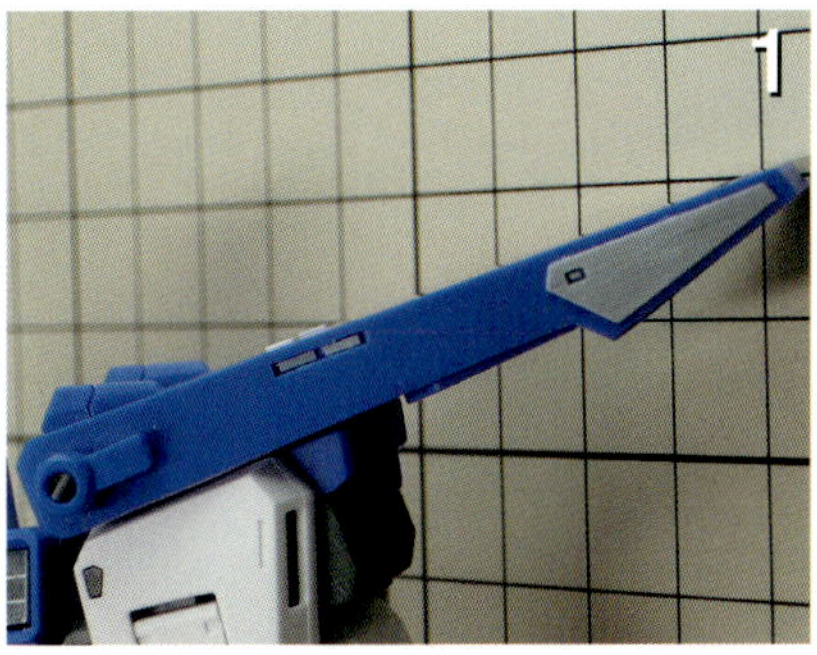

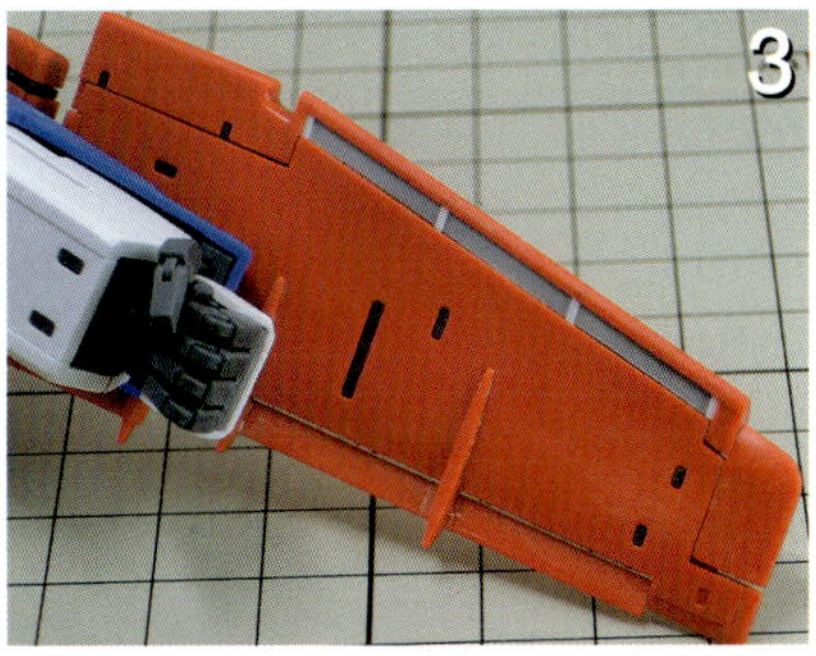

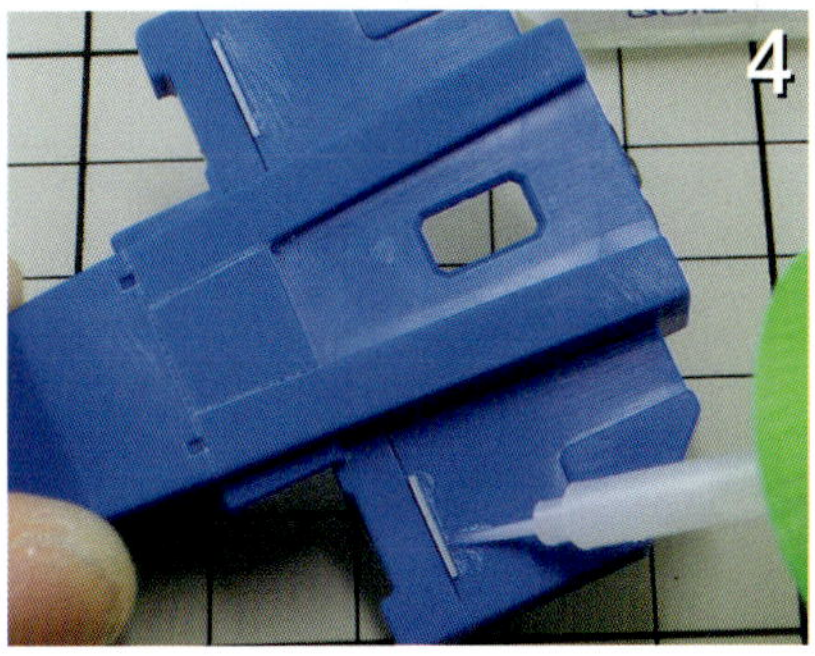

●肩の青いパーツもディテールアップしたいところです。HGのイラストに倣って側面、上面にディテールを入れます
12側面にはプラ板を貼り、上面はラインチゼルでスジ彫りを彫って細切りプラ板を接着。アンテナ風のものも立てます
3シールドは大きいほうに溝があります。何もディテールが入っていないのが気になったのでプラ板で塞ぎました
4背中はGフォートレス時に目立つ部分です。スジ彫りとプラ板貼りで情報量を増やします

step9
ハイメガキャノンの大型化

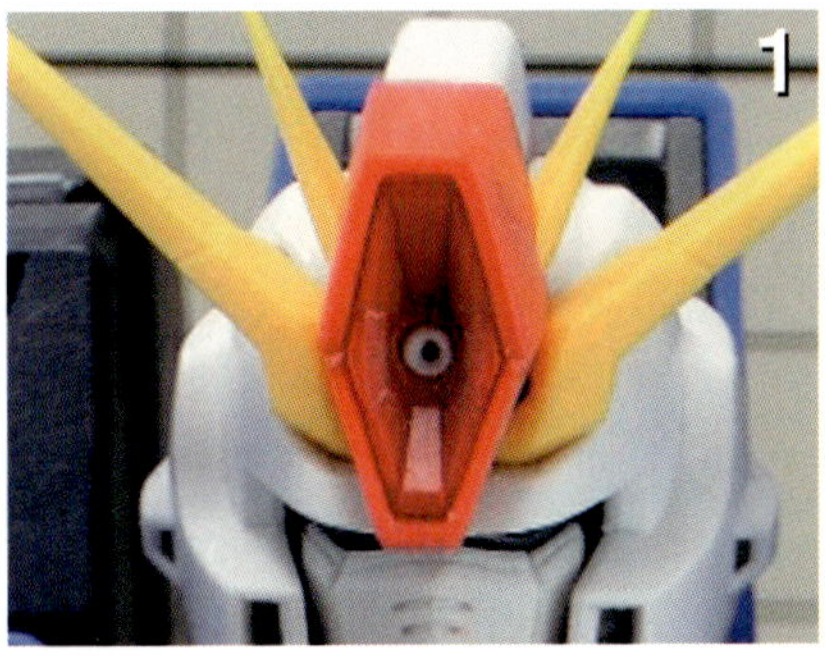

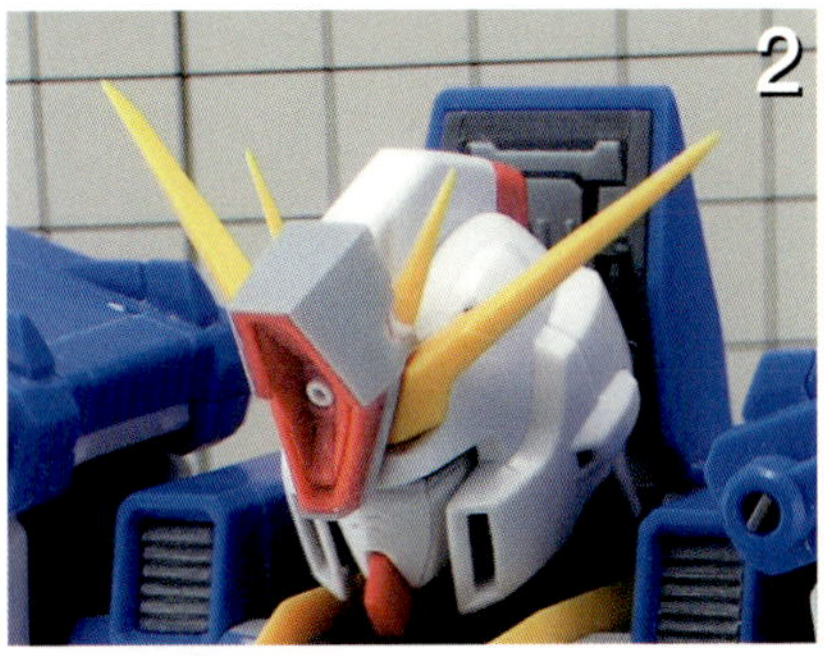

1ハイメガキャノンはZZの象徴ですがちょっと小ぶり。下側にはアンテナの可動基部も見えてしまっていて気になります
23まず、上側に0.3㎜プラ板を接着して大型化。次にアンテナの付け根を隠すように、プラ板の細切りを接着していきます。ハイメガキャノンは変形時に引き出すことも可能なので変形の際に困ったりすることはありません
4キットの完成見本（右）と作例（左）の比較。フチは薄くせず厚いほうがそれらしく見えるのであえて無加工です

step10
スミ入れと仕上げ工程

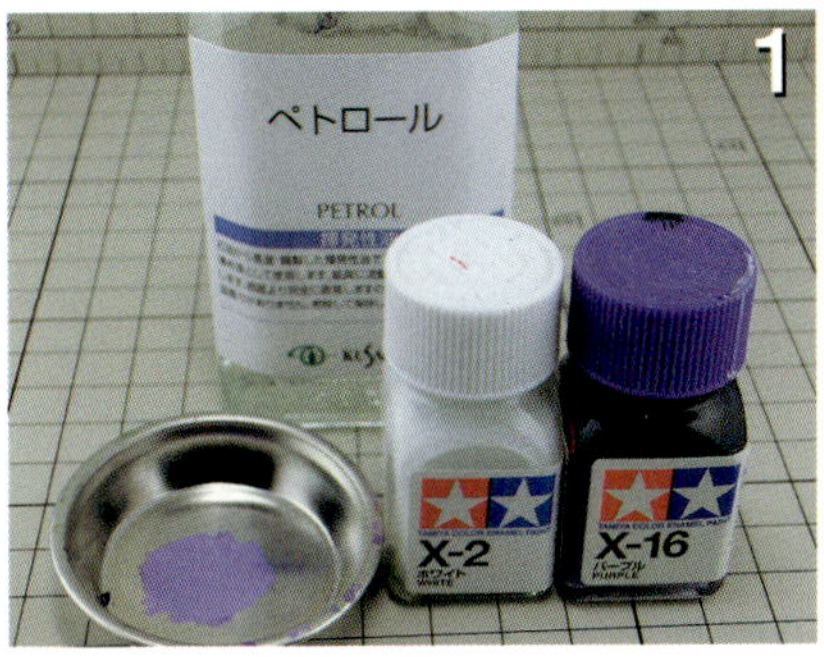

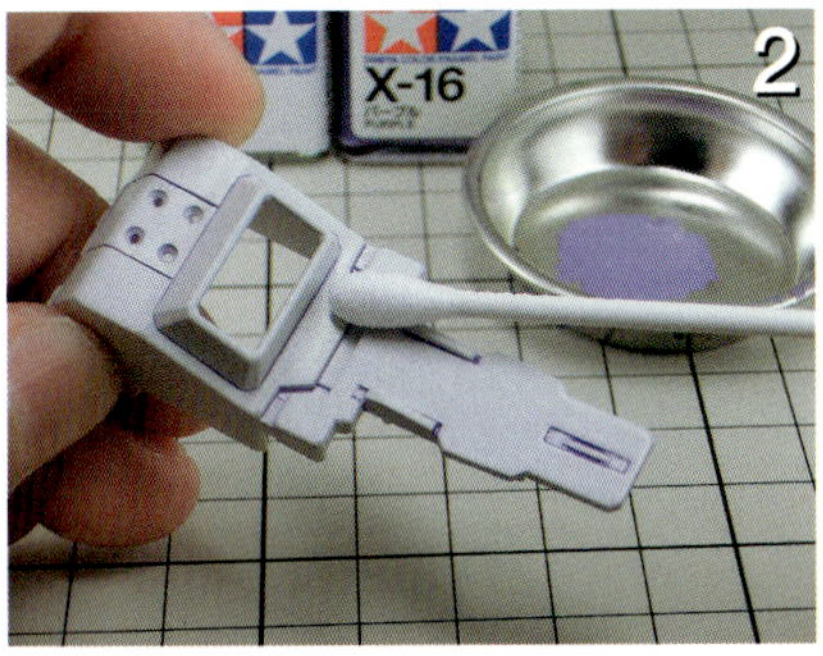

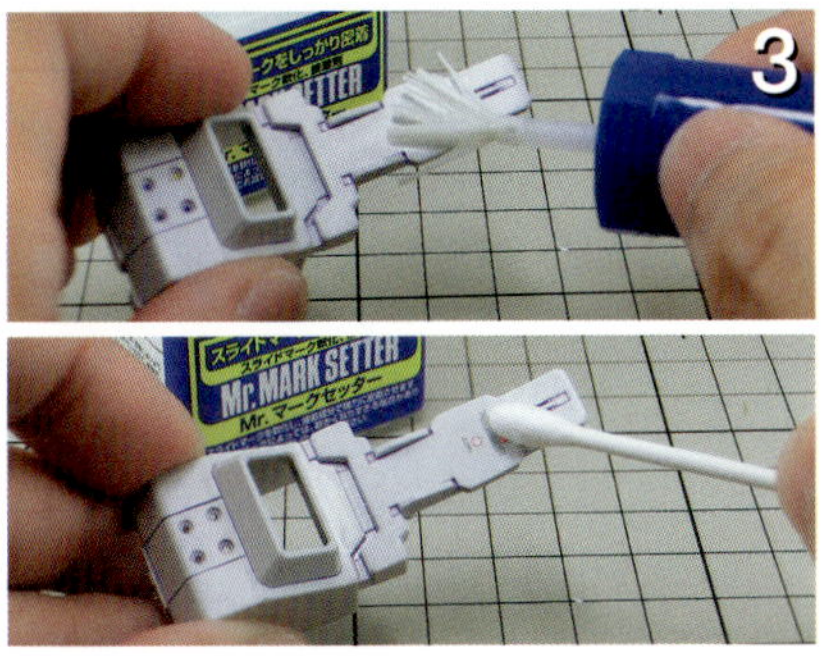

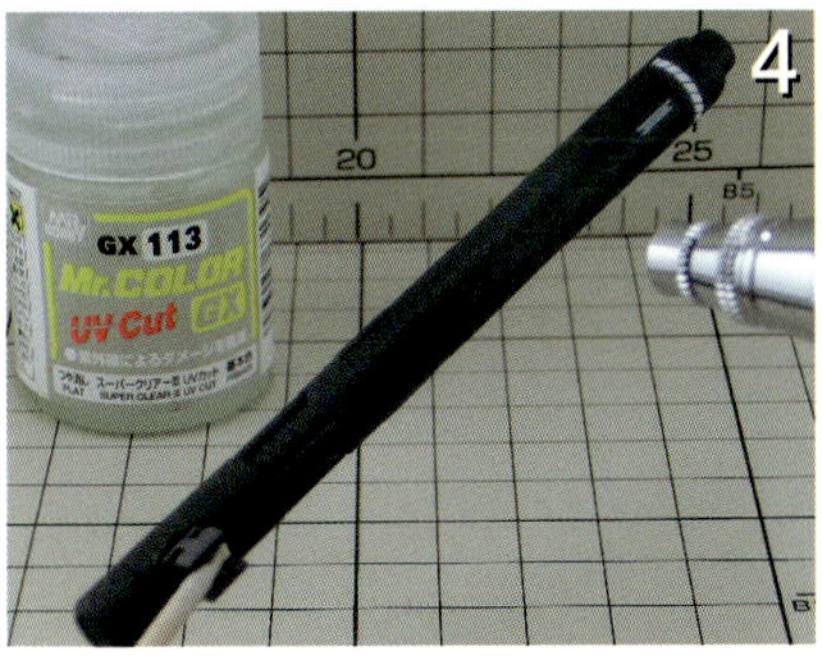

12スミ入れは、白色部分には黒やグレーでなくホワイトとパープルを混ぜた薄めの紫を使います。希釈には油彩用ペトロールを使用。タミヤエナメルカラーの純正うすめ液より揮発は早いですが、それでもパーツに塗り過ぎるとクラックが生じることがあるので扱いには要注意
34デカールはMr.マークセッターをパーツに塗布した上に貼ります。丸1日乾燥させ、Mr.カラーのスーパークリアーⅢUVカットを吹いてコーティング

じっくり取り組む甲斐のある大型キット

第一印象では「パーツが多くて大変そうだな」と思った本キット。ですが、組んでいくとてもシステマチックでテンポよく組みやすいキットとなっていて驚きました。作例完成後に旧MG ZZも組んだのですが、組み味の良さについては雲泥の差を感じました。最新のフォーマットでプロポーション抜群、さらに変形、合体もバッチリ決まります。

いっぽうディテールに目を向けるとちょっとアッサリぎみにも思えます。νガンダムやHi-νガンダムのVer.Kaと比べてしまうと余計にそう感じますが、逆にいえば中級以上のモデラーさんには腕を振るう余地が多く残されているとも言えます。

強化型も発売されるようですし、今後本キットをベースにフルアーマー、FAZZとキット化されてもおかしくない流れです。ZZ Ver.Kaはまだまだ可能性を秘めた名キットと言えそうです。■

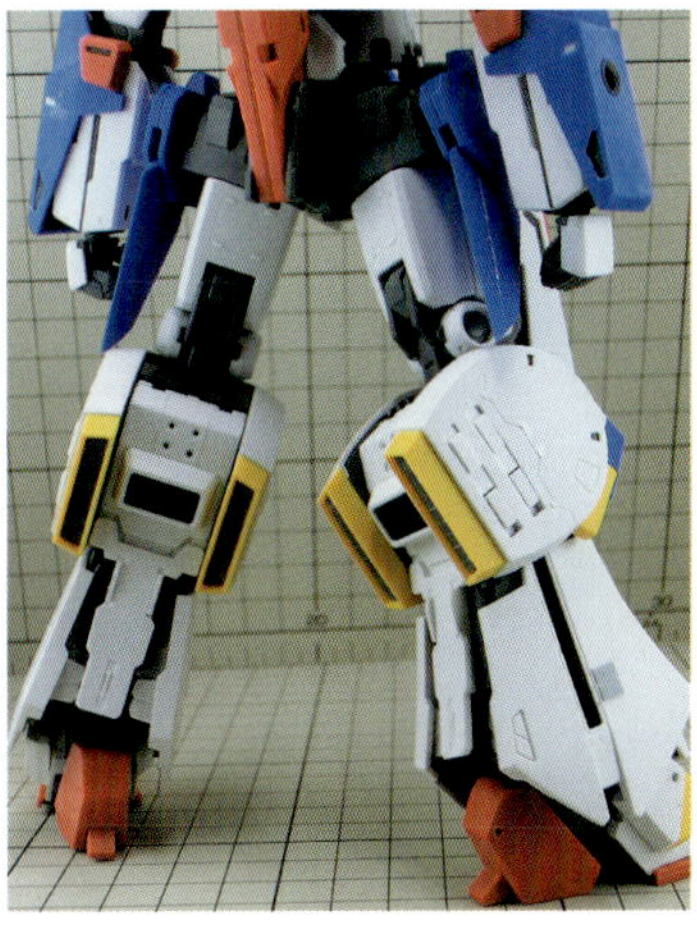

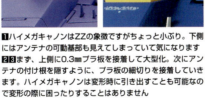

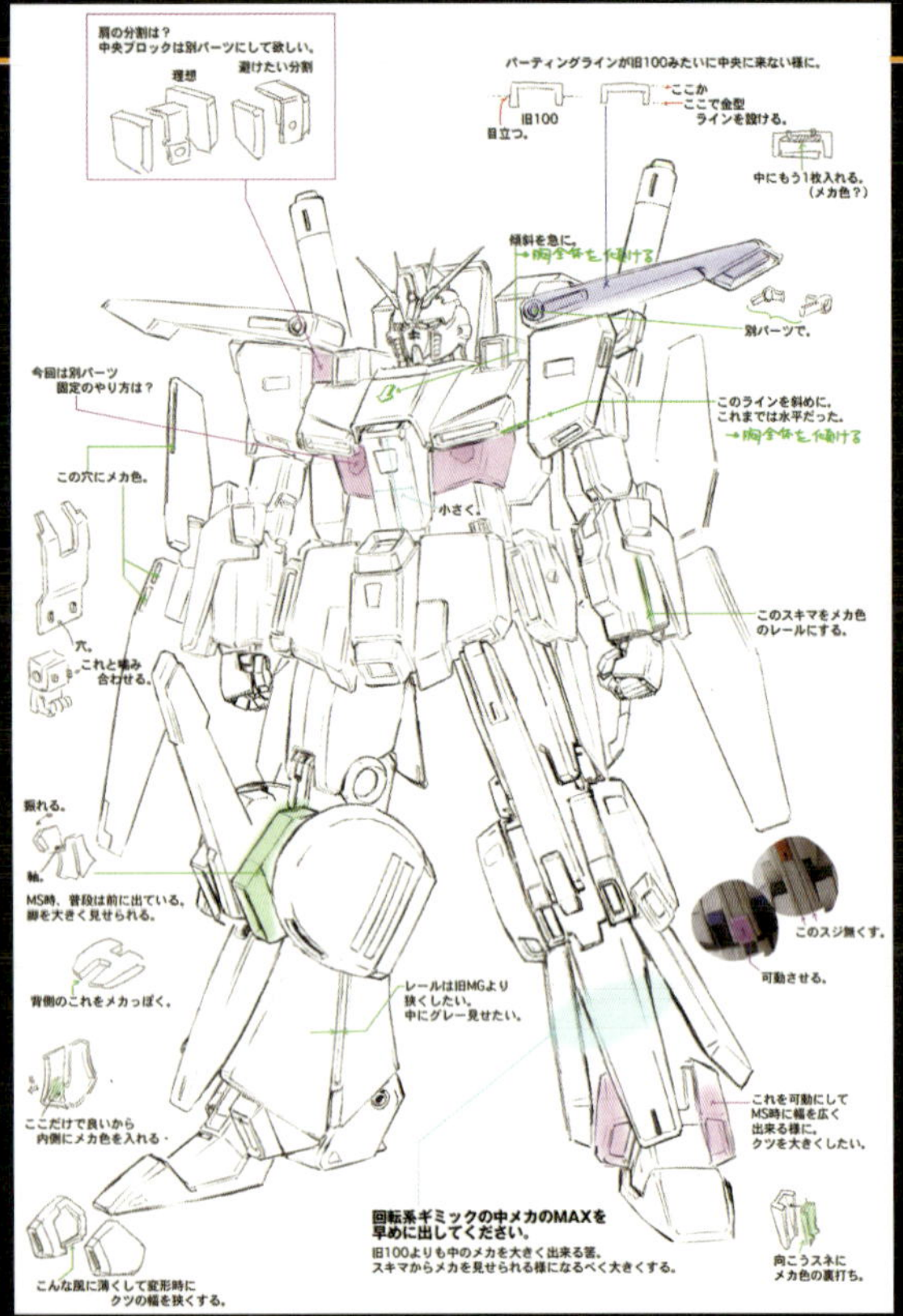

◀開発当初にカトキ氏から提出されたラフイラスト。「旧MGからどこを改善するか」に力点を置いて描かれている

[interview;]

ガンプラ企画担当に聞く あのZZガンダムをここまでカッコよくできた“タネ明かし”

“奇跡”のキット、MG ダブルゼータガンダム Ver.Kaはいかにして生まれたのか。企画担当であるバンダイホビー事業部 福田瑞樹氏を訊ねた。（取材／MG編集部）

“Ver Ka”が意味するもの

—ZZの再MG化について、ユーザーの反応はいかがでしたか。

福田　発売されるまでは少しドキドキしていたのですが、蓋を開けてみれば大きな反響をいただけまして、担当としてはホッとしています。

—率直に聞きますが、なぜいまZZだったのでしょうか?

福田　前のマスターグレード発売から18年が経ち、アニメの放送からはもう30年経っています。そんななかで、時代性に合わせた「変形合体にプラスアルファを盛り込んだ」ZZがいまなら作れるんじゃないだろうかと……。これはガンダムに関わっている企画担当の総意でもありました。僕たちもカトキさんがプロダクトしたZZが見たいとずっと思い続けていたんですよ。

—「Ver 2・0」ではなく、「Ver Ka」としたのはまさにそこなんでしょうか。

福田　ZZというと、RX・78、Z、νガンダムと並べると、ホビー事業部として商品化するにあたり少し弱気になっていた部分がありました。企画会議でもその点については話が出ましたが、カトキさんの力をお借りすることによって、センセーショナルなものを作れるんじゃないかということで、Ver Kaでの商品化が決定しました。

Ver Kaというカテゴリ自体がプラモデルとしての説得力を持たせるというテーマがあるので、そのラインにZZを乗せることによって、立体物としてのひとつの到達点に達することができるんじゃないだろうかという。

—そこの到達点に向かうには、多少のアレンジとカトキさんなりの視点が必要だと。

福田　そうですね。ただ、プロダクトを見ていただければわかるとおり、Ver Kaといってもいろいろなアプローチがあって、今回はアレンジを押し出すよりも、立体物としての説得力を増す、変形や可動を極力煮詰めるというポイントで進行しました。企画の入り口としては、〝アレンジ〟よりも〝立体の説得力〟を重視して進めたカンジです。

—Ver Kaって、かなりリファインをされたものもあれば、まさに今回の合体再検証を経てのプラスアルファみたいな、小技を効かせるものまでさまざまですよね。

福田　ええ。今回の場合をひと言であらわすと、「キャラクターとしての魅力を模型的にいちばん引き出せるアプローチ」がこのかたちだった……と言えるかもしれません。ZZだったら変形合体を最大限伝えられるプロダクトにしましょうとか、νガンダムとサザビーの場合は、ユニコーンがいてνがいて、宇宙世紀の歴史のなかでサイコ・フレームはどんな解釈をされていたのか?という部分を引き出していって、それをギミックに盛り込むとか。キャラクターに沿った提案を盛り込んでいって、それで模型的にも魅力的に映るアプローチを取るのがVer Kaかなと。表面のディテールを追うだけでなく、組むことによって、動かすことによって魅力が出てくるのがこのブランドの特徴でもあります。言い方を変えると、仮にVer 2・0でZZを設計した場合、可動と変形の煮詰めに終止するんじゃないかという気もするのですが、そこにプラスアルファ、変形したあとの航空機状の主翼ディテールを入れたりとか、変形したときの隙間が玩具っぽくて嫌だと思ったら、そこにディテールを足すといったことができるのはVer Kaなればこそですね。

—確かに元のアニメ設定だと変形が若干不明瞭というか、どうしてもアレンジになるから、経験者とともにディテールアレンジを決めるというのはひとつの正解だと思います。今回の航空機的なエッセンスは、開発チームの人たちが、カトキさんをお呼びする前から考えられていたことですか?

福田　プロダクトとして航空機的解釈を盛り込むというのは僕のなかであって、それをカトキさんといっしょに高めあっていったカンジですね。まずは前のMGを参考にして構想を練っていったのですが、これはこれで良いところもたくさんありましたが、もっとやりたいことも見つかってくる。いまだったらどうできるかなと考えつつのスタートでしたので、かつてのMGを基準として捉えると新製品に対するアプローチ提案はしやすかったと思います。

—正直なところ、ZZのくせに!　と思っているんですよ（笑）。変形キットの場合どちらかの形態にしわ寄せがいくこともありますよね。今回はどっちもかっこいいのに驚いて。

福田　はい。そこは最初から綿密にやっていたところです。

—最新の超絶テクノロジーっていうわけではないのかもしれないけれども、いま持てるものと経験をすべて総動員して、より確実性を増しているみたいな。

福田　そんなに難しいことはしていないんですよ。変形も前のMGでできてはいたので、腰の捻り可動の追加とか、かつてできなかったことを盛り込んでいければいいだろうと。確かに難しい素材やインサートフレーム等の凝りに凝った技術と設計というわけではないのですが、単純な横軸の繋がりの工夫で腰可動が実現できたんです。表面のかっちりしたデザインはカトキさんなくしては実現しなかったところですよね。開発が始まる前に以前のMG ZZを組んだのですが、約20年前の技術でも変形を再現しつつ、マッシヴなアニメイメージどおりの立体物に仕上がっており、充分高い完成度であったと感じました。聞いたところによると、当時の設計ではボディはまだ3DCAD設計じゃなくて手引きの図面だったとも聞いて、オーパーツだなと。で、そのさらに上を目指せないかと。カトキさんの名前をお借りする以上、しっかりとしたものにしなければいけないので、かなり頭を捻ったところはありましたね。

—RX・78はガンプラでは何度もリメイクされているじゃないですか。アニメイメージに近いものもあれば、PG風やカトキ風といったかっちりしたリアルテイストのプラモデルもある。翻ってZZの立体界隈を見てみると、ほぼ解釈が同じもの、マッシヴなシルエットのものしかなかったなかで、今回ようやく別アプローチのプラモデルが登場してくれたなと。

福田　いままではアニメ設定画に合わせた立体物がメインでした。プラモデルに限らず可動玩具でもそうだったので、今回はZというキャラクターを使って、新しいものが見せられたかなと思います。

—素朴な疑問ですが、旧HG ZZの組み立て説明書にカトキさんが描かれているイラストがいまだファンの評価が高く、Ver.KaのZZと聞いてまずモデラーが思いつくのはこのイメージなんですよ。

福田　もちろん、この旧HGの絵もいちおう選択肢にありました。カトキさんにこの絵をお見せして「こんなイメージですかね?」という話はしましたよ。ただ、このときの時代背景……これは『センチネル』直後の絵じゃないですか。これはいまのキットの並び様を考えるとちょっと違うのではないかと。じゃあ、時代に即したZZを作りましょうということで、いまのデザインに落ち着いたんです。

—カトキさんと開発チームの判断は見事に当たっていて、仮にこの旧HGのイラストを100%再現できたものを発売しても、ほかのガンダムチームキットとの並び様には違和感が出ていたかもしれないですね。

福田　そうですね。ほかのVer2・0のZガンダムや百式、ガンダムMk-IIなどと

福田 瑞樹●ふくだみずき／バンダイ ホビー事業部 企画開発チーム所属。1990年生まれ、埼玉県出身。MGフルアーマーガンダムVer.Kaなど近年のMG Ver.Kaブランドの企画を担当。他のMG製品ではMGフリーダムガンダムVer.2.0やMGジャスティスガンダム、MGプロヴィデンスガンダムなどにも携わる

■1光造形で出力した形状検討用試作。かなりスマートな方向に振られている。■2開発初期の段階で引かれたGフォートレスの3DCADデータに対するカトキ氏のリアクション。バックパックと脚部ブロックのあたりの塊感の印象について早い段階から指摘が入っている。設定画は変形時の干渉を考慮していないので、絵のシルエットを完全再現することは不可能に近い（いわゆる二次元の嘘）。それでもどこまでアニメのGフォートレスのニュアンスを拾えるかが監修の焦点となり、クリアランスの調整が念入りに行なわれた。■3スネのすき間からのぞく部分にどの程度までメカディテールが入れられるかのメモが書き込まれている。■4主翼に現用機風の動翼ディテールを足す際のメモ。■5コア・ファイターのCADひとつとってもカトキ氏から指摘の嵐が吹き荒れる。エンジンブロックのテーパーの角度までこだわった書き込みがビッシリとすきまなく！

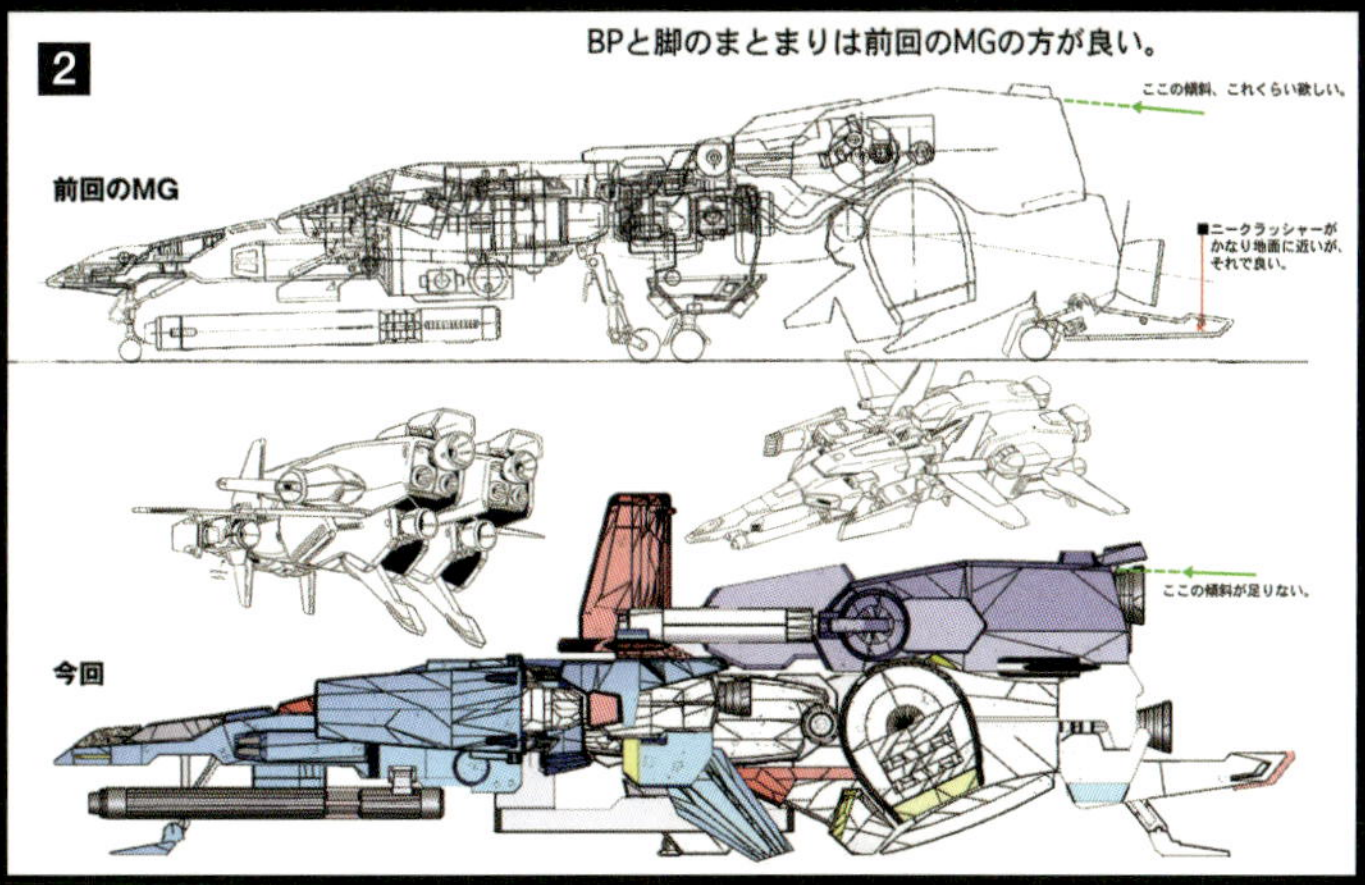

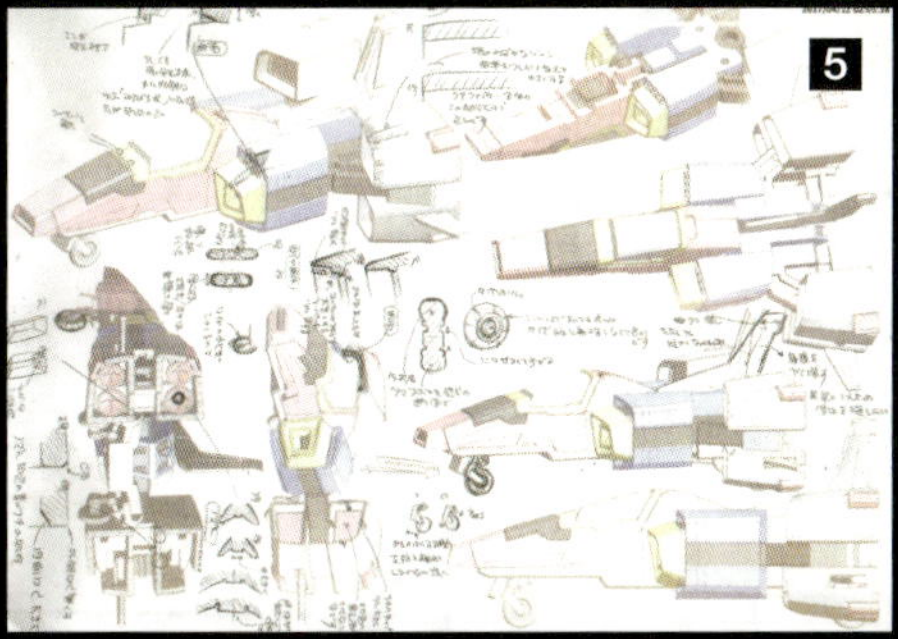

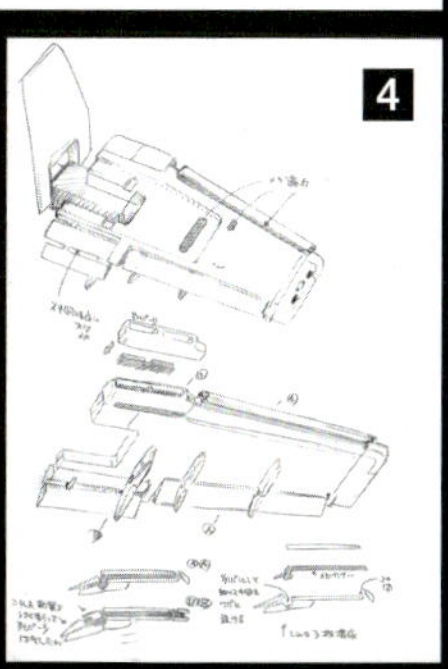

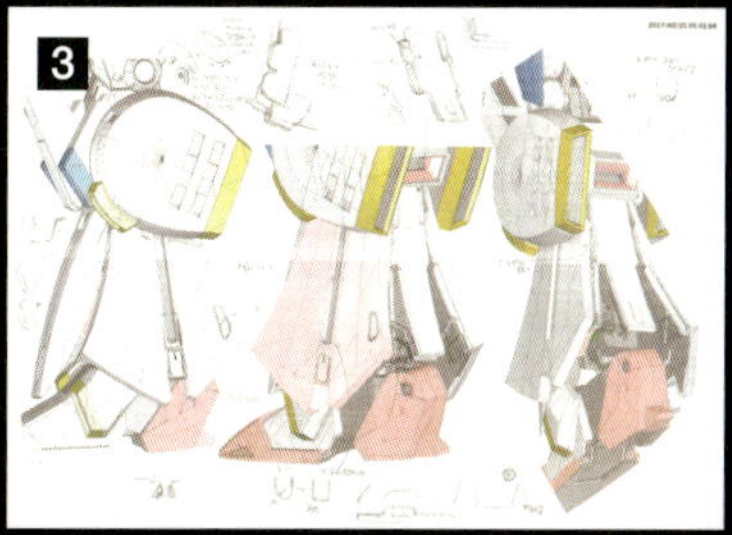

旧MG版を超えるためミリ単位のバランス調整が続く……

違和感なく並べられるようになっていると思います。

――開発期間はどのくらいですか？

福田　1年くらいですね。通常のMG製品と比べると3カ月くらい長いです。どうしても最初に考えることがいっぱいありましたから。この機体は強化型やフルアーマー、FAZZといった関連機体があるので、「後々のものを見据えたものにしておかないと、整合性が取れなくなる」という話が開発当初からありました。なので、光造形の試作品に以前のMGのフルアーマーパーツを被せてみたりして、そのあたりも念頭に入れて進めているのです。そこにかける準備が少し長かったですね。

――なるほど。今回は強化型のイメージに振ったスマートなところが見受けられます。ZZってどうしても立体になるとマッチョ方面に振られるし、ユーザーもマッチョでいいじゃんと思っているところがあって。

福田　そこもさっきの話で、フルアーマーにしたときに「アーマーも着るんだから太っちょでいいよねというのは違います」というのはカトキさんが最初から仰られていて、フルアーマー時に着ぶくれ感が出ないZZのプロポーションにすることをこだわった、ひとつの帰着点がこの形かなと。

――極端に痩せているわけではなく、スタイリッシュでかっこよく見えます。

福田　もともとのデザインが見る角度に寄って印象が変わるので、そこもまたZZのおもしろさだと思うんです。個人的にはスマート、マッチョでいろんな解釈があってよいと思うんですよね。

――変形しなければいけないうえにフルアーマーを着る要素もあって、課せられているものが多いですね。

福田　そうですね。事前検証しなきゃいけないところが多かったので、カトキさんにご相談する前にこちらで変形試作を作ってみて、カトキさんに提案するための準備期間があったり。あとは腰の可動検証をするために旧MGを改造して研究したりとかはしてましたね。

――カトキさんとはどれくらいミーティングされたんですか？

福田　基本的にはメールでのやり取りがベースなんですが、一週間に20枚くらい画像が送られてきて、こまかくメモが書いてあるわけですよ。それをこっちで反映して先方にデータを渡して、それを監修したものがまた戻ってきて……というやりとりを続けました。およそ3カ月ほどずーっとその繰り返しでしたね。いただいた修正を元に、こちらでパーツの抜き方向の兼ね合いだとか、パーツの分割方法の効率的なやり方を考えながらやりとりをしていく流れでした。基本的に内部構造はこちらで、表面ディテールはカトキさんというかたちで分担しているカンジです。

――カトキさんはほかにどんなところにこだわられていたんですか？

福田　足の内側にどれくらいメカディテールを入れられるかをまず見たいという話をいただきました。変形時にヒザから下がくるっと180度回転するじゃないですか。そのクリアランスをどれくらい取れるかは気にされていましたね。絵のとおりに正直に作ると、どうしてもヒザから下のあちこちがスカスカになっちゃうんですよ。

――Ver Kaはスネの後ろ側に噛み合わさる歯のようなパーツがあって、すき間を隠すフタになっていますね。

福田　まさに、担当としていちばん気に入っているポイントはここです。設定だとこの部分を隠す方法が何もないので、どうにかしなければいけないと思いまして。

――そういうポイントも含めて、製品の魅力については年初から開発プロジェクトをWebサイト上で展開されていましたね。

福田　カトキさんとやりとりさせていただいていると中間成果物がいっぱい出てくるんですよ。いままでだと組み立て説明書にその一部を載せていたりもするんですけれど、それだけじゃもったいないという話がありまして。その中間成果物をプロモーションでも活用できないだろうかということを考えて、じゃあドキュメンタリーのようなものをやってみたらどうだろうかということで、少しずつ製品に近づいていく過程をユーザーと共有してみようというのが大きな理由です。初めての試みでしたがかなりの反響もいただいているので、今後も何がしか続けていきたいですね。

――製品の研究結果やすごいところをていねいに教えてくれるので、ユーザーの疑問の解消に繋がったんじゃないかと。

福田　はい、たとえば私が過去に担当したMGフルアーマーガンダムやサイコ・ザクの場合、製品の魅力を100%伝えきれていなかったのではないかという反省もあったんです。どちらもフルギミックだったり武装が多かったりと長所はたくさんあるんですが、ユーザーに知ってもらうための取り組みがまだ甘かったのかもしれない。今回は変形もするしギミックも多いというところで、前回の反省も踏まえてWebサイトでの取り組みを強化したのです。

「最新の技術と素材」を活用

――以前のMGは変形の保持力に課題があり、さらに言うとZZは合体完了時にヘンなポーズを取るじゃないですか。それがやりたいわけじゃないですけど、実際問題あの劇中のポーズが取れないのは気になっていた部分なんです。

福田　可動というのは誰が見てもわかる前作の物足りないポイントでしたので、そこを追求すれば確実に前作を越えるものは作れるだろうと。

――驚いたのは腰の水平回転です。コア・ファイターを垂直に突き刺して、さらにバックパックが背中と尻の2箇所で本体と接続されているという特殊な構造をしているわけだから、腰が回せないのは仕方ないよねってつい思っちゃうんですけれど、回転させちゃいましたねぇ。

福田　やっぱりZZならどっしりと立っていてほしいというのは最初に思いまして。おっしゃるとおり、動かなくていいじゃんと諦めてしまったらそれ以上の進化はないというのは思っていて。逆に諦めてしまうところを実現するところに驚きがあるので、いろいろ考えたのですが、腰の繋ぎ方を工

＊本記事は『モデルグラフィックス』2017年8月号の内容を再掲載したものです。
バンダイ ホビー事業部は現在BANDAI SPIRITS ホビー事業部となっています。

夫すればいけるのではと。背中はバックパックと繋がれてしまっているので、そっちは固定のままでいいから、お尻の軸で水平に振ればいいじゃないかという単純な発想なんです。腹部のコア・ファイターが収まっている部分の真下が腰ですが、腰のさらに下のお尻の部分、バックパックと直結している部分ごと包むように水平の回転軸を設ければ足と胴を左右別方向に振ることができると。ここはそんなに難しいことはしていなくて、発想の勝利というか。

——強いて言えばなのですが、手首は差し替えじゃないですか。

福田　そうですね。手首も含めての完全変形って、やってやれないことはないんですよ。MS状態の手首にさらに変形機構を仕込んで折りたたんで、前腕に納めることはできなくもないんですが、そうするとどうしても武器の保持力が弱くなってしまうといった別の問題も出てきますから、そこも踏まえて現在の仕様にたどり着いたところではあります。合体変形もする、可動性能も追求しなければならないというところで、遊びやすさも追求しなければいけませんからね。なぜわざわざひとまわり小さい拳を付けたかっていうと、変形シークエンスを楽しんでもらいたいと思っていたんですよ。手首を差し替えるなら、手首外すだけでもいいじゃんって思う方もいるかもしれない。でも、MSからGフォートレスへの一連の変形シークエンスをぜんぶ通しで楽しんでいただきたかったので、苦肉の策ではありますが小さい拳を付けたんです。

——また、変形プロセスを繰り返してみても見事に耐えてくれるじゃないですか。

福田　そこもかなり検証した部分です。ロックの甘い部分を探し出して……たとえば両足がぴったり閉じるようにふくらはぎに固定用ダボを盛り込んでみたりと、ポイントポイントの保持力や剛性の問題点を洗い出しながら対処していきました。そのへんは設計担当が玩具として遊びやすくなきゃダメだよねってところで、相当気を遣ってやってくれたことですね。

——コア・ベースの着陸脚がスキッドで、股間もソリになっていて、足首のところも接地面とツライチになっているんですよね。この地面とのぴったり感がすごく気持ちいいのですが、どなたの提案なんでしょう。

福田　そこも設計担当の高橋（俊）の発案です。接地面がキレイに揃っていたほうが気持ちいいよねってことで図面を作って、こちらからカトキさんに提案させていただいて、気持ちよく監修が通ったかなと。着陸脚をタイヤじゃなくてスキッドにしようという話もこちらから提案しました。アニメ設定ですとタイヤなのですが、どう見てもタイヤの収納スペースがないんですよ。

——今回はシンプルな変形設定ということもあるのかもしれませんが、ギミック、強度確保、可動性能とトータルの水準が非常に高いキットだと思うんです。

福田　それができたひとつの理由は「ノウハウの蓄積」です。変形合体ということで、よく話題にあがる伝説的な怪物キット……MG Sガンダムも開発前に触りましたし、ちょっと前にMG V2ガンダム Ver.Kaも担当していたので、その経験も踏まえています。あと昔はなかった粘りのあるPS素材……通称KPS材と呼んでいますが、そのマテリアルの恩恵も大きいですね。MGフリーダムガンダムVer2・0がオールKPSフレームなんですが、それらを通過点に設計、生産、金型、すべてのチームが少しずつノウハウを蓄積してスキルアップしたのが、このZZ Ver Kaとして大成したのかなと思います。

——変形キットの場合は剛性のあるABS素材をフレームに使うことが多かったと思います。ですが、このZZではKPSで関節を成型していました。

福田　今回KPSを採った大きな理由は、大型の機体であるがゆえにひとつひとつのパーツ単位を大きくできたからなんです。ABSはKPSよりも剛性があるのでこまかいピンにも使えるんですけど、どうしても時間経過でゆるくなっちゃう懸念があって、また塗装にやや難があるなどの特性があります。細いピンを作らなくて済むようにパーツ自体のサイズが大きくとれるなら、KPSのほうがメリットが大きい。ただ、ZZよりもひと回り以上小さいV2はABSでフレームを作りましたし、そこはキャラクターごとに素材選択が変わります。

——ポリキャップも一部使っていますよね。

福田　そうですね。粘りのあるポリキャップを適宜仕込むのが本来はベストなので、ポイントポイントで使って遊びやすくする工夫は施しています。ただ、ポリパーツが表面に出てくると玩具っぽさが出ちゃうので、仕込み方に気を遣う素材ではあります。

——あと驚いたのは、まさかバックパックも倍打ちランナーだったとはっていう驚きがありました。そういえばMGフルアーマーガンダムやMGサイコ・ザクも倍打ちランナーのバックパックでしたね。

福田　まさに今回はそのふたつのノウハウがかなり生きていますね。同形状のブロックの塊を左右で揃えて、それをブリッジパーツで繋げると見慣れたZZのバックパックにできるという。

監修者と開発とのアイディアのぶつけ合い

——金型や開発の段階で、どこがいちばん手間取りましたか？

福田　いや、案外とすんなりいけたんですよね。パーツっていうのは分割をこまかくすればするほど密度感が出るので、やれるところまで細分化したくなるんですけれど、そうするとランナーが増えるぶん価格にも跳ね返ってくるし、こまかいパーツだらけで組みにくさが増していく……というジレンマがつきものなのですが、今回はバックパックのような左右で同じ形の部分は極力ランナーを倍打ちするようにしたり、ディテールの入れ方にも気を使ったので、ただパーツを減らしただけに見せない工夫を随所にしていたりと、むしろそういうところに気を遣ったカンジです。手間取ったというのとはニュアンスが異なりますが、Ver.Ka製品は毎回の監修がやはり大変ですね。過去に自分が手掛けたMGフルアーマーガンダムやMGサイコ・ザクもそうなのですが、その都度こまかい部分に対するカトキさんのこだわりは少しずつ吸収させていただいております。カトキさんは多分こういうところを気にかけられるんじゃなかろうか、だからここは先回りしておこうみたいな予測が立つようになってきたかなと。こちらでひねり出した現状いちばんよいアイディアを常にお見せしているつもりなんですよ。カトキさんの提案に負けないようなアイディアを積極的にお見せしていく、そのプレッシャーはものすごいですよ。

——なるほど。監修時にカトキさんから「ここにもっとテーパーをつけてください」とか言われると思うんですけど、正味な話、「えー！」みたいに思ったことはあります？

福田　多少はあります。今回のZZの場合ですと、膝関節まわりのディテールのアップデートが来たときに「このデザインだとパーツ数を増やす必要がありそうだな」といったことがあったりします。カトキさんは描いているうちにどんどんアイディアを盛り込んでいただけるので、現状よりもさらに良いアイディアをあとからいただくこともあるんです。開発のリミットギリギリまで常に提案をいただけるので、こちらも時間の許す限りそれを反映させていただいたというカンジですね。毎回どうしても時間的な制約があるなかで、カトキさんのこだわりと弊社のこだわりをどこまで重ねられるかが勝負なんです。そこがVer Kaブランドではもっとも苦労するところかもしれません。

——そういうアイディアのぶつけ合いがあってこそ、今後語り継がれるであろう名キットになれたんじゃないかと思います。

福田　はい。現状とても満足しています。変形可動という点では、ZZというMSの立体物を結実させられたんじゃないかという自負がありますね。

——まさに、最初にお話しされていた「ひとつの到達点」にたどり着けましたね。

福田　完全燃焼です。今年はもうこの製品でやりきっちゃったカンジですね……（笑）。

——（笑）。ありがとうございました。

（2017年10月　バンダイ本社にて取材）

「ZZ」というキャラクターを使って新しいものが見せられたかな。

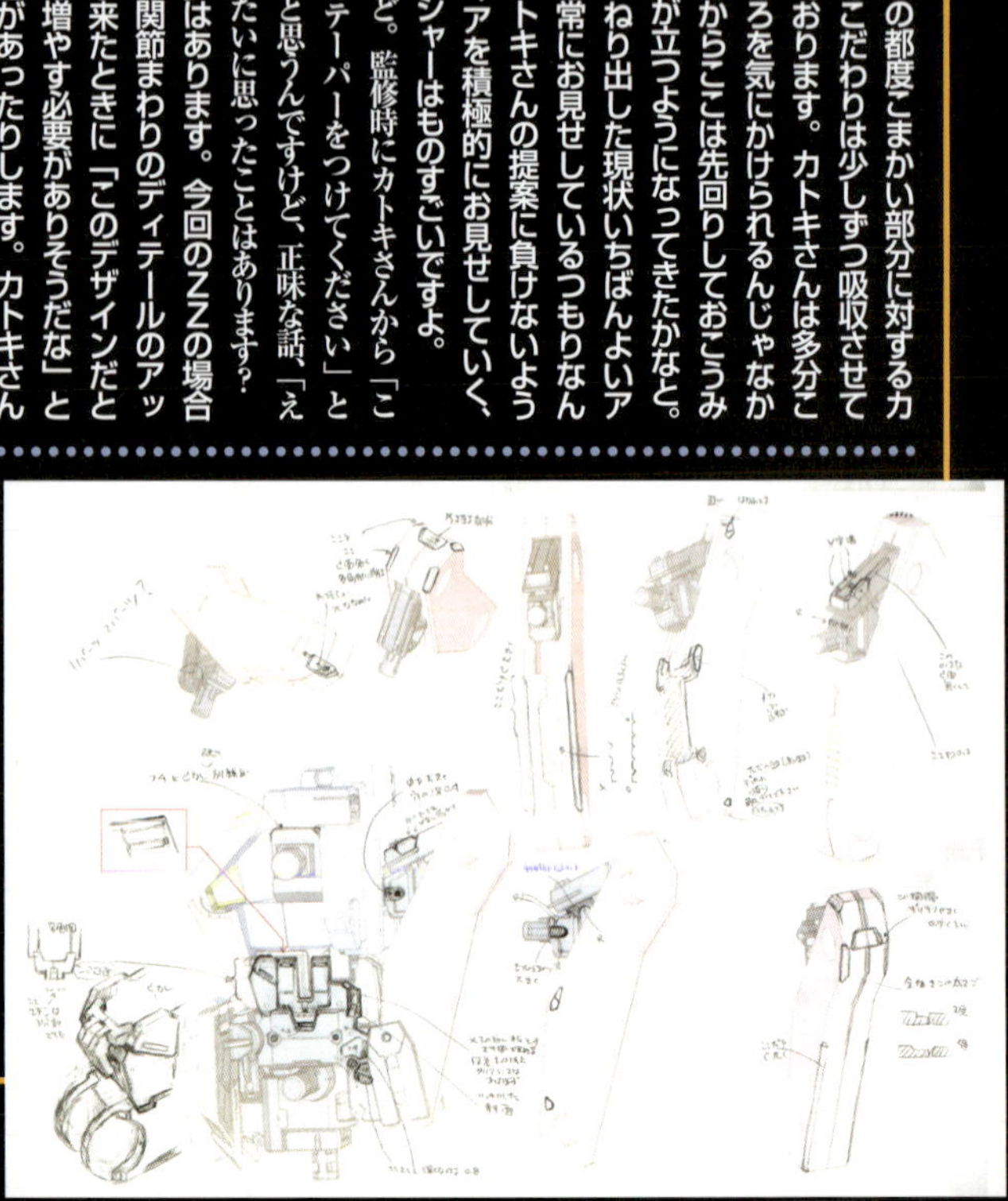

最新のZZキットでなければ作れない ZZ分離形態の「真の姿」

もう“上下に分かれただけ”とは言わせない！ 本気で作るコア・トップ／ベースリファインモデリング

MSZ-010 コア・トップ、コア・ベース
BANDAI SPIRITS
1/100　インジェクションプラスチックキット
「MG MSZ-010 ダブルゼータガンダム Ver.Ka」改造
発売中　税込4860円
デザインリファイン／**東海村原八**
製作・文／**POOH熊谷**

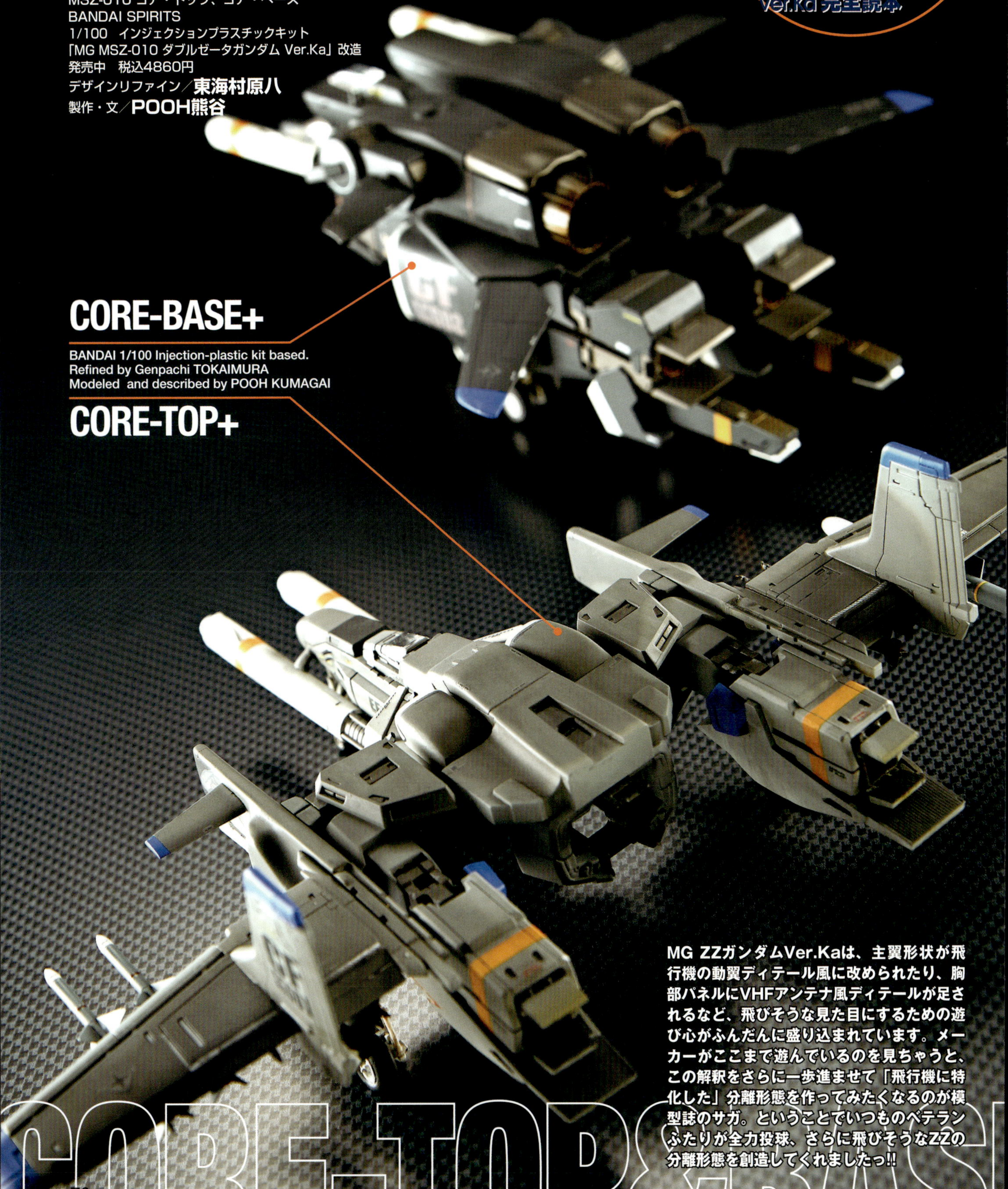

CORE-BASE+

BANDAI 1/100 Injection-plastic kit based.
Refined by Genpachi TOKAIMURA
Modeled and described by POOH KUMAGAI

CORE-TOP+

MG ZZガンダムVer.Kaは、主翼形状が飛行機の動翼ディテール風に改められたり、胸部パネルにVHFアンテナ風ディテールが足されるなど、飛びそうな見た目にするための遊び心がふんだんに盛り込まれています。メーカーがここまで遊んでいるのを見ちゃうと、この解釈をさらに一歩進ませて「飛行機に特化した」分離形態を作ってみたくなるのが模型誌のサガ。ということでいつものベテランふたりが全力投球、さらに飛びそうなZZの分離形態を創造してくれましたっ!!

CORE-TOP&BAS

戦闘機？ 爆撃機？ 君ら一体全体なんなのさ!?
あまり活躍しなかった（ついでに用途も不明瞭）
上半身と下半身の分離形態をマジメに考察
名付けて「ZZplus（仮称）」だっ!!

MSZ-010 CORE-TOP+

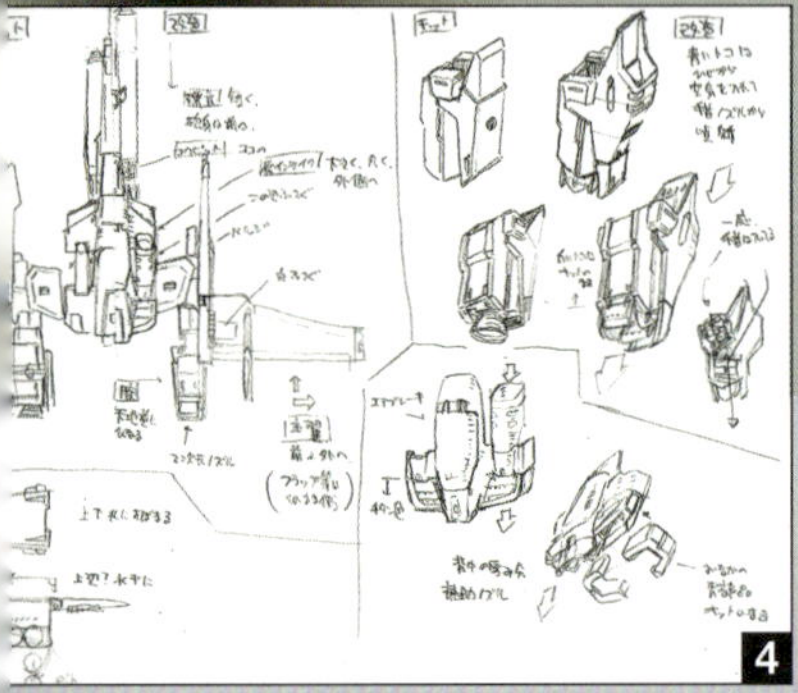
4

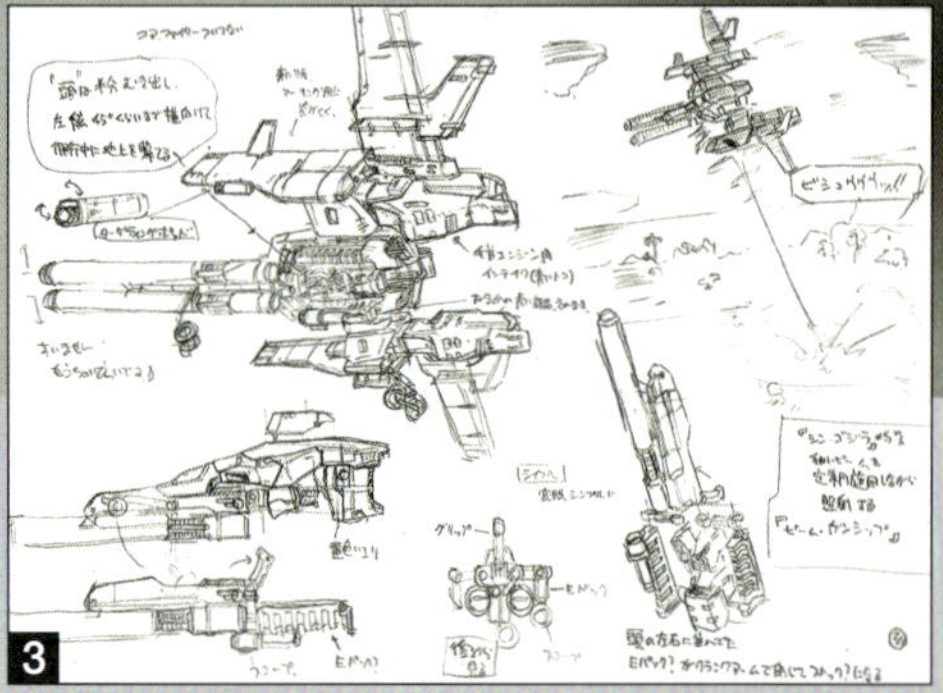
3

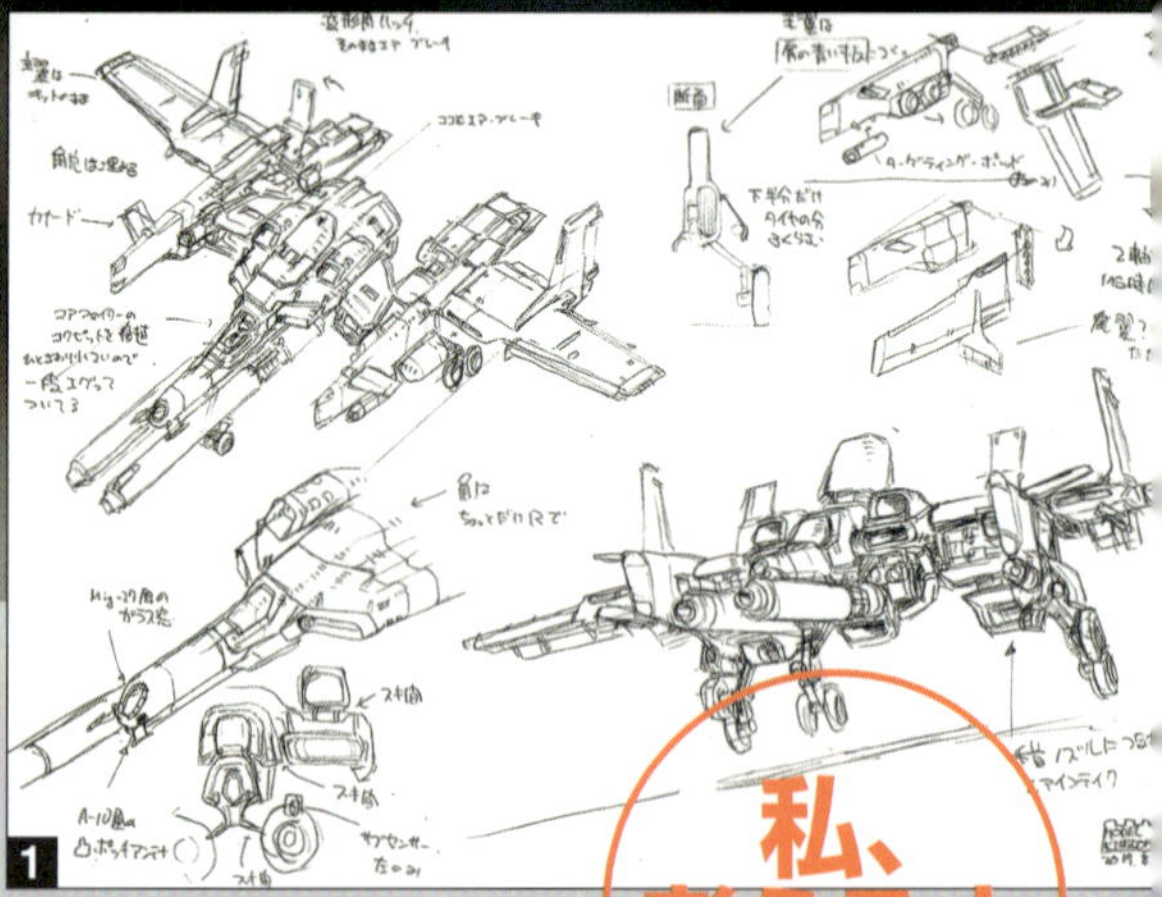
1

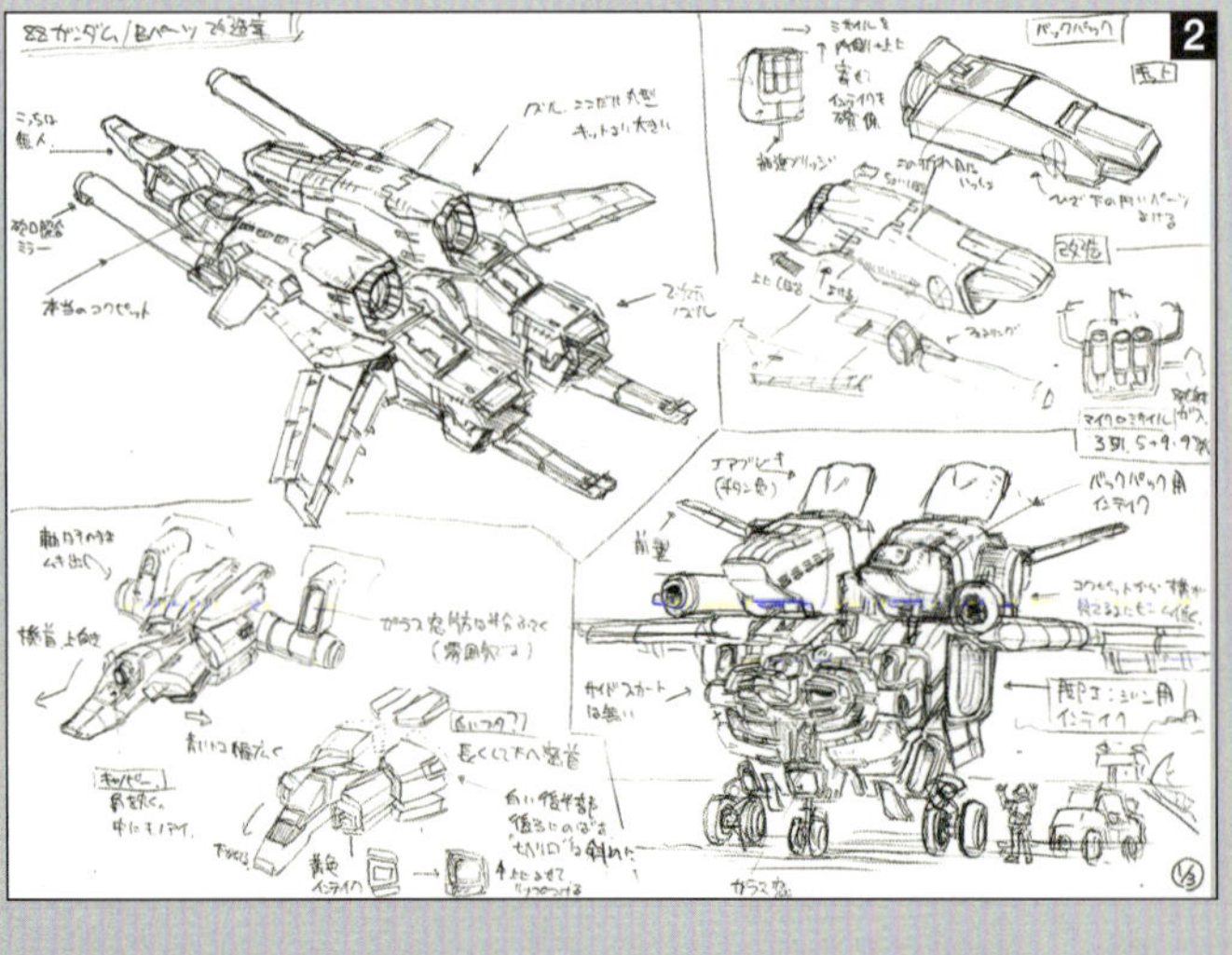
2

私、考える人

東海村原八はこうデザインした。

●「仮称：ZZplus」のデザインリファインを手掛けたのは東海村原八氏だ。氏は航空機的なアレンジ≒“飛びそう”な要素として以下の点に気を配った。①角を丸める（ブロックにしない)、②線、面を揃える（製品のままでもかなり秀逸)、③空気の入り口と出口を対応させる、④パネルラインや開口部（脚カバーやエアブレーキ）は曲面をまたぐ、⑤尾端の処理。また、バランス要素の変更としては、⑥重心と空力中心（主翼の位置）を寄せる、⑦“しっぽ”は伸ばして平気、そして⑧脚（車輪）の位置とサイズを整理している。手癖ではなく、ある程度の航空機的ロジカルを用いつつイメージを損なわない加減のリファインがお見事！

●以下はデザイン用メモ。◆Zplusの成功を見て、AE社が後継機としてカラバに売り込み用に用意したZZの大気圏内専用量産機。グリプス戦役終結→カラバの解散で『ZZplus』の名前は取り下げ→適当な名前で連邦軍に少数採用？ ◆制空戦闘にはZplusがあるので、戦闘爆撃機的性格。コア・ファイターも加えた３パーツ合体は運用が面倒なので、A＋Bパーツの２機運用に整理。◆Bパーツはバックパックのミサイルポッドを片方潰してコクピットを移植。コア・ファイターはパワープラント＋合体アタッチメントとして接続しているが無人で運用。合体時のミスでコクピットが潰れる事故をパイロットが嫌ったため。◆MS時はAパーツのコクピットで操縦。Bパーツ操縦席は小隊指揮に使う？

1 3 4はコア・トップのイラストラフで2 5はコア・ベースのラフ。下面から見上げたときのギミックや腕部エアインテークなどにもこまかく指示がある

MSZ-010 CORE-BASE+

アニメ劇中においてはいまひとつパッとしなかったコア・トップとコア・ベース。上半身が戦闘機、下半身が爆撃機らしいのだがそのへんの使い分けも、うーん……。なので、東海村原八氏は2機を対地攻撃機として純化させた外観に洗練！　いちおう構想上は２機揃って合体するので、ZZの正統進化版“ZZplus”としてリファインしたのだ！（ここを見て本気にする人はいないと思いますが、本作例はサンライズ公式設定ではありません。あくまで模型製作上のアイディアです。悪しからず）

面影はギリ留めつつ、かなりいじってます（笑）

●右のコンセプトイラストを受けて、POOH熊谷が製作したのがこの２機。製品のパチ組みと並べてみると、なんとかシルエットはギリギリ元ネタの面影を保ちつつ、各部のパーツをより飛行に純化した形に“最適化”していることがわかる。妄想設定では合体するのだが、作例は純粋に飛行機としてのディテール、見栄えを追求しているので関節はガッチガチに固定。人型にすることはできない（MS形態は反響があれば、またいずれ）

5

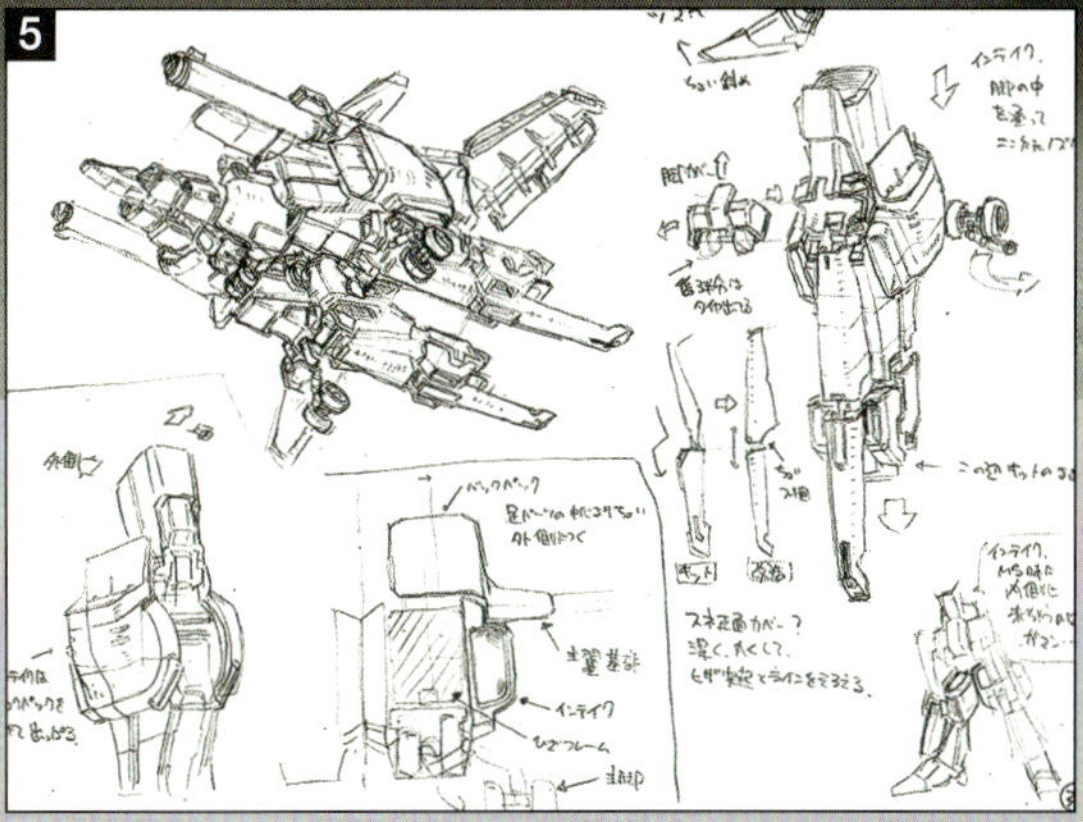

●こまかくデザインをいじっているものの、全体的なシルエットは見慣れたコア・トップとコア・ベースなので、カラーリングを元のZZと同じにするとそれほど印象が変わって見えないかも……ということで、Zplusにならって、デザインベースの機体から色の変更を考えてみる。Zplusは軽快な戦闘機的の性格が強めで、施されたブルーグレー系機体色は『ガンダム・センチネル』中で、F-16Aプラス戦闘機のカラーリングに準じるべきとされていた。ならば、地上攻撃・爆撃機的性格強めにアレンジされた本作例はどんな機体から翻案するとしっくりくるか……。ということで選んだのがA-10攻撃機（6）とF-15E戦闘爆撃機（7）。どちらも米空軍で現役で働く機体であり、F-16カラーのZplusと並べても違和感はない。あとはどっちの機体色をどっちに振り分けるかだけど、横に長く翼が広がって、機首に強力なガンを積んだ姿がどう見てもA-10なので、コア・トップがA-10、大出力で積載量が多そうなコア・ベースがF-15Eに決定！　適当だって？　いいんだよ！　現代においての「攻撃機」と「爆撃機」区別の定義が「なんとなく搭載量が多い場合は爆撃機」みたいなテキトウさなんだからさ！

色の元ネタはこの2機から。

7

6

下面の「アレ」を使えばガンシップ的運用も可!?

CORE-TOP+

●機首に大型火器がありたくさん武装を吊り下げられそうな主翼はどことなくA-10っぽい……ということでコア・トップは地上攻撃機としての性格を強く押してみた。主翼にはハセガワの各種1/72用武器セットから空対艦ミサイル、空対空ミサイル、レーザー誘導爆弾、自由落下爆弾（延長信管付）を追加。あえて左右非対称としケレン味を演出。まぁ、武装の評価試験中ってことで

●Aパーツはコクピットを胸ハッチに移植。ライフルの補助コクピットは廃止。コア・ファイターも搭載していない。カラーリングは濃淡グレー 2トーンの制空迷彩だが、Zplusっぽくコバルトブルーをアクセントにした。A-10のイメージで各種武装をもりもり搭載。製品はダブル・ビーム・ライフルで頭部が隠れるのだが、作例はむき出しにしているので、飛行中でもハイメガ砲の使用が可能。対地攻撃に猛威を振るうだろう（オーバーキル気味？）。むき出しの下面にはジャンクパーツでメカモールドを追加した。●上部インテークは1/72三菱F-1のものを流用。思いのほかぴったりして満足。スラスターユニットは可変ノズルとして、フィンを追加。着陸脚は童友社の1/100ボーイング747から流用。現在入手困難なので一瞬使用をためらった（笑）

●むき出しの顔のインパクト!

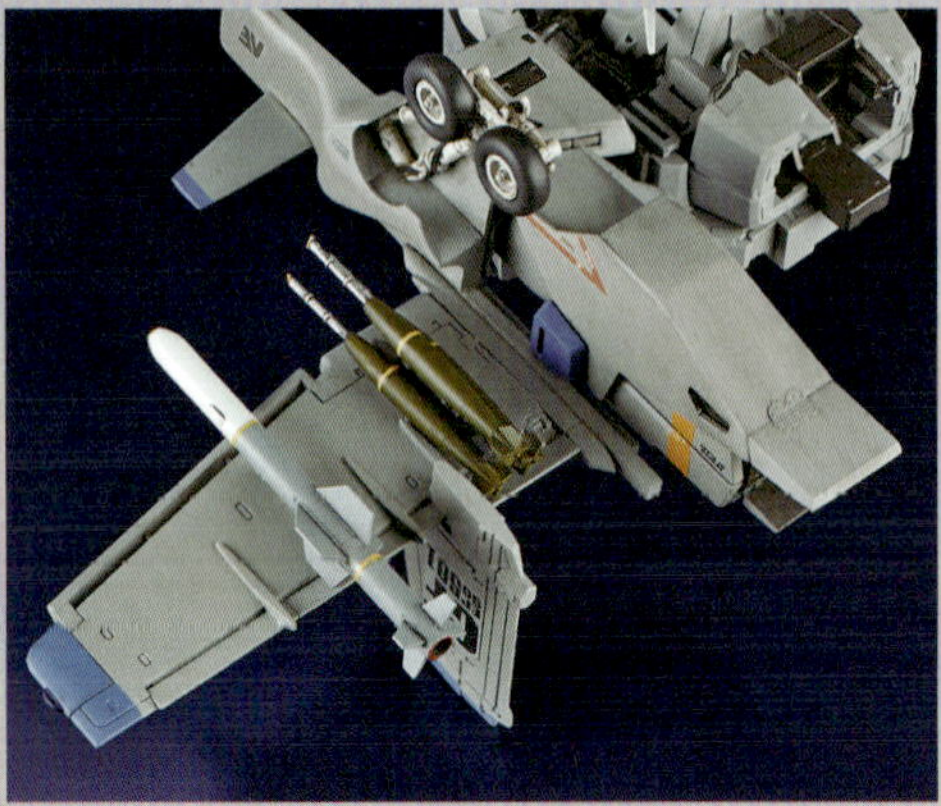

●グローブ部には手描きで蛇を描き込んだ（実際にノーズに蛇の絵を入れたA-10もあるのよ）。グローブ下部の白いユニットはレーザー目標指示装置だ

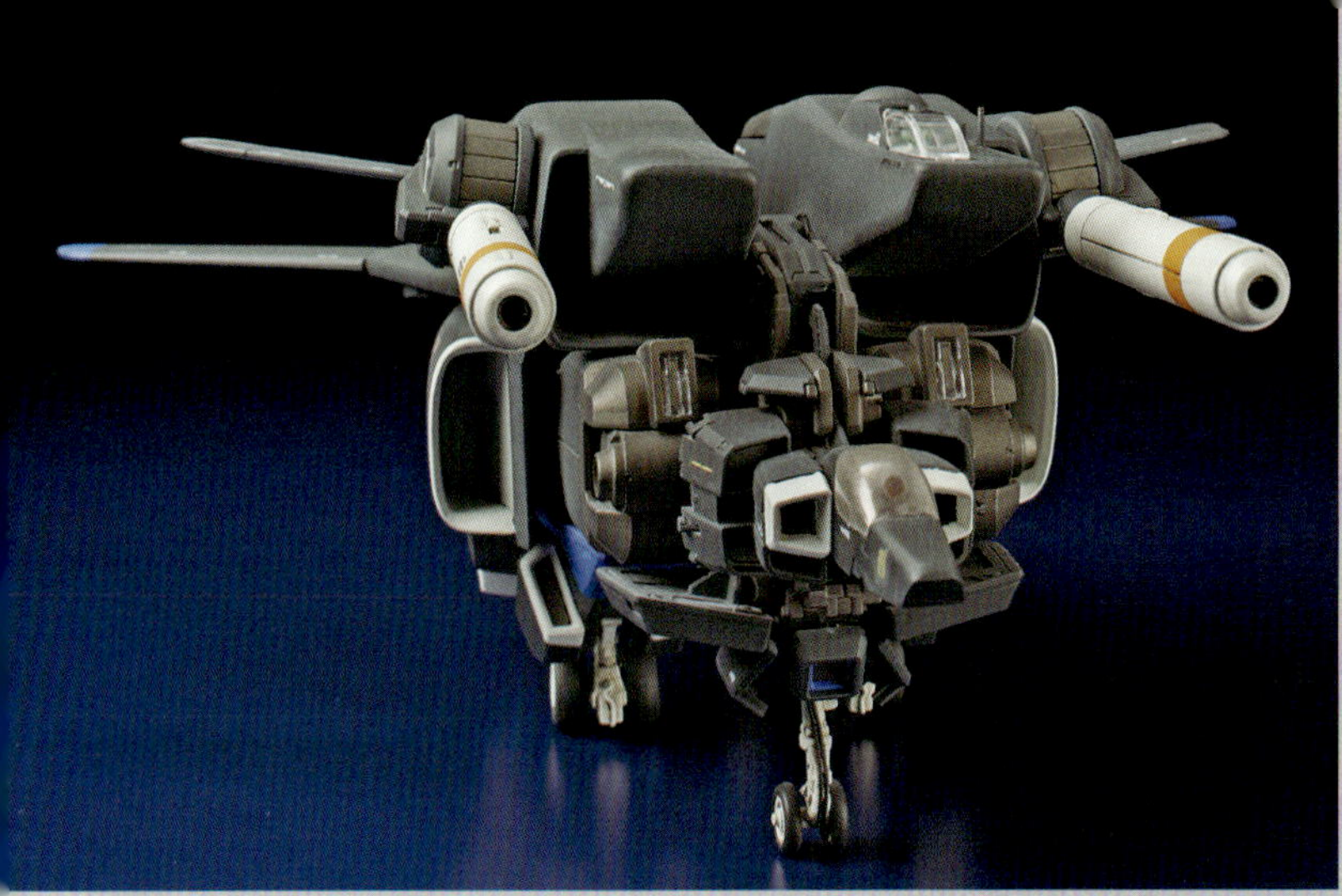

●左バックパックに移設されたコクピットの左右非対称感が新鮮に映るコア・ベース
●カラーリングはかなり濃いめのグレーに振った。上半身とは違う色合いだが、並べてみるとあまり違和感はなく、合体しても格好いいハズ。バックパック本体がほぼそのままジェットエンジンのような構造になっており、先端部の右側にミサイルポッド、左側にコクピットが付く
●コクピット部はコア・トップ製作時に切除したダブル・ビーム・ライフルをそのまま流用している。ノズルはかなり大型のものが必要だったので、1/48F-4ファントムのものを使用した。エアブレーキは可動式となっている。また、脚部側のノズルは可変ノズルとし、フィンを追加した
●脚部のインテークは同じく1/48F-4ファントムのものを使用。大きさがぴったり！　マーキングの「CF」はキャリフォルニアベース、EPは試作コード、90は会計年度、502は機体番号となっている（コア・トップは501）。ランディングギアは1/72 Su-34フルバックのものを流用

●廃止された機首コクピットには代わりにモノアイ状のカメラを搭載している

制空戦闘はZplusに任せ「ビーム襲撃」に特化

CORE-BASE+

●Aパーツとの合体時のミスでコクピットが潰れる事故をパイロットが嫌ったため、機首コクピットを廃止しバックパックに移設しているという解釈の新コア・ベース。ミサイル、爆弾はミノフスキー粒子散布下では有用ではないので、ABパーツどちらも大径ビーム砲で地上目標を狙撃する『ビーム襲撃機』と解釈した。が、機体が重いので運動性はそれなり。Zplusに援護されながら地上攻撃ミッションを行なうという想定だ

僕、作る人

POOH熊谷はこう作った。

コンセプトイラストは良くも悪くも「元キットと全然似ていない」（笑）ので、立体化の際は翻案しながらの作業となる。そこでの見極めを得意とする熊谷氏の手腕をご覧あれ

コア・トップの場合

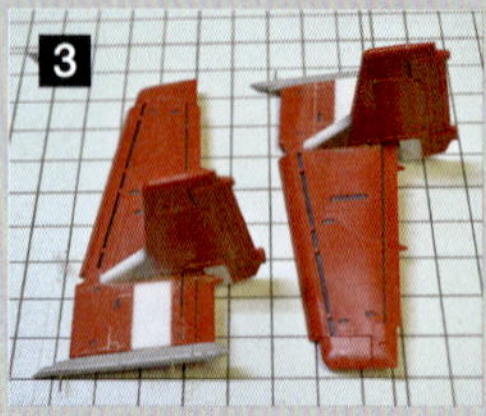

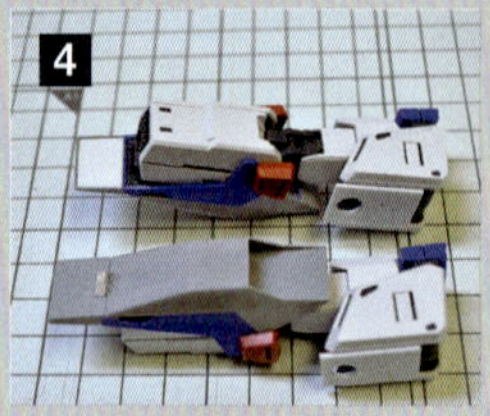

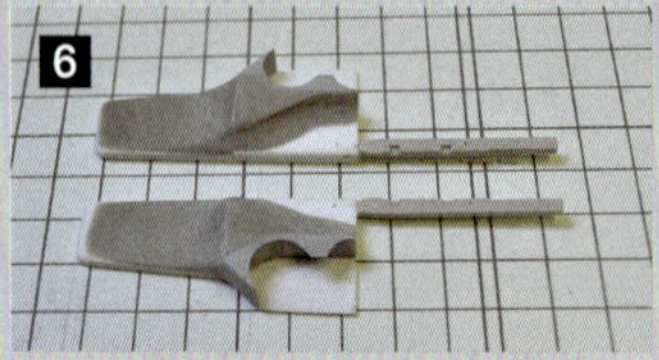

1このままでもカッコいいし飛びそうな雰囲気を醸すコア・トップ。とくに主翼はフラップとスラットが展開状態になっているというこだわりぶり
2より飛びそうに見せるため、主翼、垂直翼の見直し、取り付け位置の変更などを行なったところ
3主翼に垂直翼を直接取り付ける。隙間もプラ板で塞いで翼としてきちんと役に立つように。根本にパイロンを付けて、ここで折れるように演出
4前腕部のインテークはプラ板で製作。アーマーと一体化するバランスとしたらかなり大きくなる
5機首は短く切り詰め、先端にセンサーカメラを設置するよう開口。コクピットは胸ブロックの位置に移動しコア・ファイターのコクピットを流用
6肩の青い羽根（？）はグローブとしたので、プラ板で作り直している。形状変更したうえ、脚庫も兼ねるということにした

コア・ベースの場合

78製品はこれだけ複雑で大きなブロックをよくまとめてしっかり固定できるようにしたものだと感心しきり。ただ、この状態では重心が後ろに行き過ぎなのと、後部主翼の翼面積が小さすぎる気がした。そこは原八氏も同じ意見で、そこをなんとかする形で改修。バックパックを前方に移動させ、HGUC ゼータプラスのバインダーを主翼にして大型化。さらにカナードもプラスした。今回のいちばん大きな改造はバックパックの中身を空っぽにして前後反対に使用したこと。それに合わせてこまかい改修もしたので、この部分が最も手がかかった

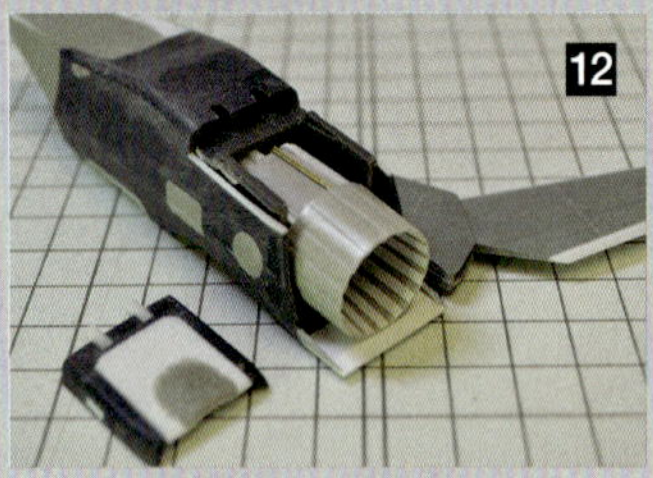

9コア・ファイターの改修。無人機になるので、センサーを入れるためにキャノピーを大型化した
1011先ほど製作したキャノピーパーツを原型に、JINTAIのバキュームフォーマーを使い透明塩ビ板を加熱して絞って製作。何回か試して成功した
12バックパックのエンジンノズルは1/48 F-4ファントムから流用。内側に短冊状のプラ板を貼ってディテールアップ。エアブレーキは左右共通なので、ひとつ製作し複製した
13バックパックは左右で機能が違うという想定。右はミサイルポッド、左はコクピット。なのでセンサー類は左に集中させている
14脚部の大型インテークもF-4ファントムから。若干形状変更しただけで見事にはまってくれた

5月の静岡ホビーショーで初めて見たこのZZは、Ver Kaの名にふさわしいプロポーションとギミックで、素直にカッコイイと思いました。なので久しぶりにガンプラ作例として本特集のお話が来たときには非常にうれしかったのですよ！ が!! フタを開けてみると「あーやっぱり俺は手足がないヤツ担当なのねー」と自分の立ち位置を思い出した次第（笑）。とはいえ、毎度となってきた東海村原八さんのイラストを立体化する作業は大変ななかにもやりがいがあり、自分に向いてるなと思えるので好きなプロジェクトです。ということで、早速届いたイラストを眺めつつ作戦を練ろうと思ったのですが、相変わらず凄いなぁ。打ち合わせでは「できるだけキットの素養を活かしつつ最小限の改造でカッコよく」じゃなかったでしたっけ？ そのままなのは「カッコよく」の部分だけでしょ。これを仕上げるには大改造が必要でしょ（笑）。でも、いままでやってきたことを顧みるとフルスクラッチビルドじゃないだけいいのか？ なんて思ったり。それにしてもホントカッコイイですよね。毎度思うのですが、こういうのを見せられちゃうと闘志が湧くというか、絵に負けない作例を作らなければ！ と思ってしまいます。

今回のキモは大気圏仕様であること。航空機要素を盛り込み、本当に飛びそうであること。そして変形合体が〝できそう〟であること（作例は実際には変形しませんのでアシカラズ）。これを踏まえてまずはコア・トップ。大きく変更されるのは主翼の形状、コクピット位置、肩のインテーク、前椀部のインテーク追加、ほか諸々。結局ほぼすべてのパーツに手が加わっています。元々腕に付いていた主翼は肩に移動。垂直翼を主翼と一体化しています。肩口の取り付け位置も変更して主翼全体が機体中央付近に来るようにしています。機体上面のインテークは三菱F-1から流用。前腕部のインテークはプラ板で自作、ダブル・ビーム・ライフルは切り詰めてコクピットを切除。代わりに胸ブロックにコクピットを追加。そして今回のキモのひとつであるランディングギアは童友社の1／100ボーイング747ルフトハンザから流用、改造しました。最後にピトー管、アンテナなどを装備して工作完了。

コア・ベースはなんというかすべてが別物なカンジ。機体バランスから機能的な部分まで違ったので、むしろ思い切りできたような気がします。原八さんと話したなかで、「コア・ベースはストライクバルキリーのイメージで」と言われていたので、わかりやすかったですね。これも大気圏仕様なので脚部に大きなインテークが付きます。また、バックパックは中身を空っぽにしてから前後逆にして加工しました。機首のコア・ファイターは無人化してセンサーカメラ等を配置。代わりにバックパック左側にコクピットを追加。これはコアトップの切除したキャビンをそのまま使用しています。主翼はHGUCゼータプラスのバインダーで、翼をひと回り大きくしてみました。ランディングギアは1／72 Su-34フルバックのものを改造して使用しました。■

MG Ver.Kaを肴に語り明かす
モデラー的ダブルゼータよもやま話

『ZZ』リアルタイム視聴世代／東海村源八（模型の王国）
後追い世代／けんたろう（若手？モデラー）
構成／MG編集部

いつまで経っても決定稿に至らず難航する主役メカのデザイン、それまでのシリーズ同様の作りを期待する視聴者を横目に陽性にシフトした序盤の作風、そして「アニメじゃない」——さまざまな要因が絡み合い、『機動戦士ガンダムZZ』という作品、そしてメカへの賛否はいまだ分かれている。そこで、放送当時シニカルにブラウン管を見つめていた東海村原八氏と、ゲームなどでZZに慣れ親しんでいる後追い世代のけんたろうの対談をセッティング。ZZ Ver.Kaの製品を触ってもらいながら、新旧世代のモデラーふたりに『ZZ』とそのデザインに対する思いの丈を存分に語ってもらうこととした。

マイ・ファースト・ダブルゼータ体験

けんたろう（以下け）　こんにちは。若年寄のけんたろうです。

東海村原八（以下東）　もうそんなに若くないんじゃ……。

け　ちょっと！（笑）。普段『ボトムズ』とかZZとか見てきたかのように語ってますけど、『ZZ』当時は2歳だったもんで。

東　最初に意識して見たロボットは何？

け　νガンダムかなあ。SDガンダム直撃世代なんすよ。リアル系ガンダムに触れたのは中学生になって以降でした。

東　当時テレビでは何をやってました？

け　『ガンダムX』が朝にトバされたころ。どちらかというと『Vガンダム』もあまり見てなくて、ビデオで初めの映画三部作あたりから順に見はじめた。ZZはゲームから入ったんで、「強くてカッコいいMS」というか強いからカッコいいと思ってた。

東　オッサン世代からすると嘲笑の対象なんですが「最強厨」？　ダンバインよりビルバインのほうが好きな層ってこと？　ストライクフリーダムの金色が大好物？

け　思い当たるところ、かなりあります（笑）。SDガンダム世代はゲームがファーストインプレッションだから、ZZは力持ちの四男みたいなイメージ。パワーキャラなんですよ。ハイ・メガ・キャノンがフィーチャーされてて、これが他のガンダムと一線を画す超強力な攻撃が放てる。そんなカンジでゲームから入ってからあとで映像観たら衝撃受けて。大気圏突入のときにZのほうが小回り利くからってジュドーがZに乗っちゃう。で、ZZはルー・ルカに回される。これが主役機の扱いかよって。

東　そこは富野っぽくてカッコイイ。最強兵器よりは現場で使いやすい兵器！　みたいなリアリティーを描いてくる。ビグ・ザムのときがわかりやすいんですけど、そんなデカブツよりリック・ドムが……みたいなね。アニメ的な大物ラスボス悪メカ否定。

け　劇中ではハイ・メガ・キャノンろくに撃たないですからね。

東　やっぱり富野監督がいやだったのかな？　そういう演出が。

け　さらに驚いたのが、Gフォートレスの形態になったのって劇中で1回だけなんですよ。変形合体するメカであるのが最大のウリだと思ってたのに。いまだったら、プラモデルが発売される週にその機体が活躍する、くらいの連動はあたりまえでしょう。

東　商品展開としては分離変形合体を前面に打ち出してはいたけれど、当時見ていた側からすると、劇中の活躍がないのがどうこう〜とは思わなかったような。当時のリアルタイムのガンダムとの接し方だと、最初に『模型情報』に設定画が何枚か出る。で、もっとこまかいのが見たいと思ったら『アニメック』。さらに『B-CLUB』も創刊して設定画がたくさん見られるようになった。「これ読めばなんでも作れる！」みたいなノリで、むしろ放映されるアニメにはあまりこだわってなかった。

け　なんでもは作れないでしょ（苦笑）。

東　そのころは、設定画にあるけれど模型に反映されてないところがまだ結構あったから、こまかいディテールを自分で考えるんじゃなくて画を元に作る感じだったんですよ。だから設定画を見た瞬間に「全部作れるじゃん」って。いまよりはるかに紙媒体が一級資料だったわけ。設定画が公開される時点ではまだアニメやっていないし、プラモデルは当然遅れて発売される。部屋にまだ自分のTVがないから、親に怒られてまで放映見なくてもいいというか「いちおうは確認しなきゃ」って気分だった。

け　はー。ボクら世代はアニメとかゲームの演出から入ってるから、ヘタすると設定画は最後まで見なかったりするかも。

東　とは言いつつ、『ZZ』はさすがに見てたかな。それで、「リアルロボット」になったガンダムを「アニメじゃない」って子供向けに戻して、「合体です！　決めポーズです!!」みたいなのに、ハイティーン層のモデラーはやれやれと思っていた。でも実際はそれを富野さんがひっくり返す。子供っぽいギミックは使わないし小馬鹿にするし……みたいなのは逆に痛快だった。

け　『ZZ』当時はおいくつでした？

東　高校3年かな。

け　高二病！（笑）

東　基本的にアニメは小馬鹿にして観てた。岡田斗司夫氏が言ってたけど、ある時期以降のオタクのスタンスは〝冷笑〟だって。それが象徴されてるのが『ハルヒ』のキョン。「やれやれ」って言ってるわりに全部わかってるみたいな、そういうスタンスがクールだと思ってた。「こんなのガンダムじゃない！」って熱く怒るんじゃなくて、「ああ、こうきましたかぁ。ハハ……。アニメじゃない？　秋元康？　やれやれ、まあでも観てやろうじゃありませんか。エルピー・プルですか。はいはい流行りのアレね……わかるわかる」みたいなスタンス。これ、改めてみるとものすごい上から目線。まさに高二病。殴ってやりたい（笑）。

け　先輩方の話を聞いていると、『ZZ』は番宣を見てまず、「げっ」となった、みたいな話を聞きますけど……。

東　その先輩熱いなー（笑）。でもまあ実際ある種の人たちはそんなカンジで雑誌の読者投稿のページでケンカしてた。

け　僕の場合ビデオで観ていったんで、当時の期待感とか閉塞感とかはわからなくて、わりとどんどん話の先を見ていっちゃった。たしかに初めのほうは『Z』までと温度差を感じなくもなかったけど、見進めるとシリアスになってくるし。最後はジュドーも世捨て人になっちゃうし、そんなに世界観に違和感なかったかなって。新番組にワクワクする時間も毎週待つ時間もないんで、エモーショナルな部分が抜け落ちちゃって等価なんですよね。受け取り方が。

東　さっきのSDとかゲームの話を聞くと、ZZに熱く怒った上の世代、ガンダムを順番に見てた人とはまあ相容れないよねぇ。それで言うと、自分とかは、近年ディジェとかガンキャノン・ディテクターで盛り上がってるのって、なにそれ感がすごい。

け　ディジェ警察！（笑）

東　「みんなそんなディジェ好きじゃなかったでしょ。ガンキャノン・ディテクターなんて『B・CLUB』にしか出てないじ

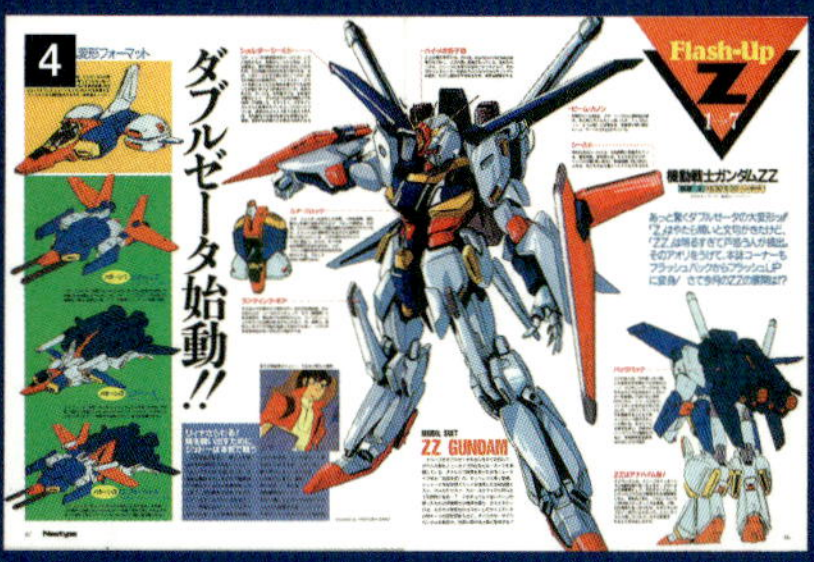

1 ゲームカルチャーにおけるZZガンダムを語るうえで『スパロボ』は外せない。家庭用ゲーム機ソフトの『スーパーロボット大戦V』でもZZガンダムは現役で参戦中。宇宙戦艦ヤマトとZZが揃い踏みという意味深なパッケージに思わず笑みがこぼれる
2 3 『ZZ』の情報発信媒体として注目を集めた『B-CLUB』。No.4では小林誠氏のZZスケッチが掲載された。初期稿デザインが表紙を飾るという、今では考えられないような事態が発生している
4 『ZZ』放送直前となるニュータイプ'86年5月号より、ようやくデザインが決定したZZガンダムの設定画＆描き下ろしイラスト。左下の画稿をよく見るとコア・トップとGフォートレスに機首がなく、ここからさらにデザイン修正作業が続いたという。それもあってか、本編でZZのMS形態がお披露目されるのは第11話まで待たねばならなかった

ゃん!」って思っちゃう。

け あはは!

東 『ZZ』はリアルタイムでは決して手放しで歓迎されたわけじゃなかったから。要するに富野監督は『ZZ』でガンダムをリセットしようとした。アニメじゃない、今度は子ども向けだって言いながら全然それができなかった、というふうに見えた。あれだけの人なのでやろうと思えば当初の路線で弾けきることもできたんでしょうが、いつもどおりの話で落とさざるをえなかったのか……って、また当時の感覚で聞いたふうなことを語り出しちゃってるので、ガンプラ寄りの話に戻しましょう。

ガンプラ界隈にとってZZとは?

け 等価ということで言うと、僕にとっては初代シリーズキットもMGもHGUCもVer Kaも等価。「ゲルググの顔はこれが正解でしょ!」みたいに言われても議論に参加できない。HGUCもMGもそれぞれいいじゃないってなるだけなんです。好きと言いつつこだわりがないんですかね。

東 波動砲にこだわり、ない?

け ハイ・メガ・キャノンですってば。

東 当時の感じだと、小林版の立体や絵もどんどん誌面に出てきてて、「モデルアート別冊から見ていた、我らが小林 誠がついに!」みたいなのもあった。

け モデラーエリート意識がすごい(笑)。

東 確か本編にZZが出てくる前は、エンディングのスポンサーカットが初期稿で、それを明貴美加先生がクリンナップして〜みたいな、メカデザイナー文脈の視点で見て語る文化だったね。雑誌に載る初期稿もみんな見てた。

け 初期稿を見ていくとZZガンダムの産みの苦しみがうかがえますね。

東 3体合体ありきっていうのは当時から明言されてたけど、変形ギミックが玩具で再現しやすい簡素なものであってほしいというのはあったんだろうね。Zガンダムは1/100で変形できるキットを発売したけど当時の技術では、苦しいプロポーションになってしまった。その反省で寝かせただけの変形にしたんだろうね。

け 当時は、ハイコン(ハイコンプリート・モデル)にしてもそうですけど、そんなにちゃんと両形態のプロポーションを再現できてる可変メカ玩具自体なかったですよね。そういう意味では、ZZは初めの1/100からかなりちゃんと変形できてる。そして、今回のVer Kaでもギミックの基本や変形後のバランスは変わっていない。航空機らしさを出すデザインの小技は比べものにならないほど効いていますけど。

東 あとやっぱり『ZZ』当時はいまよりはるかに制約が厳しかったのが、最初の1/100と今度のVer Kaのランナーの枚数を比べるとよくわかる。そんななかでのこの旧キット1/100は大金星。

け ZZのころはCGもなかったし、デザイナーが嘘をつきやすかったというか、変形前と変形後でどう考えても立体的に整合性がとれないデザインなんて普通にたくさんありましたもんね。Zガンダムは立体で両形態を両立するのがかなり難しい。HGに至っては、「変形はムリなので」ということでいっそウェイブシューターに……。

東 そうそう。こないだHGUCで発表されて「やった〜ウェイブシューター27年ぶりに再ガンプラ化だ!」って書き込み見たけど、当時はウェイブシューター糞味噌に言ってなかったか、みたいな(苦笑)。再評価といえば再評価なんだろうけど……。

線を足さない路線Ver Ka

東 バンダイのガンプラリニューアル路線って揺れるところがあるじゃないですか。アニメに寄せる時期とアレンジしたい時期があるというか。そういう意味ではMGのVer 2.0からこっちはアニメに寄せる時期なのかと思ってたら、Ver Kaのνガンダム、サザビーと一気に派手なアレンジに振ってきた。でも、今回のZZはνのサイコ・フレーム展開みたいに新設定まで考えちゃうようなバリバリのアレンジではなく、線をほとんど足さない感じ。

け それって、ZZがアレンジを入れにくいデザインだからじゃないですかね? MGって、模型独自のフレームを入れてみたりするアレンジがよくあるけれど、ZZは中身に変形ギミック満載で新しいものはほぼ入れられないじゃないですか。強化型やFAZZみたいな外側への追加はできても、中身はアレンジしにくい。

東 流石に翼には動翼を足してるけど、バックパックとかはスジ彫りも追加ない。個人的にはそのあたりがいまどきだなって思ったけど、我慢できなくてスジ彫り追加するモデラーってたくさんいるんだろうな。

け 話飛びますけど、パネルを開けたところに何があるのか全然わからないスジ彫りってダメなんですよねー、生理的に。

東 そういうこと言うと炎上するよ(笑)。

け 実物大ガンダム立像以降、とくに意味を持たせないスジ彫りをたくさん入れるのがすっかり定着した。MG RX-78 Ver 3.0とかRGはこの実物大ガンダム立像をモチーフにしているから線が多いのはわかるし納得できるんだけれど、なんでもかんでもあの密度感でラインを足してしまうのってあまり納得がいかないところもある。

東 オトナなフォローをしとくと、パネルラインが全部悪なんじゃなくて、線を足すにしても優劣があるって話なんですが、ひとまずこの製品では線が少ないのに戻してきた。ZZはもともと線が多いからRX-78と同列には語れないかもしれないけどね。

け スジ彫り=パネルラインは増えてませんけどディテールは増えてますね。これってトレンドなんでしょうか?

東 トレンドっていうよりは、カトキ先生がうまくコントロールしているんだと思う。

け そうきたか、と思ったのは頭部と顔。これ、元のZZと全然違いますよね。

東 普通のガンダム=RX-78系の「普通にカッコいい顔」になりましたね。

け アゴの赤いところの形が違うし、眉間の柱状の出っ張りがきれいさっぱりない。

東 そこ大事?

け わりと大事(笑)。

東 Ver Kaに限らないけど、アレンジするときには何を残して何を変えるかっていう判断があって、今回の眉間の柱は抜いてもいいって判断なんでしょう。

け ZZって目が離れていて全体的にワルマッチョなイメージがあって、この柱もその印象に影響してると思うんですけど、Ver Kaは柱がなくてイケメンマッチョに変身した。この思い切った変換はすごい。

東 ZZはもともとデブな顔はしてないよ。ほっぺのインテークが設定だと下すぼまりだし、側頭部のボリュームも上側に重心を取ってある。どちらかというと顔だけは元からデブ感ないかもしれない。記号や特徴の取捨選択で言うと、ZZガンダムの設定色って「弱緑」=薄い緑なんだけれど、今回は普通に色味を抜いた白だね。眉間の柱に怒ってる人はいても、「ZZは薄緑じゃないのか!」ってキレてる人は誰もいない。

け ジムとかもそうなんですけど、薄い緑は模型に塗るときいろいろ難儀なんですよねー。なんとなく気持ち悪く仕上がりやすいというか。ジムの場合は色も重要なキャラクター性なんでこだわるけれど、ガンダムの場合はいっそ白いほうがいろいろ楽なんじゃないですかね。

東 TVじゃわかんないけど、当時のアニメ誌の絵のカゲ部分はもうかなり黄緑。

け 旧キットの成型色はそれをちゃんと再現してる。HGUCでもちゃんと薄緑。でも実際に作るときは白にしちゃうかもしれない。だいたい僕はゲームとかから入ってるから、白い部分の色はRX-78もZもZZも全部同じなんですよね。同時に同じ色で登場してたから。設定画やアニメの雰囲気を再現したい気分もわかりますけど。

その〝変形〟、苦労に見合う価値はあった?

け 僕、Gフォートレスは全肯定なんです。

東 「この形になる必然性は?」とかツッコんでみたりはしない?

け 劇中で飛んでるんだから飛ぶものなんでしょって思ってる。大リーグボール2号は消える原理が先にあるから消えるんで、それ以上は考えない。あと、長細くてカッコいいみたいなところはあります。

東 変形メカ、要はロボから飛行機みたいな形に変形するメカっていろいろあって、仕事柄調べていくとわかってくるんですけど、ひとつの類型として、実際の飛行機のタテヨコ比に近づけるっていうのがある。人型のタテヨコ比は3対1くらいなんだけれど、前後方向を縮めて1・5対1くらいにする。いまの戦闘機は案外太短いというか翼の幅に対して前後長が意外と短い。このパターンの典型がZのウェイブライダーで、脚を折りたたむことで前後長さを縮めてる。バルキリーとかダイデンジンなんかもやっぱり縮めていて、脚を縮めるのは変形ロボギミックの基本メソッドなんです。

け でもZZは縮めていない。

東 「単体でGアーマー」というオーダーからきてると思うんですが、胸が開くぶんもあってロボ時よりも前後に長くなる。正直あまり好きではないんだけれど、ZZの変形では残さないといけないポイントではある。長いのを縮めると別物になっちゃう。

け エルガイムMk-IIもそうですが、このころの変形ロボって、「飛行機らしくしよう」という意志がないですよね。

東 Zでちゃんとやろうとして諦めた……んだと思う。で、ZZの場合、戦闘機ではないけれど、結果的に爆撃機には見えるっていうのはあるかもしれない。三角形じゃなくて、細い胴体の横に長い翼が伸びる〝十〟の字型の爆撃機。

け 設定だと戦闘爆撃機ですけど、実機では戦闘爆撃機=爆装した戦闘機なんで、ちょっとイメージが違うような。

東 役割分担で言うと、ウェイブライダーがスマートな戦闘機だから、Gフォートレスを爆撃機的にするのは収まりがいい。まあ、ガンダム世界の兵器の役割分担は「ガンキャノンとガンタンクってモロ被りでは?」みたいなことが多いのであまりツッコんでもしょうがないかもしれないけど。

け 爆撃機としてちゃんと描けばいいのか

もしれないけど、それだと主役メカとしてはどうなん？ っていうのは（笑）。

東 爆撃機は正義になりにくいね。グロイザーXの空爆ロボは正義にならない（笑）。

け ごん太なミサイルをラッチしてどっかんどっかんみたいなガンダム、ないわー。

分離形態がオマケじゃない

東 Ver Kaを組んでみて思ったのは、合体したGフォートレスもかっこいいといえばかっこいいんだけど、そこからバラしてA、Bパーツにすると、まとまりがよくてビックリ。模型雑誌だとまず人型形態があって合体変形プロセスと合体後の姿があって、分離後の姿ってオマケ的な扱いになりがちだけど、実際にいじってみるとそこがとてもよかった。

け まったく同感です。

東 当時は単に分けただけにしか見えなかったんだけど、ここまでやってくれると単体のメカとしておもしろがれる。それで考えたのがP73からはじまるアレンジ作例の原案。ミもフタもない言い方なんですが、Zガンダムの飛行機形態って、『センチネル』の一連のゼータプラスの見せ方でキャラクター性を確立した。確立が言い過ぎだったら、味わい方が広まった、と思っていて、そういう「お、ここもおいしいんだ！」って味付けをイメージしてます。

け なるほど。

東 じゃあGフォートレスはどうするか？ 長い胴体はチャームポイントだからそのまとすると、まずはバックパックを前に持ってきて、後ろに寄ってる重心を真ん中に。腕の赤い翼とバックパックの黒い翼が、案外面積同じで串形翼なので主従を分けたい。悩ましいけど赤い方を後ろにずらして主翼に。黒い方は小さくして尾翼。空気抵抗はこまかいパーツで処理するとして、翼の中心と重心をグッと真ん中に寄せると飛行機になる。ただ、そのとおりにラフ画を描いたら「これSガンダムじゃん！」って（笑）。

け なるほど。Gフォートレスをちゃんと飛べるように改変していくとGクルーザーになっちゃうんですね。だからGフォートレスをGフォートレスとして作るならこのままにするしかないっていう。

東 今回はひとまず分離形態はまだまだ遊べる〜というテーマなんですが、おいおい合体形態をやるときには「どれだけ変えないか勝負」みたいな感じになるかと……。

け 分離合体する意味ってなんですかね？

東 『ガンダムセンチュリー』的に理屈で解釈すると、やっぱり移動手段なのかなあ。遠くの戦線にMSをどうやって運ぶかの試行錯誤。Zはそれで飛ぶようにしてみたけれど、これは大きくて重い機体になっちゃうから分けてみた、みたいな。けんたろう君なら分離合体についてどう考える？

け 劇中でGフォートレスが一回しか登場しなかったことを考えると、Gフォートレスに欠陥があったから仕方なく分けてみたというスジ立てしかないかな……。エネルギーを食い過ぎるというような理屈なんでしょうかね。じゃあ、ふたつに分けたからって何が変わるんだ、ってツッコまれそうだけど。うーん、2機に分離できるほうが左右から攻撃できるから強そう、とか？

東 発想がゲームっぽい（笑）。最近の話題だとデーモン・コア的なのはどう？ 合体したらすごい超パワーが出てミノフスキー臨界みたいなのが起きる。だから普段はなるべく分けとく。だから合体しないとハイメガ砲が撃てない。そこまでやると完全にスーパーロボットになっちゃうか（笑）。

け 主役ロボはそれくらいでいいような。

東 主人公が合体臨界超パワーで世界を変える力を手に入れる。ついでにBパーツに乗ってるのは異世界の美少女……。あと、これもありがち案だけど、予算とか工場のシフトの都合で別々のところで作らざるを得なかった、とか。上半身はグラナダで下半身はフォン・ブラウン。競合プロジェクトだけど、予算の都合でMS1機ぶんしか作れない……みたいなグダグダ。

け この話だけで一晩続けられる（笑）。

東 由緒正しいガンダムの嗜み方ですよ。オッサンたちはこれを35年やってきたし、たぶんまだ続ける（笑）。■

5 6 1/100フルアクション ダブルゼータガンダムの頭部。顎が長くホホの締まった設定画のニュアンスを的確に捉えており当時品ながら破格の出来
7 MG ZZ Ver.Kaの頭部は柔和な顔つきになった
8 まさか発売されるとは誰も思っていなかった1/100ディジェ（'15年発売）
9 '90年発売の旧HG Zでは1/144サイズでの完全変形を見送り、構造をシンプルにしたウェイブ「シューター」という新形態を考案。当時は拒否感を示すモデラーが大勢いたが、この前HGUCでリメイクされたら案外好評だったとか（'17年プレミアムバンダイ限定販売）
10 いまはなきお台場の実物大ガンダム立像。独自要素満載で解像度はMAX

11 デンジファイターからダイデンジンへの変形過程。ロボットをタテ方向に縮めつつ、ヨコ方向に翼を広げるわずかなプロセスで飛行機らしく見えるギミックが秀逸
12 ネットミームとして有名なデーモン・コア。米ロスアラモス研究所で臨界実験に使われたプルトニウムの塊のことで、不用意な実験を繰り返した結果2度も臨界事故を引き起こし、複数の科学者の命を奪ったことから「デーモン・コア（悪魔のコア）」の名がつけられた
13 Gフォートレスのマスを整理して重心を胴体中央に寄せつつ、より飛行機らしく再構成していくと、あれ？ これってGクルーザーのレイアウトにソックリじゃーん、ということで『センチネル』は『ZZ』のカウンターだったという裏付けがまたひとつ……（笑）。
14 対談中に飛び出した、上半身と下半身はもともと別々に作られたメカだったのでは？ という話の補遺イラスト。コア・トップとコア・ベースの本来の姿……って、上半身はどう見てもキン○ジョーの円盤、下半身はガウォーク足のぬえメカっぽいカンジに（笑）

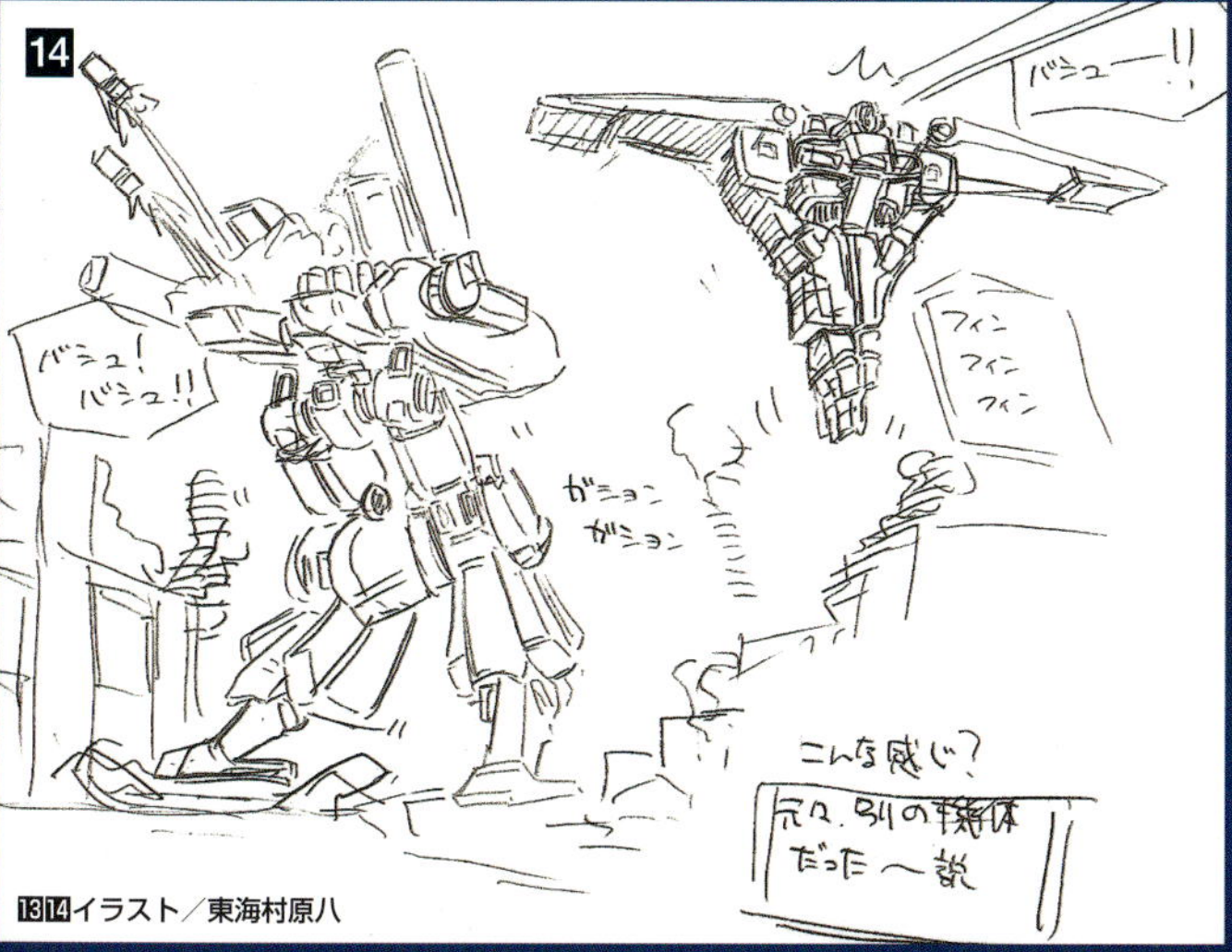

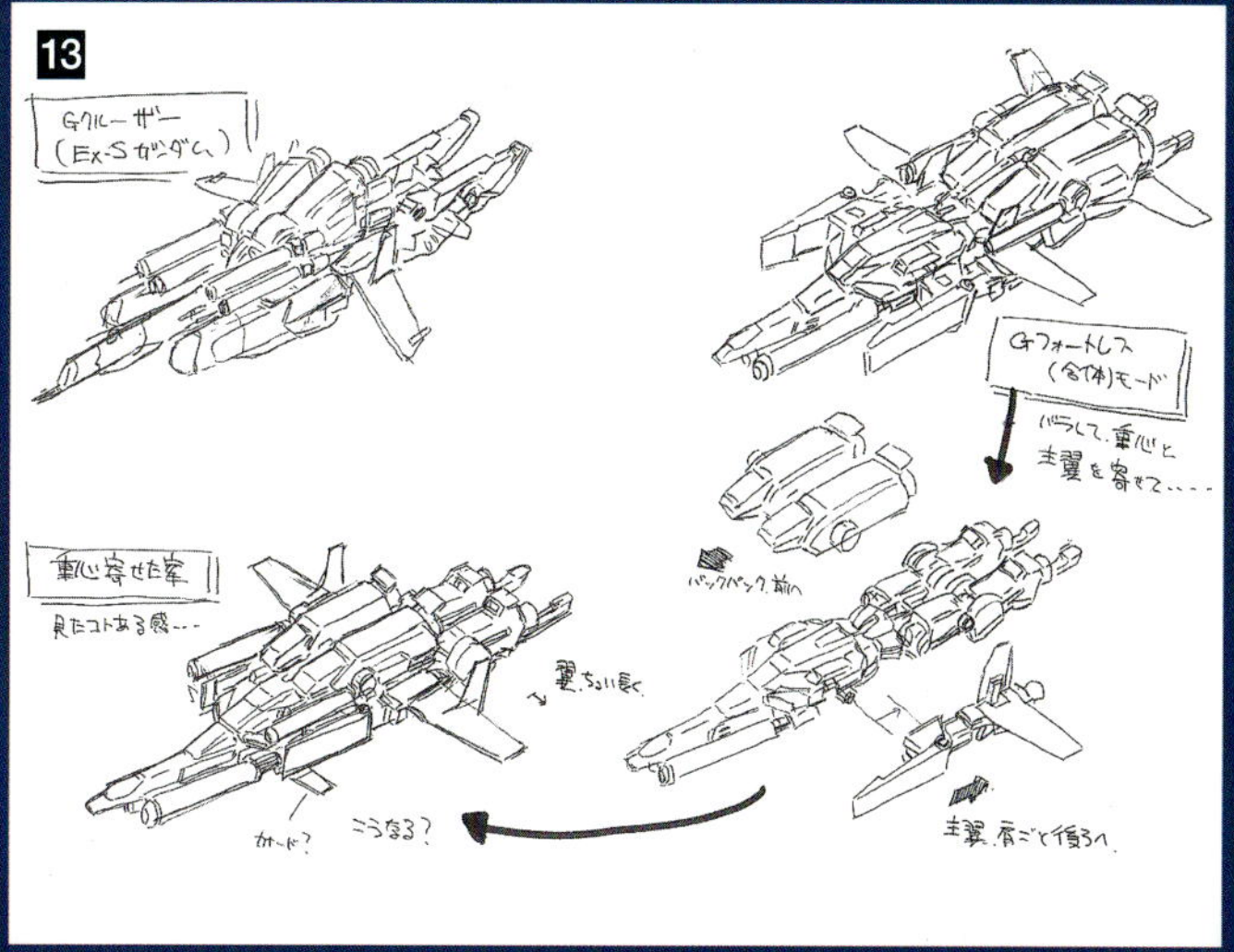

13 14 イラスト／東海村原八

HAMMA-HAMMA
AMX-103

RE/100 AMX-103 HAMMA-HAMMA
BANDAI 1/100 Injection-plastic kit
Modeled and described by NAOKI

祝！ 初1/100プラキット化 ZZのライバル機を作り込もう

MG ZZガンダム Ver.Kaと連動するカタチで発表された1/100 RE/100シリーズのハンマ・ハンマ。『ZZ』放送時に1/144キットが発売されたきりだったこの試作MSですが、製品化の機会に恵まれないMSも積極的に立体化するシリーズ「リボーンワンハンドレッド」（RE/100）ができたことで初の1/100キット化を果たしました！　今回はモデラー視点で製品の細部を小アレンジ。シャープで力強いフォルムを目指しました。

AMX-103 ハンマ・ハンマ
BANDAI SPIRITS　1/100
RE/100シリーズ
インジェクションプラスチックキット
発売中　税込4860円
出典／『機動戦士ガンダムZZ』
製作・文／NAOKI

Model Graphix
2017年12月号
掲載

R2750
SC101

●キットはアニメ設定画の異形のイメージをとてもよく立体化しており、ハンマ・ハンマの立体としては出色の出来。ただ、元デザインがよくいえば独創的、悪くいうとオンリーワンすぎるので、作例は一年戦争のジオン軍～『逆シャア』時のネオ・ジオン軍に至るまでのMS開発系譜における過渡期的な機体に見えるようにデザインを整理するコンセプトで製作した

●各部バランスを調整することで、正面からのシルエットを大きく変えることなく若干の「ジオンMSらしさ」を付与していく。頭部はザクのような形状に変更。背部にはMGサザビーからプロペラントタンクを追加している。また上腕や足首などには各種ジャンクパーツでメカフレームを造形し、立体的な見せ場とした。
●フロントアーマーは設定的には下端が外側に向かって下がる形状（正面から見てハの字になる）が正しいのだが、既存のMS観からすると少し違和感があったので、左右逆に付け替えている
●本来武器は持たない機体だが、今回はジャイアント・バズをMG高機動型ザクⅡVer.2.0から流用。華奢な外見の機体がゴツくてシンプルな武器を持つと思いのほかよく似合う！　また製品を２個用意して盾を両手に装備可能とした。絞り込んだ自作ウェストブロックとあいまって、ちょっとフィルモアのＭＨっぽい……

RE／100は『ZZ』のためにある……!?

もちろんＲＥ／１００「リボーンワンハンドレッド」は『ＺＺ』をガンプラ化するためだけのブランド／グレードではないのだが、こんなに『ＺＺ』のＭＳにマッチするブランドもないのではないだろうか。

マスターグレードは、その進化が進むことでパーツ数の増大と高価格化が進んできた。そのためあまり人気がないＭＳのＭＧ化はなかなか難しい状況になってきつつあるようだ。そこで、１／１００でありながら内蔵フレームをなくすなどによりパーツ数を押さえ、購入しやすい＝商品化しやすいように配慮しているＲＥ／１００の出番となる。放映当時ですらキット化が果たせなかったものを数多く擁するＺＺのＭＳには、まさにうってつけとも言えるコンセプトと言えるだろう。

モデラーにとっては、ほかにもメリットがある。それは改造工作がしやすいということ。内蔵フレームやギミック類がみっちり詰まっていないので、プロポーションやディテールに手を入れやすい。本作例のような作り込みをしたい場合、ＲＥ／１００はおあつらえ向きの素材となるのだ。■

▲▶バウ（赤、緑）とハンマ・ハンマの1/100を輩出しているRE/100。この調子でいけば、クィン・マンサの1/100化も決して夢物語ではない……？（笑）

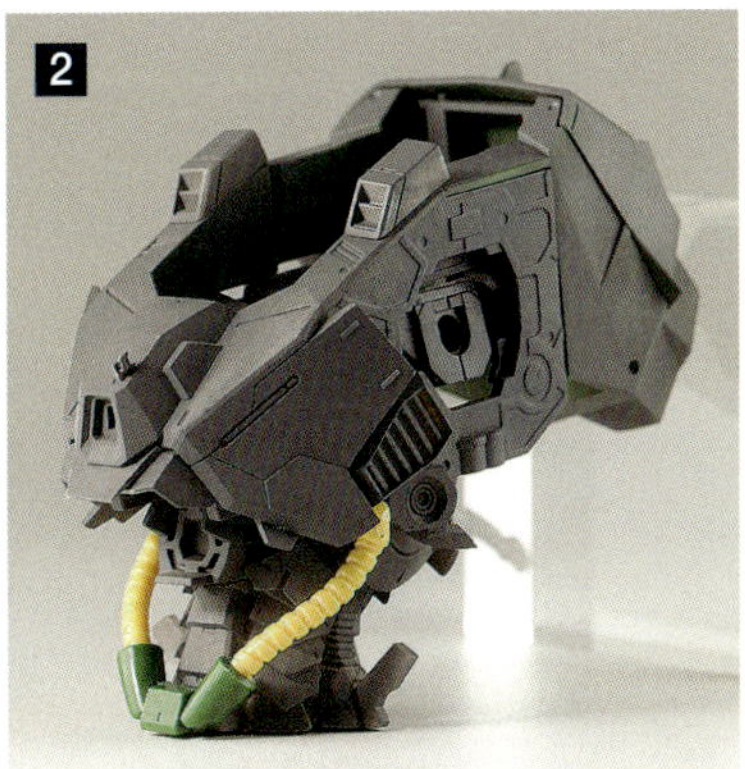

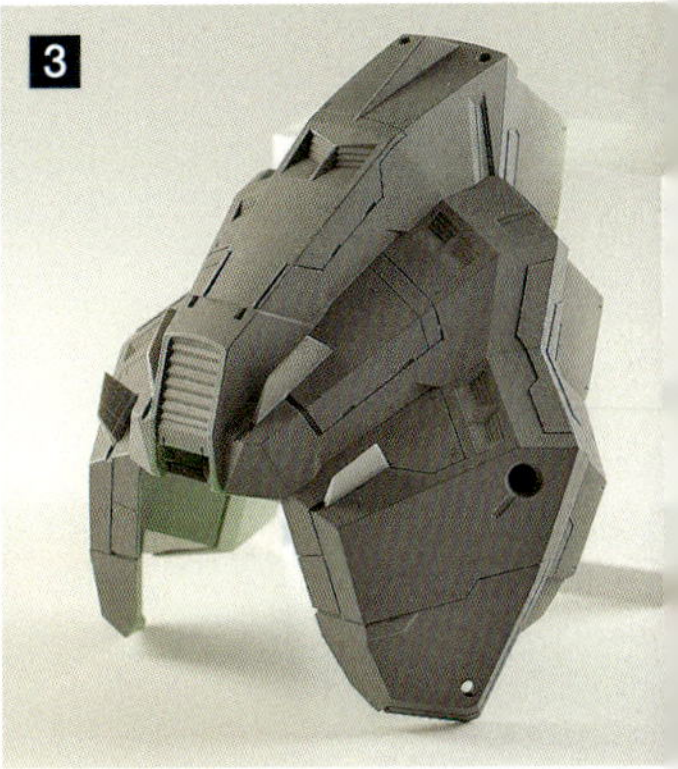

ポイントを見極めて キットパーツから大胆に置き換え

1 頭部はモノアイスリットを短く狭くしてみたり頭部曲面を弄変更したりして、ザクの開発系譜の延長線にあるかもしれない形状に小アレンジしている
2 腹は以前製作したキュベレイの複製部品に置換。製品よりもさらに腹を絞り込んだ
3 肩アーマー自体の形状は変えずに、モールドを彫り込んだりフィンを刺したりして独自にディテールを追加。目立つ部分なので各種ディテールは入念に入れ込んだ
4 股間部はジャンクパーツを利用してディテールを追加するとともに、関節軸自体を外側に数㎜オフセット。これによりプロポーションに安定感が出る
5 足首は形状を変えるのではなく、アンクルアーマーの取り付け位置と角度を変更、MG百式のスネパーツを中心としたジャンクパーツで足首部分のメカを一節増やしてそこにアンクルアーマーを取り付けるとともに、脚部自体を長めに変更して全体のスタイルを整理している
6 上腕部はキットの蛇腹パーツからジャンクパーツを中心にしたむき出しのメカフレームに丸ごと変更。開発途中の試作MS≒ジオングを彷彿とさせるテイストと、リアル風メカとしての説得力を持たせている

さて今回はRE／100よりハンマ・ハンマです。ラインナップの予想がつかないワクワク感がいいですねー、RE／100シリーズ。ハンマ・ハンマも設定から逸脱し過ぎずサイズ感に適したアレンジやディテールが好印象なキットです。

今回の作例は、キットレビューというよりもキットアレンジの延長線上にある、自分好みのさらなるアレンジという方向性で製作してみました。ハンマ・ハンマをはじめとする第一次ネオ・ジオン戦争時のネオジオン系MSってわりと系譜の見えづらい怪物系MSが多い印象で（とくに初期）、キットもそれをうまく反映していると思うのですが、今回は怪物は怪物なんだけれど、流れ（系譜）のなかにある怪物というか、もう少し地に足のついた人型機動兵器感（笑）を意識してみようかなと。

まず頭部。設定に似ていて分割も秀逸。ですが上記コンセプトからモノアイスリットを短くするなどしてザクを彷彿とさせる形状にしてみました。そうやって見てみるとこの流れの先にザクⅢが見えてこなくもない……カンジになった気がします。

胴体は好みの問題で頭部が埋没して見えるように胸部のバランス、形状を変更、腹部形状はよくよく見ているとなんとなくキュベレイに見えなくもない……ので、以前別の機会に製作したキュベレイの腹部の複製を調整して使用しています。意外とハマった感があり個人的なお気に入りポイント。

そしていちばんのポイント、「（宇宙世紀的な）地に足のついた人型機動兵器感」を演出するために06Rのジャイアント・バズを持たせてみました。「サイコミュやビーム兵器が主流となる時代でも威嚇や牽制としての実弾兵器の有効性はそれなりにあるんじゃないか？」「単機の戦闘力が重要視される（とくに初期の）ハマーン軍では、単機あたりの武装は多ければ多いに越したことはないんじゃないか？」みたいな台所事情を鑑みると、3本爪のMSがジャイアント・バズを持っているのもアリなんじゃないかなと。ですがそんなことは後付けの自己肯定で、いちばんはただただ見え様が新鮮そうだし絶対カッコいいので持たせてみたかったという単純な理由です（笑）。

脚部は股関節の間幅を拡げています。これでだいぶプロポーションに安定感が出ます。余談ですが、プロポーションを変更する際に四肢を延長するよりもその取り付けタイミングで調整するほうが全体のバランスとしてうまくいく場合が多いです。そして足首のベタ足感（これも設定的には正解です）を解消して全体のバランスを調整したかったので、足首の形状を変えるのではなくアンクルアーマーの取り付け位置と角度を変更、ジャンクパーツで足首部分のメカを一節増やしてそこに取り付け、脚部自体の長さも調整しています。

◆塗装

カラーリングも先述のコンセプトから、カラー指定の彩度の高いグリーン系から、落ち着いたジオン系MSのカーキ系に変更してみました。というわけで素材としてはMG以上の可能性を秘めたRE／100シリーズ。いろいろ自作するのも一興です！

それではまた♪ ■

AMX-103
HAMMA-HAMMA

Model Graphix
2018年1月号
掲載

30th Anniversary Special!! Tribute ZZ

FULL-SCRATCH BUILD 1/100 AMX-011S ZAKUIII CUSTOM

●HGUCと並べて。ザクⅢ改って、きちんと作るとこんなにカッコイイMSなのだ！

『機動戦士Zガンダム』『ガンダムZZ』から30年。この2作に登場する機体群は本誌的にも見逃せないモチーフ揃いなので、メカデザインの再評価を兼ねて不定期立体化企画「トリビュートZ/ZZ」を始動！　未だ色褪せない珠玉のデザイン群を本誌モデラーたちがリコメンドしていきます。連載第一弾となる今回はいきなりの大作、1/100ザクⅢ改！　人気の割にはキット化に恵まれない機体なので、気合を入れてスクラッチビルドしました。『ZZ』は終わらないっ！

「もし1/100で発売されたら……」
各種MG製品を芯に作る“仮想MG”ザクⅢ改

▲塗装前の状態。元となったMG製品の面影がかなり残されているのがわかる。頭や肩、足首の甲はMGハイザック、モモはMGドム、腰部やスネのフレアなどにはMGサザビーを芯に工作されている。製品が存在しない機体を自作する場合、むやみにプラ板を貼り合わせたりパテ団子をこねがちだが、(金銭的な負担は大きいが)既製品から「似ている」パーツを少しずつ持ち寄り、それを組み合わせるほうが確実に作れる場合も多いのだ
●作例はゲージとなった各MG製品の関節機構をほぼそのまま残しているため自由に動かすことができる。フロントアーマーのビームキャノンも展開可能、MGサザビーから拝借した全指可動タイプの手首でグリップを保持することができる
●どこをクローズアップしても破綻のない、ほぼ理想的なザクⅢのバランスを実現している

AMX-011S ザクⅢ改
1/100　セミスクラッチビルド
出典／『機動戦士ガンダムZZ』
製作・文／フリークショウ

30th Anniversary Special!! Tribute ZZ

AMX-011S ZAKUIII CUSTOM

●重戦用MS・ザクⅢは交換兵装を重視した通常型MSの集大成として設計されたため、膨大なオプションが存在。マシュマー・セロ用に調整されたものは「ザクⅢ改」もしくは「ザクⅢ マシュマーカスタム」と呼称される。本機はビーム・ライフルを長射程大出力のものに換装し、左ショルダーアーマー先端にハイド・ボンブ投下機を搭載。また約8倍に増量されたプロペラントタンクを有するバックパック及び、スラスター付きリアスカートの交換によって、ケタ外れの推力を誇る怪物級MSとして仕上がった

●ザクⅢ改は名機「ザク」の名を冠する機体ながらあまり製品化に恵まれていない。放送当時に1/144ザクⅢが発売されたが「改」は未発売、ようやく'99年にHGUC化を果たしている。しかし、1/100では未だに「ザクⅢ」系統はガンプラになっていない。リック・ドムのようなバランスの下半身は、ザクの汎用性を継承しつつも重武装、高機動を追求した結果だとわかる秀逸なデザインだが、1/100で自作する場合、そのボリューム再現は非常に難しい。そこで作例はMGサザビー、MGドムなどのジオン系MG製品を総動員。芯となるパーツを持ち寄り、それをゲージに調整することでザクⅢのシルエットを構築した。「MGで発売されたらこんなカンジ？」という模型的説得力を狙うため、とくにシルエットはこだわりをもって精密に造形されている

流用パーツを適材適所で使い分け、ザクⅢに再構成

●頭部はMGハイザックをもとに、MGギラ・ドーガのヒザ外装を移植して前後に長く整形。口元は設定画を参考に長さや角度を修正。ハイザックの頭部ギミックはそのまま残されているので、額カバー（ネオジム磁石で固定）を外すとモノアイの可動ダイヤルが顔をのぞかせる
●胸部のコックピットカバーはMG ZZガンダムのソールパーツを幅増しして成型。カバーを開けるとMGサザビーから流用した内部の球体コクピットを見られるようにしているが、完成してみると思ったほど見えず（苦笑）
●左肩スパイクアーマーはMGハイザックのものを大型化。スパイクはMGマラサイから。アーマー先端から投下される宇宙機雷・ハイド・ボンブは劇中未使用だったが、射出口形状から円盤型の機雷が入っていると解釈してディテールを入れている。展開状態の機雷も用意した
●フロントアーマー内蔵式のビーム・キャノン。設定上はバレル部を取り外してビーム・サーベルとするのだが、起倒式のサイドグリップがそのままサーベルグリップになると解釈してギミックをアレンジしている
●かかとはMGサザビーを使い、ヒール部分の展開設定も再現。足首とモモ基部の関節は、MGシナンジュVer.KaのABS関節を流用した
●長大なリアスカートは、HGUCガザCに付属するベースの台座部分がピッタリサイズ！ サイドアーマーと接する部分や厚みなど、わずかな調整で仕上げている。長いぶん表側から見るとかなり目立つ裏側は、ジャンクパーツを詰め込んでメカディテールを追加。サザビーやシナンジュの同部位にも似た意匠にまとめており、本機がジオン系の開発系譜の途上にあることを暗喩している。表の十字状のレリーフは1/100インパルスガンダムのシールドの十字マークを削り込んで再現している

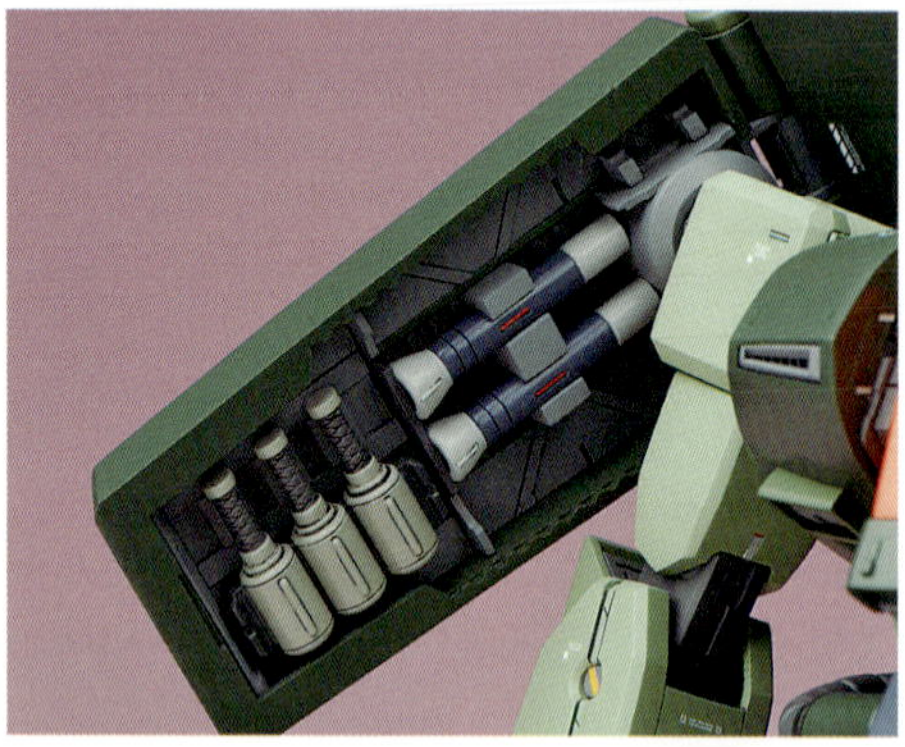

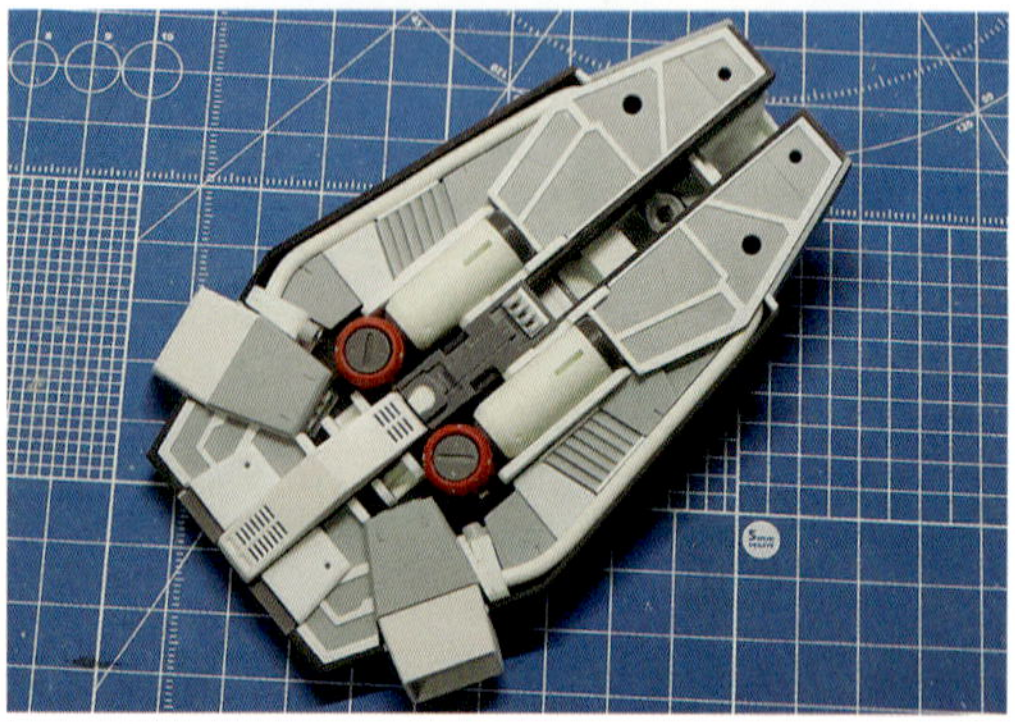

1胸部はMGギラ・ドーガがベース。肩口の左右ブロックにはMGマラサイのパーツを貼り足してボリュームアップ。ギラ・ドーガの引き出し式肩関節はそのまま活かしている
2肩ブロックはMGグフVer.2.0を使用。上腕はMGストライクフリーダムガンダムの前腕パーツ（！）から、前腕はMG ZZガンダムの背部ミサイルコンテナから外装を作り、関節はMGストライク、MGマラサイなどのパーツで構成されている
3スネはMGサザビーを芯にエポキシパテで造形。ソール部はMGハイザックのものを幅増ししている。モモはMGドムがベースだが、もうひとつMGリックドムを用意しニコイチで長さと幅を増した
4ビーム・ライフルはHGUC Zガンダムのメガランチャーを素材に、後部のドラム状パーツはHGUCギラ・ドーガのバックパックから流用。砲身はウェーブのG・タンクを使い、砲口はMGサザビー Ver.Kaのロングライフルのパーツを組み合わせている
5MGギラ・ドーガから作られている右肩シールド。裏側に収納するクラッカーはMGリ・ガズィから流用した

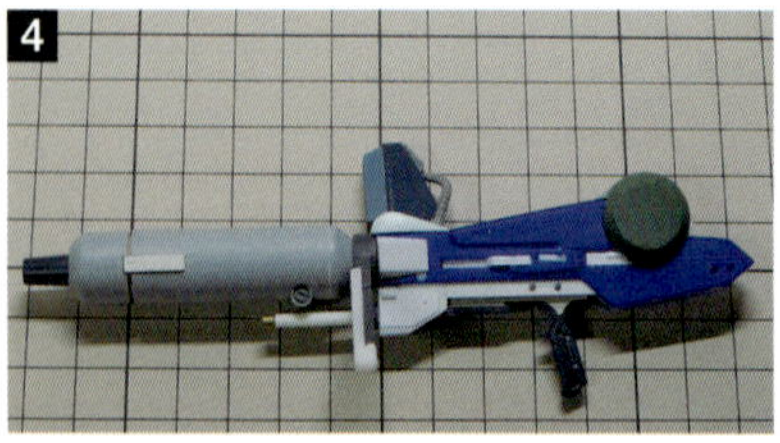

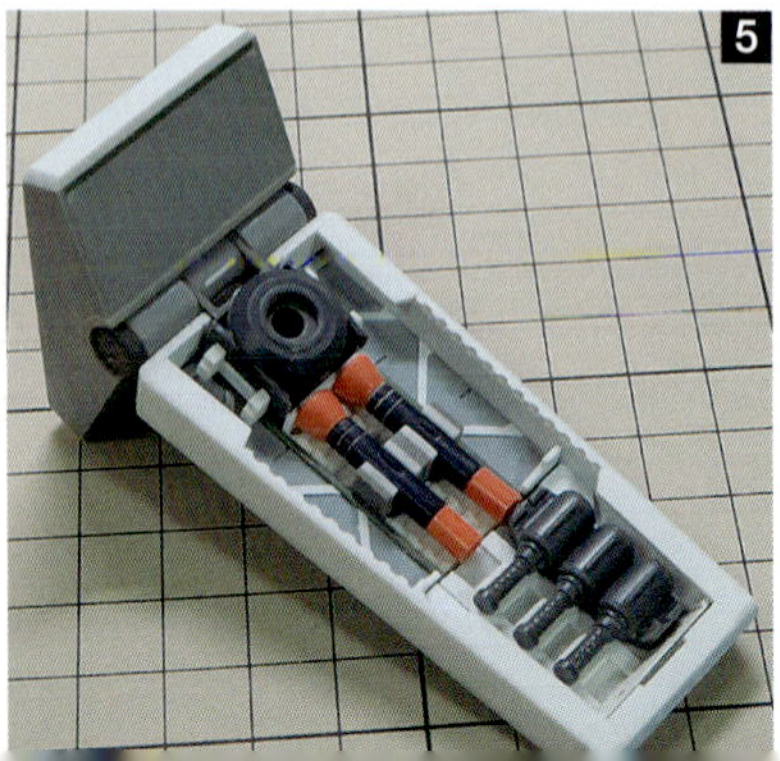

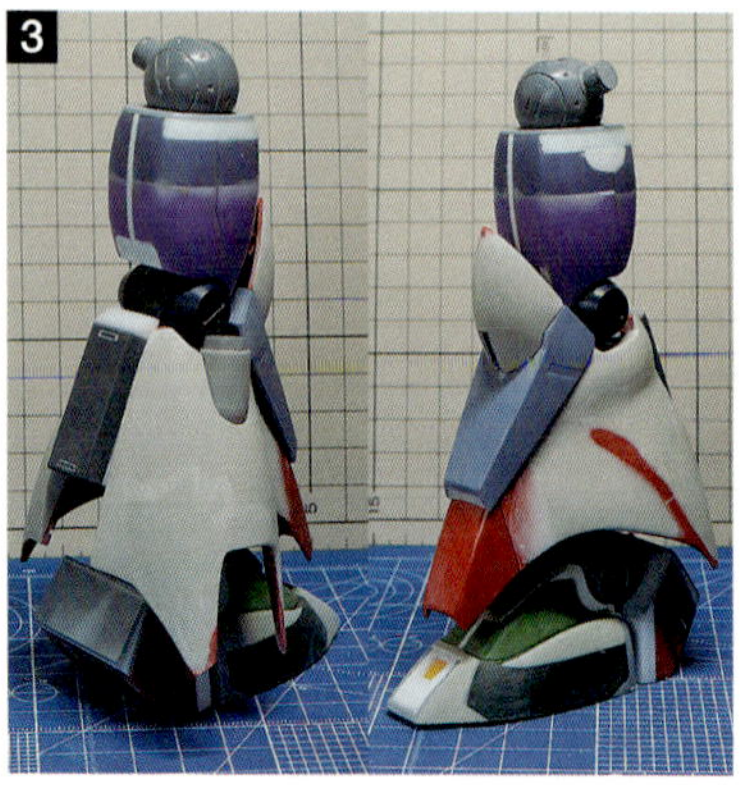

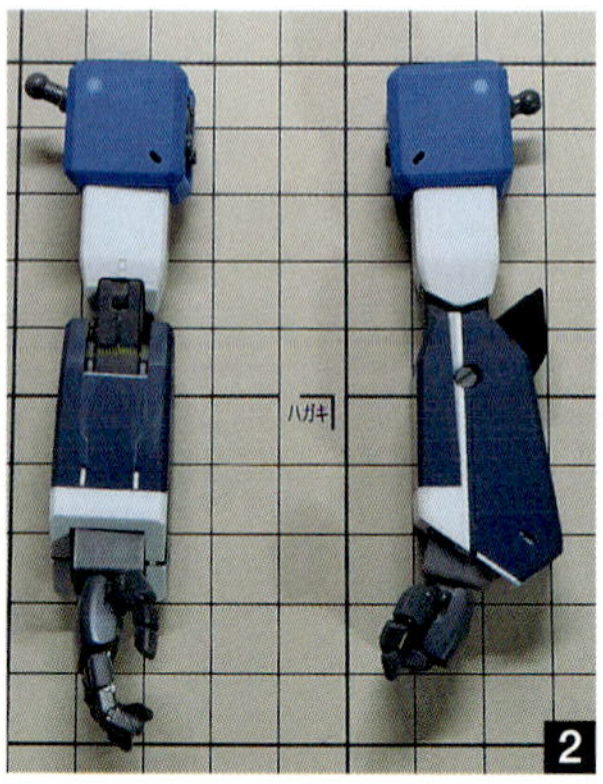

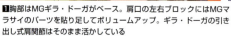

1/100 Full-Scratch Build
Modeled and described by Freakshow

AMX-011S ZAKUIII CUSTOM

読者の皆様、お久しぶりです……といっても、本作のお話を初めにいただいたのはもう1年前。「『ZZ』の放送30周年を祝うために、1／100でなにか大物を……」というオーダーでした。せっかくの機会なので「いつか作りたい大物リスト」に秘かに入れていたザクⅢ改に挑戦しました。

私の製作手法はもっぱらミキシングビルド方式なので、まず各部のベースとなるパーツ探しからはじめます。HGUCのキットや設定画を見ながら、「アウトラインが似ているか」「改修で狙った形状に近づけやすいか」よりも「基本構造が同じ系統か」を基準に選んでいきます。候補に選んだパーツをテープで仮止めするなどして組み合わせ、接続方法や改修の方向性を充分に検討してから、実際の作業に入っていきます。

◆製作

脚部がいちばんの難関でした。ヒザから下はドムかゲルググを使う予定だったのですが、ふと思いついて旧MGサザビーをベースに選択。Ver Kaのサザビーよりスマートな脚部ボリュームが21m級のザクⅢ改に合うのでは？　という直感と、構造が単純で改造しやすいのが理由です。ただ、スネのフレア部は結局エポキシパテで大きく形状変更することになりましたが……。

腰も脚部と同じくMGサザビーがベース。フロントアーマーはプラ板で形を出し、設定とは少し違いますがビーム・キャノンを水平に構えることが可能です。サイドアーマーはHGUCサザビーのスネパーツを分割して、位置や角度を変えて貼り合わせてエポキシパテで形を整えています。

リアスカートはプラ板で作る予定でしたが、なにげなくHGUCガザCに付属するベースを当ててみるとこれがピッタリ！　裏側はシナンジュやサザビーのリアスカートを参考にジャンクパーツでデコレート。サブジェネレーターや放熱の機能もあるのでは……などと妄想した結果、やや暴走気味の見た目になってしまいました。

バックパックのプロペラントタンクはMGサザビーVer Kaから。中央の丸いユニットはMGゲルググVer 1・0のモモの前後パーツをくっつけて形状出し。左右のブロックはMGリ・ガズィの前腕パーツです。少し丸みを帯びた形状が、この時期のネオジオン機にはなじむ気がします。

全体のディテールについては昨今のハイディテール化の傾向に合わせるべきか迷いましたが、劇中の印象を重視して「設定+スケールに見合う最低限の情報量」というあたりに落ち着きました。マイ定番のカラーチップのほか長円形のディテールを要所に配置しています。

◆塗装

ガイアノーツの「ダグラムカラー」を主に使いました。ミリタリー系の色は半ツヤの塗料が多いなか、このシリーズは光沢なのでスミ入れやデカール貼りが楽でいいですね。無表記のものはガイアノーツ、（F）はフィニッシャーズです。

○緑1／ダグラムカラー モスグリーン
○緑2／同ダークグリーン2＋EXホワイト
○赤／バーチャロンカラー レッドピンク
○ダークブルー1／スーパーディープブルー（F）＋同ピュアホワイト
○ダークブルー2／ダークブルー1＋同ピュアブラック

ミキシングビルドによる製作の利点は、早い段階である程度形になった立体物が目の前に現れることだと思います。プラ板やパテで0から形を作っていくのはハードルが高いと感じる私のような人間でも、立体物を眺めて検討すれば「ここを変えれば設定に近づく」「ここのバランスがおかしいので修正しよう」といったポイントが見えてきます。そこからの過程はキットを改造するのと基本的に変わりません。

複数のキットパーツを使うのは贅沢に感じるかもしれませんが、余ったパーツは次の作品に使えばいいんです。実際、今回新規に買った製品はありません。部品注文はしましたが、ほとんどが過去作の余剰パーツで構成されています。

本作例が少しでも「キットが存在しない機体を作りたいけど、ハードルが高そう……」という方の参考になれば幸いです。それでは楽しいミキシングモデリングライフを！　■

NEO ZEON

NEO-ZEON ATTACK USE PROTOTYPE TRANSFORMABLE MOBILE SUIT

●これまで製品化機会に恵まれなかった機体も積極的に1/100キット化していく「REBORN-ONE HUNDRED」（RE/100）シリーズ第６弾にして初の分離、変形機構を採用した製品だ。バウの模型としては'00年発売のHGUC版が先行しているが、折りたたみ式で長く伸ばせる機首や、胴体で分離する設計にもかかわらず左右にスイングできる腰、ガッチリロックされる変形後の各パーツなど本製品特有の進化が目覚ましい。「いまの技術なら、このサイズならばここまで精密にできるのか！」という驚きに満ちているのだ。作るべし！

AMX-107
BAWOO

1/100の「理想のバウ」を探る。

AMX-107 バウ
BANDAI SPIRITS　1/100
RE/100シリーズ
インジェクションプラスチックキット
発売中　税込3780円
出典／『機動戦士ガンダムZZ』
製作・文／**TA2-YA**

Model Graphix
2017年6月号
掲載

恐竜的進化を遂げた大型でド派手な『ZZ』のMSはどうしても立体化機会に恵まれないもの……というのは完全に過去の話。近年は『機動戦士ガンダムUC』の影響もあってZZ系MSの再評価が進み、ついにバウが完全新規設計、しかも1/100スケールでキット化されるに到りました（そして1/100ハンマ・ハンマまでも！）。こんなにうれしいことはない!!　そこで、分離／合体ギミックなど魅力的な機能を有する1/100版バウをレビューにて検証いたします

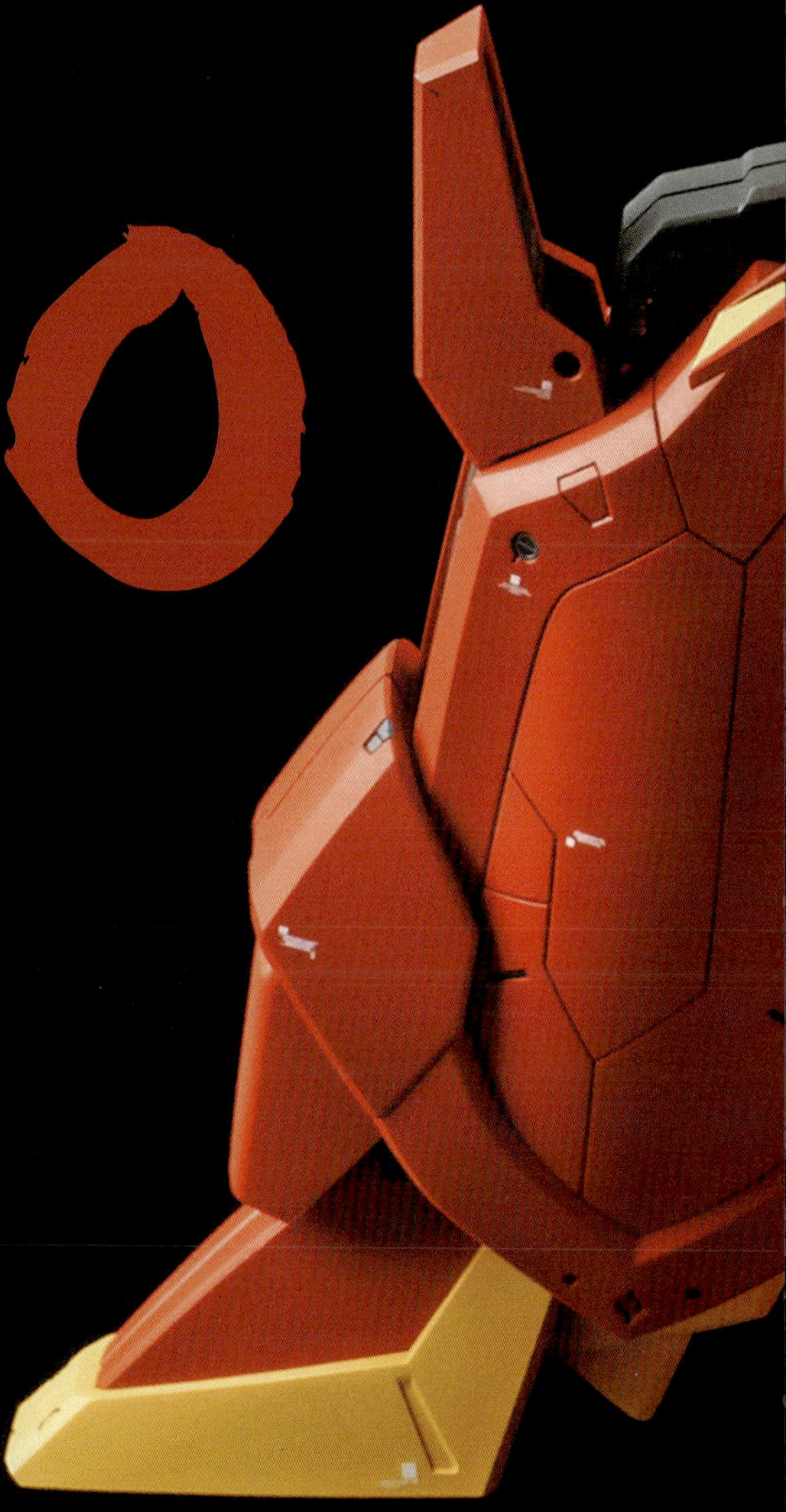

AMX-107
BAWOO

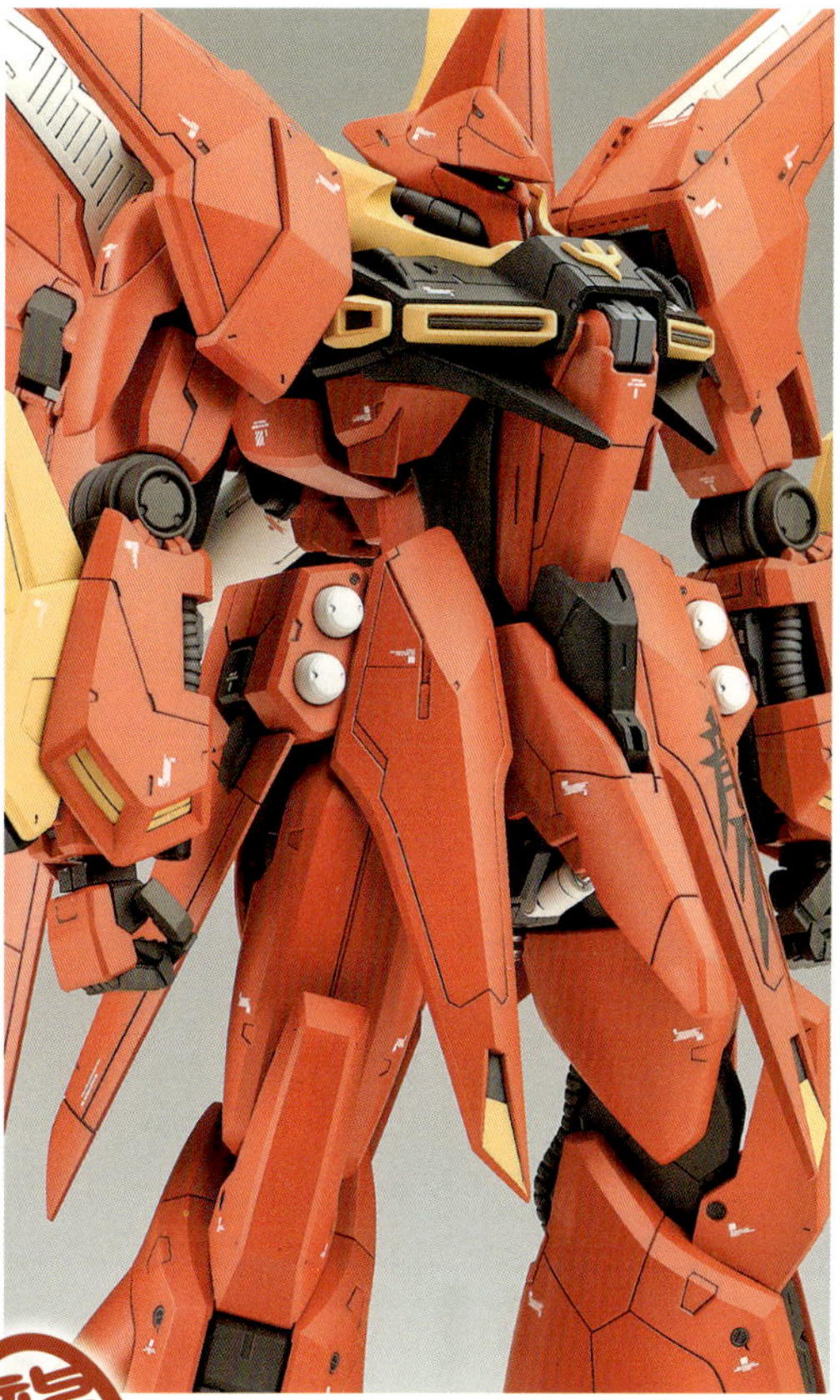

●肩アーマーの胴体側の面はスリット状モールドにアレンジされているが、少し大味なので、作例はスリットを削り取り、プラ板でフレーム状ディテールを新設
●成型都合からくるパーツの厚みを薄く加工、肉抜きなど省略されている部分も徹底的に埋め、素性のよい製品をさらにブラッシュアップした

一筆入魂!! 作例の「龍飛」はプロ書家による作なのだ！

縦に「龍飛」と書いて「バウ」と読む（富野監督のアイディアらしい）。これはやはり、ネオ・ジオン工廠の現場ではスタッフたちにより魂の毛筆書き入れが行なわれていたに違いない……！　と、いうことで今回の作例ではプロ書家、宇津木千響氏に依頼。ここに魂を込めないようでは、まさに「画龍飛《バウ》点睛を欠く」というもの！　この幅2㎝余りのスペースに込められた、ネオ・ジオン魂のモヂカラを感じ取ってほしい。

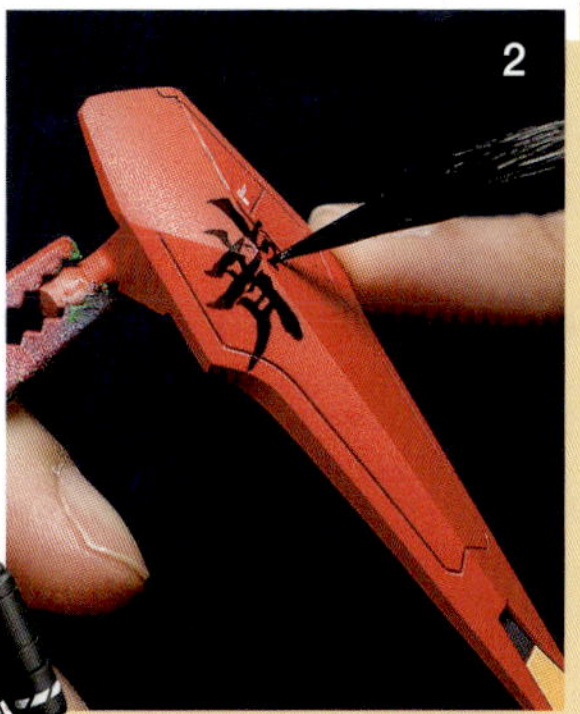

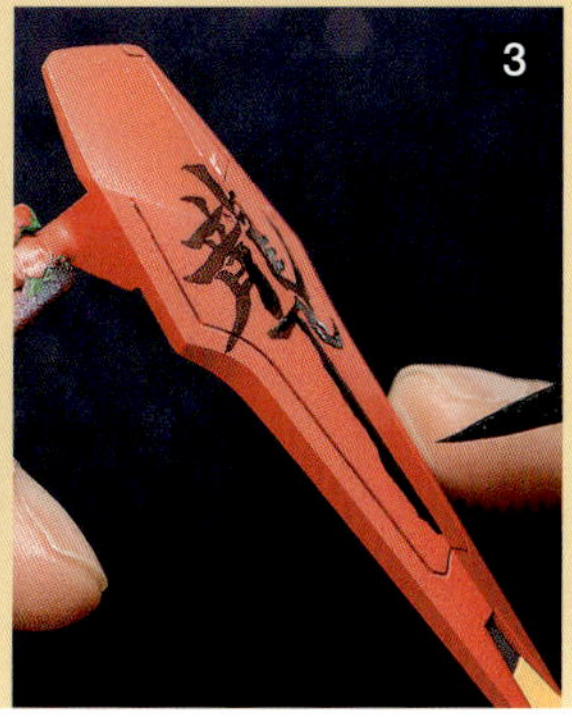

1写真右が製品のシールを貼った状態、左が設定画。一目瞭然、製品は小ぎれいにまとめられているがインパクトには欠けるのだ
23ただ、設定画も字として書かれているのではなく「デザインとして文字を入れている」ものなので、トメやハネは本来の「書」と違う。まずは紙に下書きしてアレンジ書体を研究。イメージできたら、ツヤ消しクリアーを吹いたフロントアーマーの上にリキテックスを含ませた毛筆で書いていく（表面がツヤ消しでザラついていないとリキテックスがのらない）。平面でないところに字を書く作業は見た目以上に難易度が高いのだが、それでも筆が迷わずよれないのは流石と言うしかない。「飛」の下端も末端部を尖らせるよう、大胆な筆運びを工夫している
4ムラができてしまったが、慌てずリタッチ。迫力のある極上の「龍飛」が完成!!

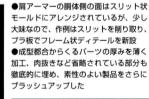

▼▶パチ組みと作例（写真右）、製作途中（写真下）。色分けの徹底や合わせ目を目立たなくする工夫がされているため、パチ組みでもカッコいいバウが手に入る。作例も全体プロポーションは製品に準じたが、胴体を延長＆フンドシを前方に突き出すなどの工作により、よりメリハリの効いた体躯に調整している

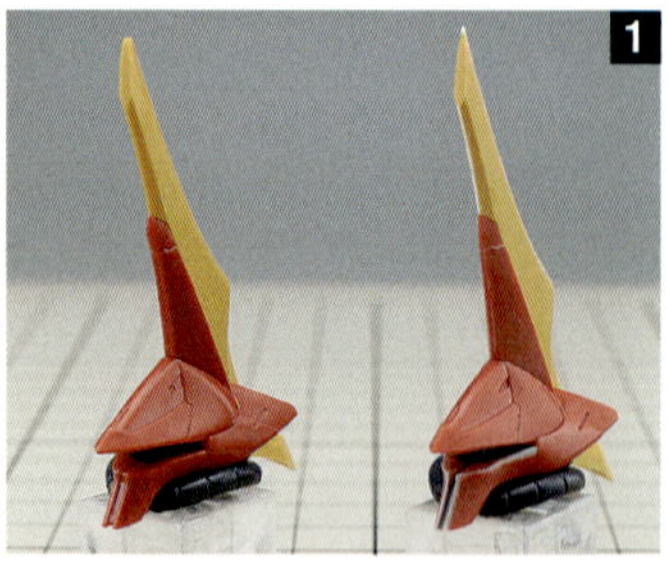

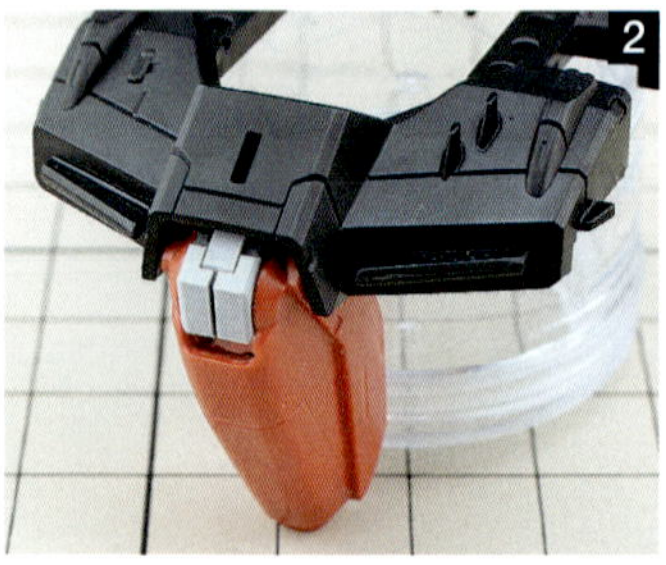

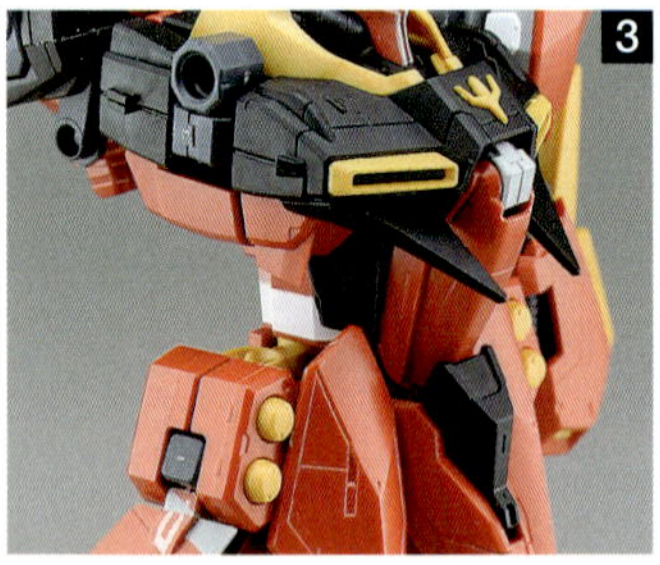

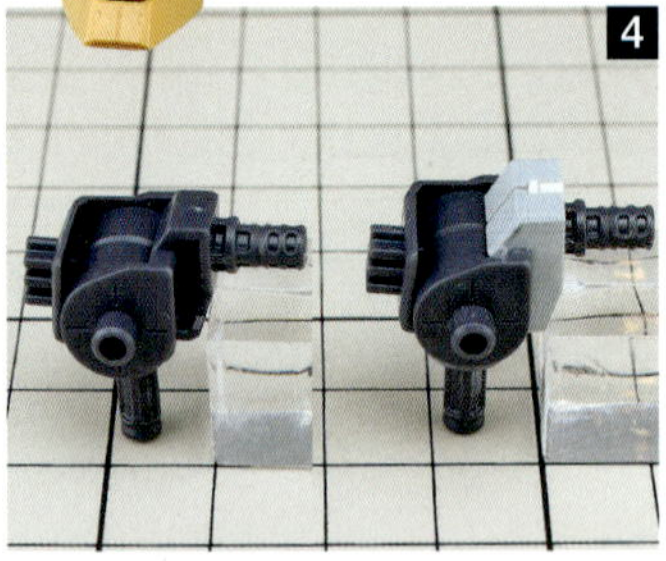

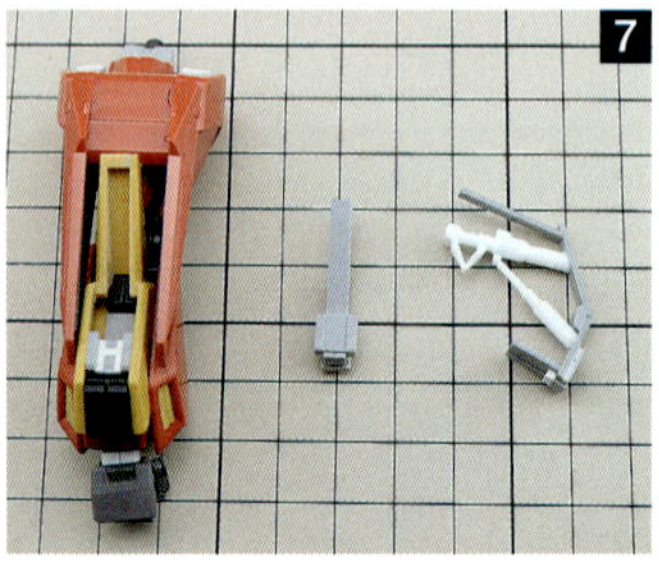

1頭部はプラ板を貼り込んで目尻に角度を付けて目つきを悪くし、顎は段落ち部分をいったん削り取り端部をシャープに整形。トサカの端には細切りプラ板を貼って鋭くした
2コクピットの上部フレームはZの形状を参考にプラ板で新造
3寸胴に見えがちなため腹部で５㎜延長
4肩関節は肉抜き部をプラ板で囲っている
56胴の延長にあわせフロントアーマーと股間ブロックの付け根を上に移設。切り取った股間基部にはくさび状にプラ板を挟むことで前に突き出るようにしシリンダー状ディテールを追加。フロントアーマー裏は裏打ちしプラ板でトラス状のディテールを追加
78ヒジとライフルに着陸脚を装着。ハセガワ1/72 VF-25からランディングギアを拝借し、ネオジム磁石で差し替え可能にした

1/100SCALE AMX-107 BAWOO

ＲＥ／１００シリーズ初の可変機、バウです。製品では小気味よいディテールが追加されており、ＺＺ時代のＭＳらしいボリューム感も相まって素組みでも非常に満足度の高いキットです。仮組みしてみたところ、個人的に少々ずんぐりした印象を抱きましたので、リバウから逆算したイメージで、スリムなプロポーションとなるよう調整していきます。省略されている箇所を想像しながら改修を加えました。

◆製作

全般にやっていることですが、とくに頭部は全体的にエッジを立てて設定画の鋭い顔に近付ける工作をしています。

胴は、下半身のボリュームに対して寸胴に見えるため腹部で５㎜延長しました。それに合わせてフロントアーマーとフンドシブロックを上に移設しています。これで上半身が伸びると同時に、太ももを長く見せることができます。コクピットブロックの露出フレーム部は少々そっけないので、プラ板工作で「動きそう」な形にしてみました。

下半身、腹部となるバウ・ナッターの機首には合体用の切り欠きがありますが、見栄えと塗装剥げ防止のため埋めてしまい、上半身側の固定ピンも切り飛ばしました。これでも上半身がぐらつくことはないので、塗装後も変形合体を楽しみたい方はピンを切り飛ばしてもよいでしょう。

腕は、上腕の付け根で１・５㎜延長。また前腕の関節と、前腕内側に収納されたビーム・サーベル周りがあっさりしているので、カバーとサーベルのロック機構風のディテールをこま切りにしたプラ板で追加しました。拳は好みでキットより小さめのハイディテールマニピュレーター１／１００連邦用を使用しています。

脚部は、ヒザ関節が鳥足気味になるようモモとヒザ関節が干渉する部分を削り込みます。ヒザアーマーが小さく感じたため側面に０・５㎜プラ板を貼り大型化。ふくらはぎ側面のノズルは形状が甘いのでくり抜いて市販パーツに置き換え、アキレス腱あたりのスラスターは一段ごとにプラ板でディ

BAWOO ATTACKER & BAWOO NUTTER

●空力的アプローチが（比較的）盛り込まれたバウ・アタッカー。現用戦闘機のキットからミサイルなどを移植してやるとより映えてくれる

●1800kgのペイロードを有し、それ自体がミサイルとして運用されるというバウ・ナッターは消耗品のためランディングギア非装備と解釈。破損したら投棄し、上半身だけで母艦に帰投するのだろう

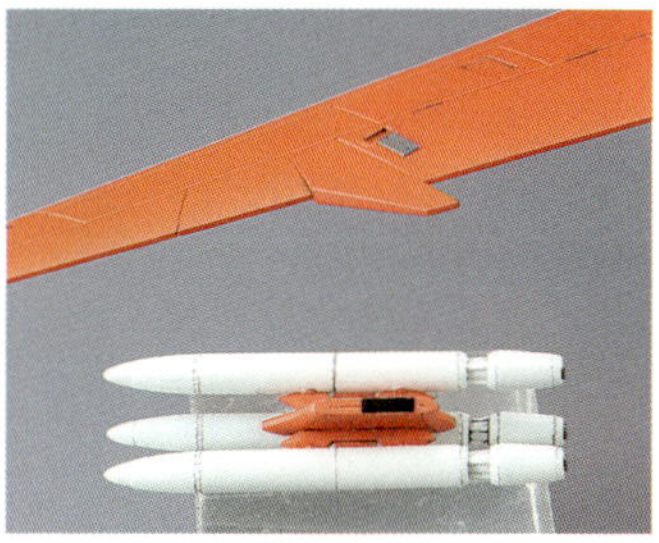

●アタッカー主翼に懸架するミサイルは、製品だとクリップ式で主翼を後ろから挟むかたちで装備するのだが、いくらなんでも……ということで磁石で吊り下げる方式に変更。ミサイルもハセガワ 1/72 VF-25からパイロンごと移植
●どうやらランディングギアの設定が不明瞭なので、肘部とライフル下部の３箇所から主脚を下ろすという独自解釈を盛り込んだ。他製品から流用した降着装置パーツは若干タイヤが大きい気もするが、雰囲気重視ということで……

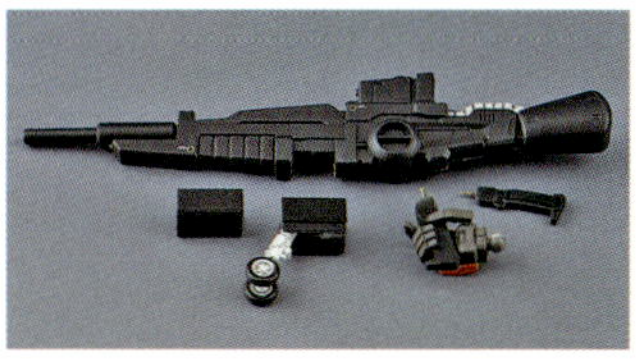

テールを追加しました。
足首は関節構造が独特なので、スネから足首と繋がるラインが揃っていません。そこでパーツＣ６の軸受け部分を右足側は１・５㎜削り込み、左足側は１・５㎜スペーサーを噛ませて足首を外側にオフセットすることで改善しています。
武装です。ライフルのストックが前腕と干渉して正面に構えられないので、切り離して角度を変更。シールドのメガ粒子砲は側面の２箇所が成型の都合で真円になっていないので、キットパーツをもう１個用意して真円の砲口を移植しました。盾と腕との接続はネオジム磁石に変更しています。

◆若干の航空機らしさを

調べましたが、バウの着陸脚の設定を見つけられませんでした。人的資源の乏しいネオ・ジオンのことですから、パイロットは必ず回収したいはず。少なくとも有人のアタッカーにはランディングギアがあるはずと考え、ヒジとライフルからランディングギアが展開するような仕組みを作ってみました。サイズが近いハセガワ１／72 ＶＦ-25のキットからランディングギアやミサイルなどを流用することで、ガッチリした剛性を確保＆お手軽に実在感を高めています。

◆塗装

設定の配色は派手過ぎる印象があるので、バウらしさを損なわない程度に黄色の面積を減らしています。表記のないものはガイアノーツ ガイアカラーを使用。（Ｃ）はＧＳＩクレオス Ｍｒカラーです。
○朱色／（Ｃ）クリムゾンジェム70％＋焔朱30％＋ピュアブラック 少量
○黄色／マイルドオレンジ
○黒／ピュアブラック80％＋ミッドナイトブルー20％
○白／ウォームホワイト
○関節／メカサフ ヘヴィー50％＋（Ｃ）マホガニー50％
○濃いグレー／メカサフヘヴィー
○薄いグレー／ニュートラルグレー２
○バーニア等／スターブライトアイアン ■

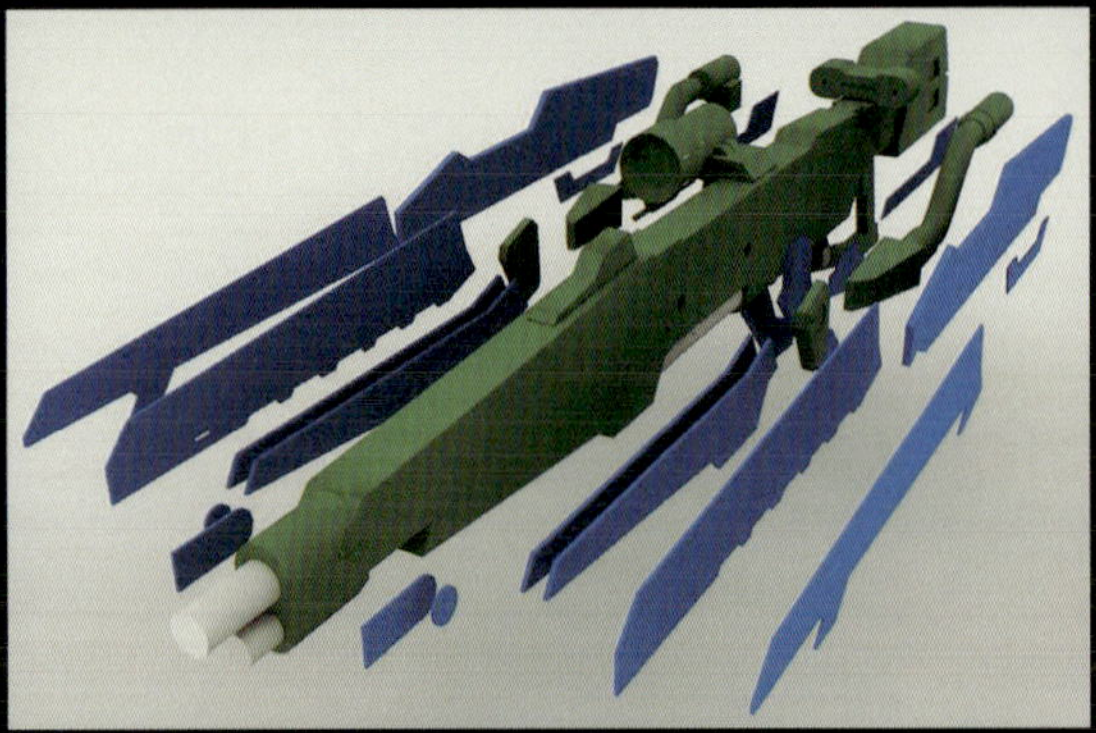

▲ロング・メガ・バスターを例にした概念図。緑色の部分が3Dプリンタによる出力パーツ、青い部分はカッティングプロッタでプラ板を切り出して貼り付ける部分だ。立体出力パーツをおおまかな芯として使うことで、精度を上げつつ時短にも繋げている

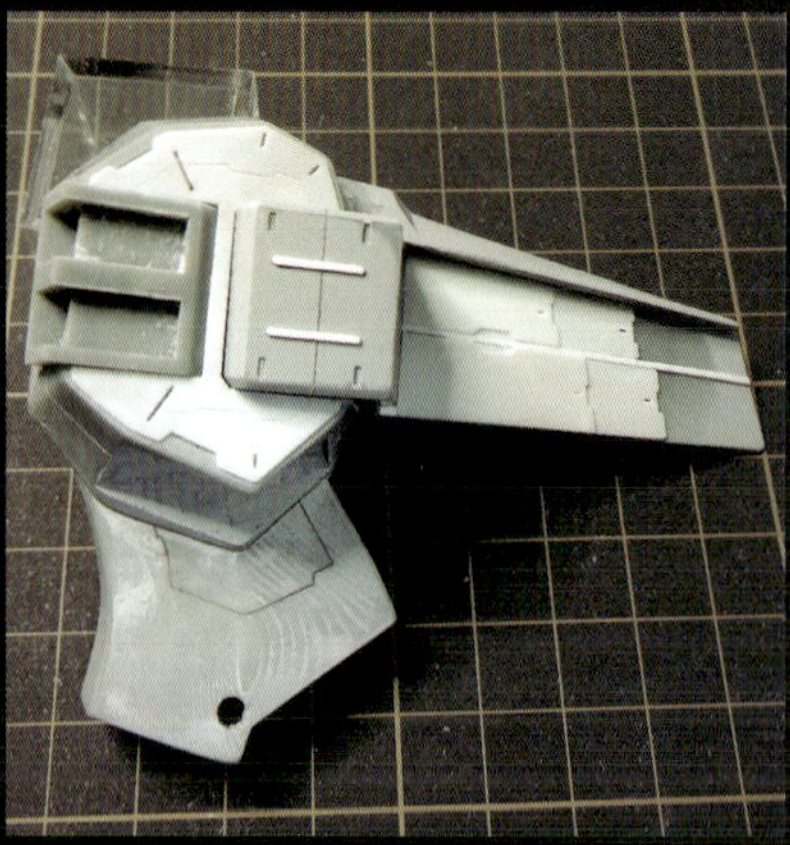

▲3Dプリンタによる出力は樹脂を積み上げて出力物を作っていく工程の都合上、積層痕と呼ばれる段差ができる。そのためこまかいディテールはモデリングしても潰れてしまうため、別途プラ板を貼ったりスジ彫りを施すことで表現する

フルアーマー百式改といえば、市販品ではカトキハジメデザインによるGFF（GUNDAM FIX FIGURATION）での立体化がメジャーですが、今回は原点である『M-MSV』版をモチーフに立体化。デジタルモデリングを駆使することで、百式改を元にしつつまったく異なるその重厚なシルエットに挑戦！

Model Graphix
2017年4/5月号
掲載

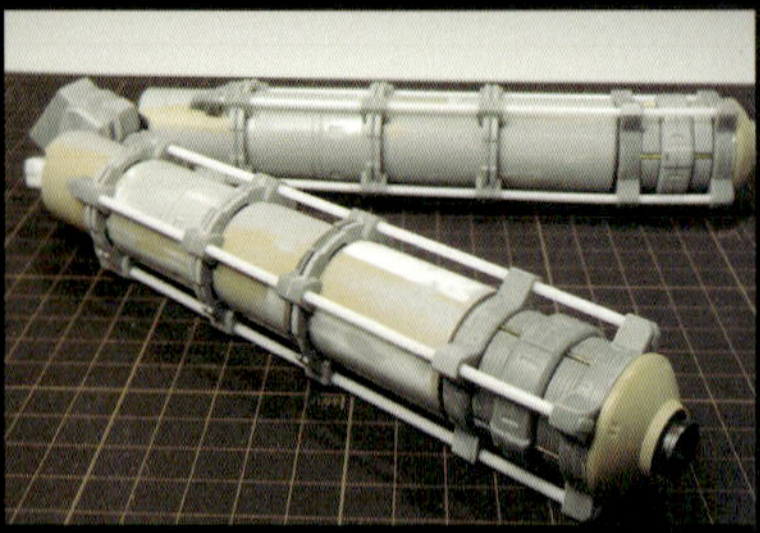

▶プロペラントタンクは、ガンダムコレクションの1／400α・アジールのものをベースにしている。後方のグレーのパーツは3Dプリントパーツ

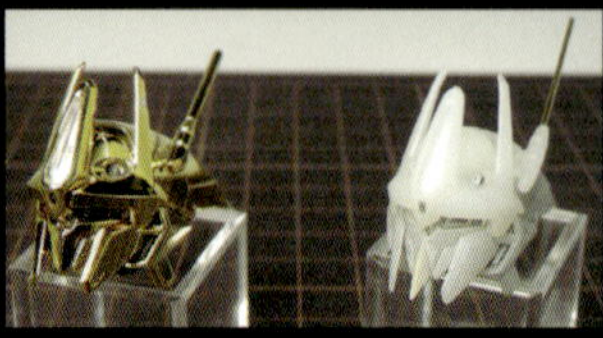

◀フェイス部は設定画ではZ系のガンダム顔だったので、エポキシパテでアゴを追加。瞳やセンサー部にはラピーテープを使用した

百改 FA-100S

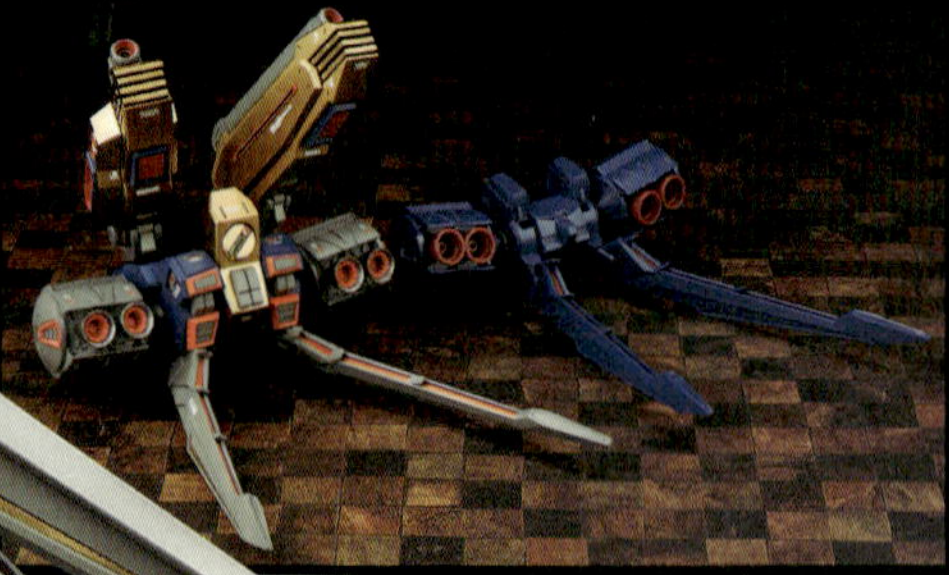

▲作例とMG百式改のバックパックの比較。基部となるパーツは使ってないし、そのボリュームの差も圧倒的！

フルアーマー百式改
BANDAI SPIRITS
1/100
インジェクション
プラスチックキット
「MG百式改」改造
プレミアムバンダイ
限定販売
税込1万800円
出典／『M-MSV』
製作・文／**Takuya**

※本作例に関する記述は模型製作のための考証です。公式設定ではありません

▶上半身に比べて下半身のボリュームの少なさを補うため、大型プロペラントタンクを新たに製作。本体を支える役目も持つ
▼ロング・メガ・バスターとシールドは設定画にも書かれている装備。これらもデジタルモデリングを用いて製作。シールド表面やリフレクターパネルに書かれた「百改」の文字はキットにもデカールが付属しているのだが、より荒々しい字体をAdobe Illustratorで作図してマスキング塗装した

▶プラパイプで製作したビーム・キャノンは設定どおりに展開・伸縮が可能。リフレクターパネルを倒してから使用する

●もっとも有名な前方からの設定画では手ぶらのFA百式改だが、手持ちの武装としてはロング・メガ・バスターとシールドが設定されている。さらに百式のビーム・ライフルとクレイ・バズーカを加えフルアーマー機体らしい重装備を可能とした

大盛りフル装備で原点を超える重厚さを

▲背部にはクレイ・バズーカを2丁装備させてみた。「でもこんなに身体がゴッチャリしてたら腕が届かないじゃん！」と思われるかもしれないが、接続部を立ち上げることで前方へ射撃体勢を取ることが可能となっている

●本体を中心に、増設装備や武装が放射状に伸びていく……。美しさのなかに破壊力を伴った危うさを秘めた、得も言われぬシルエットが形成されているのが伝わるだろうか……。早い話がカッコイー！　ってことです

FA-100S

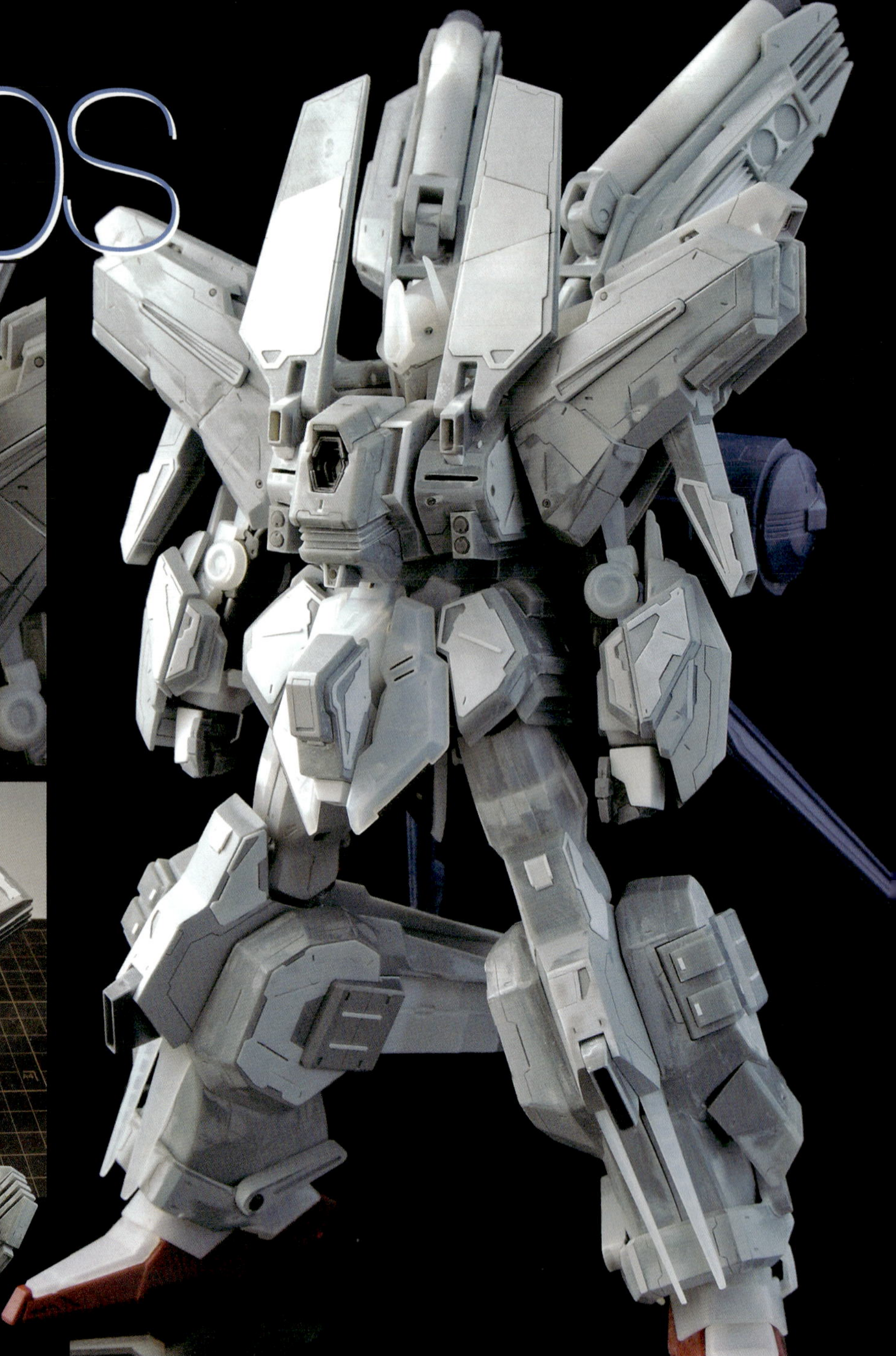

●フルアーマー百式改の立体物としてメジャーな塗装済み完成品フィギュア『GUNDAM FIX FIGURATION』版を意識しつつ、スマートなイメージとは印象の異なるFA百式改を作りたい！と挑んだ本作例。大河原氏の設定画や、Hi-νガンダムのようなボリューム感を目指した
●胸部リフレクターやバックパックのメガ粒子砲の展開ギミックも再現した
●写真は大まかにモデリングし、出力した新造パーツをMG百式改に取り付けた状態。ここからスジ彫りやカッティングプロッタによって切り出したプラ板ディテールを貼り付けていく。そのリアビューでは、ある意味正面から臨んだとき以上に、その圧倒的ボリュームを実感できる。背部から放射状にシルエットが伸びるバックパック、脚部のスタビライザーなどがゴツくも美しい

フル
アーマー
百式改

●フルアーマー百式改は、'90年代に雑誌『SDクラブ』上で連載された企画『M-MSV』で誕生した機体だ。同企画ではガンダム4～7号機や水中型ガンダム、量産型νガンダムなども産まれた

◀『Z-MSV』で設定された百式改を重装甲・重装備・高推力にパワーアップさせたMS。背部のビーム・キャノンに胸と脚にはミサイルポッドを装備、携行兵器としては長大なロング・メガ・バスターが用意され、防御面では胸部リフレクターパネルよりIフィールドバリアーを発生させることが可能。胸部正面はＩフィールドバリアー発生器ともメガ粒子砲とも言われる

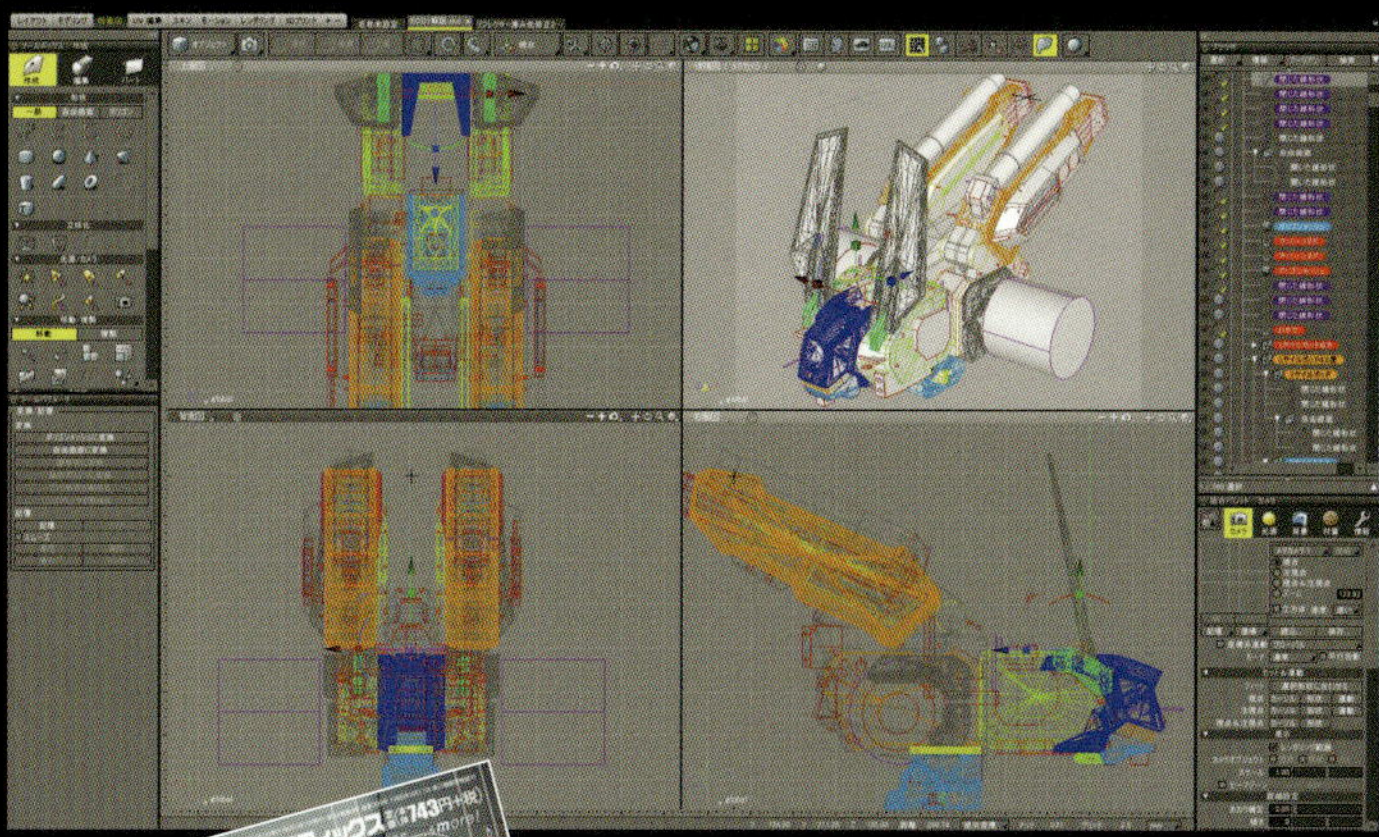

◀▲本誌'17年4月号でのデジタルモデリング特集に合わせて製作された本作。追加アーマーの製作ではデジタルモデリングならではのテクニックやノウハウが遺憾なくつぎ込まれている

▶元キットとなったマスターグレード百式改。こちらは『Z-MSV』出身の機体だ。プレミアムバンダイ限定発売製品ながら、全身に渡り元の百式とは異なる形状のパーツを新規開発している

究極の百式をデジタルモデリングで作り倒す

●外装の大部分を3Dプリントしているとはいえ、現在コンシューマー向けに普及しているFDM方式（フィラメント状樹脂を溶かして少しずつ積み上げていく方式）のものでは、出力した先のアナログな工程も非常に多くなる。積層痕消しにはじまり、エッジ等精度出し、造形修正、モールド・スジ彫りなどなど、工程全体の80%ほどは手作業となる。Takuyaが使用しているZortraxのプリンターではスジ彫りも0.2㎜以下のものは出力できず、きれいなラインにもならないため通常の模型製作同様にタガネなど用いたスジ彫り作業が必要となってくる

フルアーマー百式改は、立体物としてはカトキ氏のGFF版がありますが、本作ではボリュームある大河原氏のオリジナルデザインイメージを踏襲しつつ私好みなスタイルを加味してアレンジしました。その存在自体は知っていたフルアーマー百式改ですが詳細がわからなかったのでインターネットで検索しまくりましたが、出てくるのはゲーム用のSD体型の画像ばかり……。

資料が少ない状態での立体化は、かなりの試行錯誤を要しました。とくに下肢のデザイン。大河原画をそのまま立体化すると辻褄が合わなくなったり、MSとしてのかっこよさも失われてしまうので、かなりのアレンジが必要でした。MG百式改のキットを素体として使用しましたが、百式改の外装を使用せず、新造した増加装甲のみ直接フレームに取り付けている部分もあります。というのは、フルアーマー状態でのフォルムの良さや可動クリアランスを優先してのことで、それによりアーマー脱着のギミックは今回見送っております（キットをベースにせず完全なフルスクラッチビルドのほうが脱着ギミックを含めた製作は、やり易かったのかもしれません）。

工作前に完成形のイメージをイラストに起こすのですが、そんななか、編集部から送られてきた設定画に専用シールドが描かれており、ただでさえ盛りだくさんな内容なのにまだ追加するのがあるのか！　と一瞬怖気づいたと同時に、ならばさらにアレンジして、とことん武装追加してやろうではないかと……（まぁ、後にそれが工作の終盤、切羽詰まらせる要因になるのですが……）。さらなるアレンジとして、思い付いたのがプロペラントタンクの追加。これは、フルアーマー百式改のデザイン上、上半身のボリュームが過多で、下半身とのフォルムバランスを調整するためと立ちポーズの際、タンクを地につけることで転倒防止の役目を果たせます。同じように胸中央のアーマーが突き出た形状なので、これも下半身へと流れる外形ラインを合わせるため、股間を少し突き出せるよう、元画にはない装甲を加えました。ただ無意味に武装や追加装備等のアレンジをしたわけではなく、大型化した肩アーマー、プロペラントタンク、ライフル、シールド、ビーム・キャノン、後方バインダーなどが美しく放射状に伸びる外観になるよう考えています。

そして、追加武装については、これでもかと盛り付けました！　好きでしょ？　こういうのみんな。専用ライフルのロング・メガ・バスターと百式標準のビーム・ライフルで二丁拳銃ならぬ二丁ライフル、2キットぶんのクレイ・バズーカを可動式のマウントで背負ってキャノン砲として使用。欲を言えば、MG量産型百式付属のビーム・ガトリングガンを肩アーマー上面に取り付けたいところでしたが……。未だに謎武器なのが炸裂ボルト。ゲーム画面等で見る限り前腕装甲から電撃を発し、パンチを食らわすもの？　そういう設定も考慮して、前腕装甲の袖が拳に被るデザインにしてます。個人的にそんな形状好きだからですが……。

フォルムを色々好き勝手にアレンジしてきましたが、最後にもうひとつ、「百改」という字体について。キット付属のデカールのフォントでは味気無いので、もっと躍動感ある毛筆書体にしたくデザインしてみました。これは腰フロントアーマーにも付けた「δ」の字体と「百」がオーバーラップするイメージで形成しています。

本誌特集（'17年4月号）でも新造部分のデジタル造形について解説しましたが、今回自分なりのリファインフルアーマー百式改を作るにあたって、新たなラインを構築するために納得いく形状になるまで多くの試作出力を行なうことになりました。出力が高速で、かつランニングコストが安い樹脂を熱融解して積み上げるFDM式3Dプリンタだからこそ、気兼ねなく再出力することができました。

反面、出力精度の限界があり、ディテールの作り込みや極細のパネルラインを造形できないため、カッティングプロッタを併用したり、出力精度の悪い箇所はパテ等を使い修正したり、タガネでスジ彫りをしたりと出力後の手作業パートは、全作業の80%位を占めていたような気もします。■

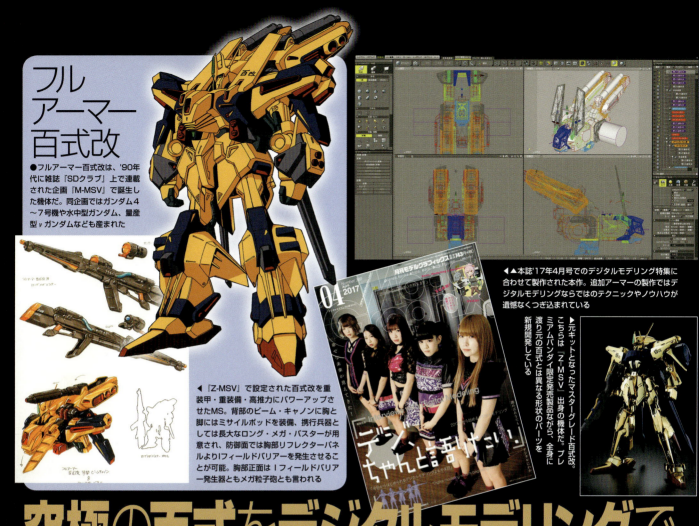

▼3Dプリントに使っているのはZortrax m200。プラモデルのパーツに近い感覚で切削や接着、塗装が可能なABSを高精度で出力できるのが特徴の機種だ。価格は決してお安いとは言えないものの、個人で買える範囲ではあるので（25万円ほど）現在人気の高い機種となっている。そのほか、プラ板を切り出すためにカッティングプロッタも愛用している。こちらについてはP108をご覧いただきたい

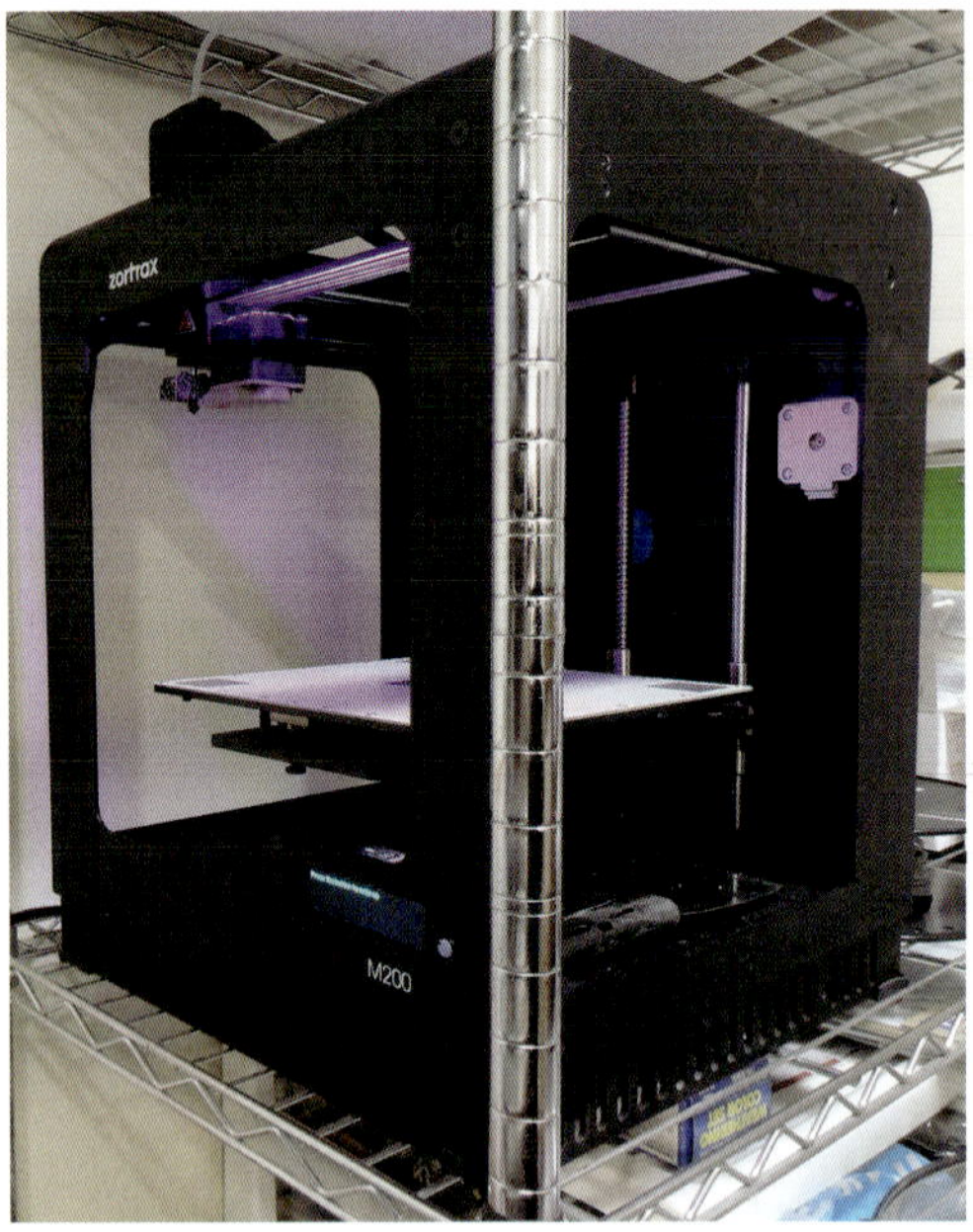

【OS】Windows 8.1 Pro
【CPU】Intel Core i7 920（4コア／クロック数2.66GHz／TB時クロック数2.93GHz／L3キャッシュ 8MB）
【メモリ】16GB
【グラフィック】NVIDIA GeForce 9800GTX+ 512MB
【モデリングソフト】Shade3D Ver.14

【3Dプリンター】Zortrax M200
【カッティングプロッタ】グラフテック CE3000
●ソフトは、メインがShade3Dで、プロッタ用にAdobe Illustrator、Shadeの3Dモデルを展開図に変換するソフトとしてペパクラデザイナーを使い、Illustratorファイルに変換して、プラ板箱組み用のテンプレデータを作成している

1

▶実際にデジタルモデリングを開始する前に、形状やボリュームのおおまかなイメージを掴むために、キットに油粘土を盛りつけてバランスを検討しておく

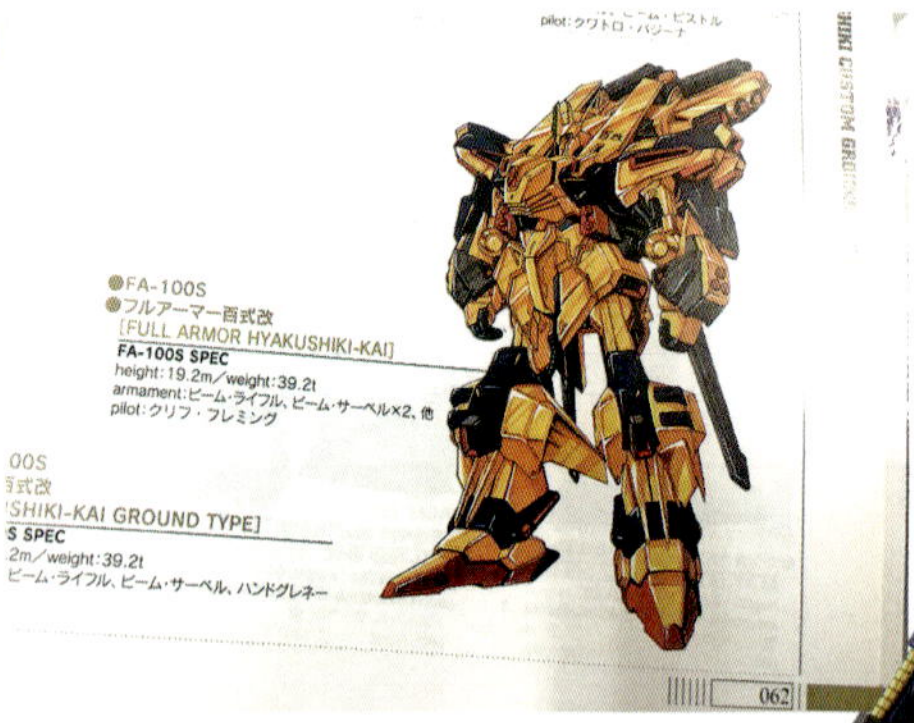

▲フルアーマー百式改は'90年代に大河原邦男氏によって展開された企画で産まれた機体で、アクア・ジムや量産型νガンダムなどと同郷のMSだ。企画自体はマイナーながら、最強の百式としてTVゲームなどによく出演する
▼Takuyaが使用するのはShade3Dという国産3DCG製作用として長く愛されているアプリケーション。どちらかというとCADアプリに近く、CADアプリ同様に上面図／正面図／側面図／透視図の4つ視点、図面で比較しながら作業することができる

2

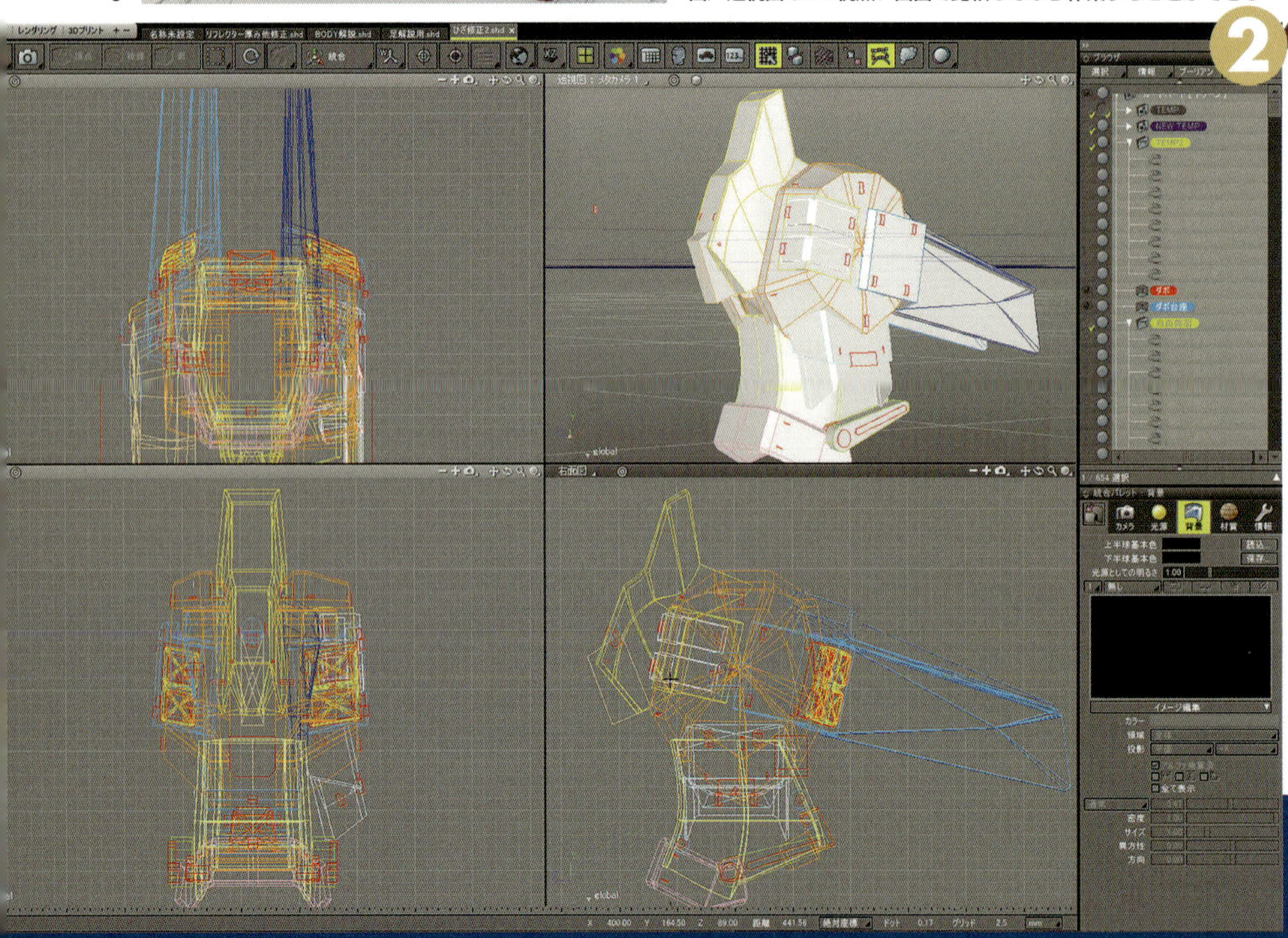

MG百式改をモリモリFA百式改へ！

今回のミッションは「プレミアムバンダイより発売されたマスターグレード百式改に増加装甲を施してフルアーマー百式改にせよ！」というもの。ハイカロリーな企画だが、さすがにフルアーマー百式改はまだ発売されないでしょ……ということで百式改の受注受付が始まった'16年６月頃より少しずつ作り上げてきた大作なのだ。じつは本特集記事用に用意していた作例ではなかったのだが、これだけの作例、ガンダム作例ページで使うだけではもったいない！　ということでスカルプト系のソフトとはまた違うデジタルマイスターとして、先行登場してもらいました。

そもそもパソコンに興味を持ちはじめたのは、小学校6年生のころ。最初はドット単位でチマチマとゲームキャラクターを作成したり、スキャナがないからラップに転写した絵をPC画面に貼り付け、自作グラフィックソフトでラインを必死にトレースしたり……。それがなんですか!? いまじゃPCの性能が恐ろしく上がり、平面絵だけでなく3DCGの描画も楽で高速になりました。さてさて、そのPCを模型に応用しはじめたのは、仕事で使っていたカッティングプロッタ。「これ、カットしたシートシールをプラ板に貼り付けたら箱組み用の切り出しテンプレートとして使えるんじゃない?」と考えたのが最初です。そのうち「もしかしたら直接プラ板を切るっていうのも出来るんじゃ?」と恐る恐る薄めの板で試した結果、見事にカット成功! こまかいモールドを正確に切り出せるのはもちろん、同形状複数枚欲しいときや左右対称にしたい時など非常に便利で、いまとなっては絶対手放せないツールのひとつとなりました。そして時代は進みデジタルモデリングは2Dから3Dへ。近年やっと模型原型用に使えそうな個人向け3Dプリンタが登場したので飛びつきました。これは楽しい! 自分で描いた絵が徐々に形になるのを初めて見たときは感動ものです!

■1HGガンタンク初期型は、初めて3Dプリンタを使った作例。上半身のほとんどをデジタルモデリングした
■2HGマンロディは本誌デビュー作('16年4月号掲載)。肩アーマーを出力したほか、カッティングプロッタによるディテールアップを多用
■3'16年7月号掲載のネモⅢでは胴体やバックパック、脚部などをデジタルモデリングしている

コンシューマー機でここまでデキる!!

3Dプリンタでユニット基本形を出力

ひと昔前なら数百万～数千万円のオーダーで、一個人が使うには高嶺の花だった3Dプリンタだが、ここにきてグッと安くコンパクトになってコンシューマーとしての使用も現実的になってきている。ここでは25万円くらいで入手できる3Dプリンタを実際に使ってモデリングする過程を紹介。中に入れるMG百式改にぴったり合うアーマーパーツを自作することができちゃうのだ。

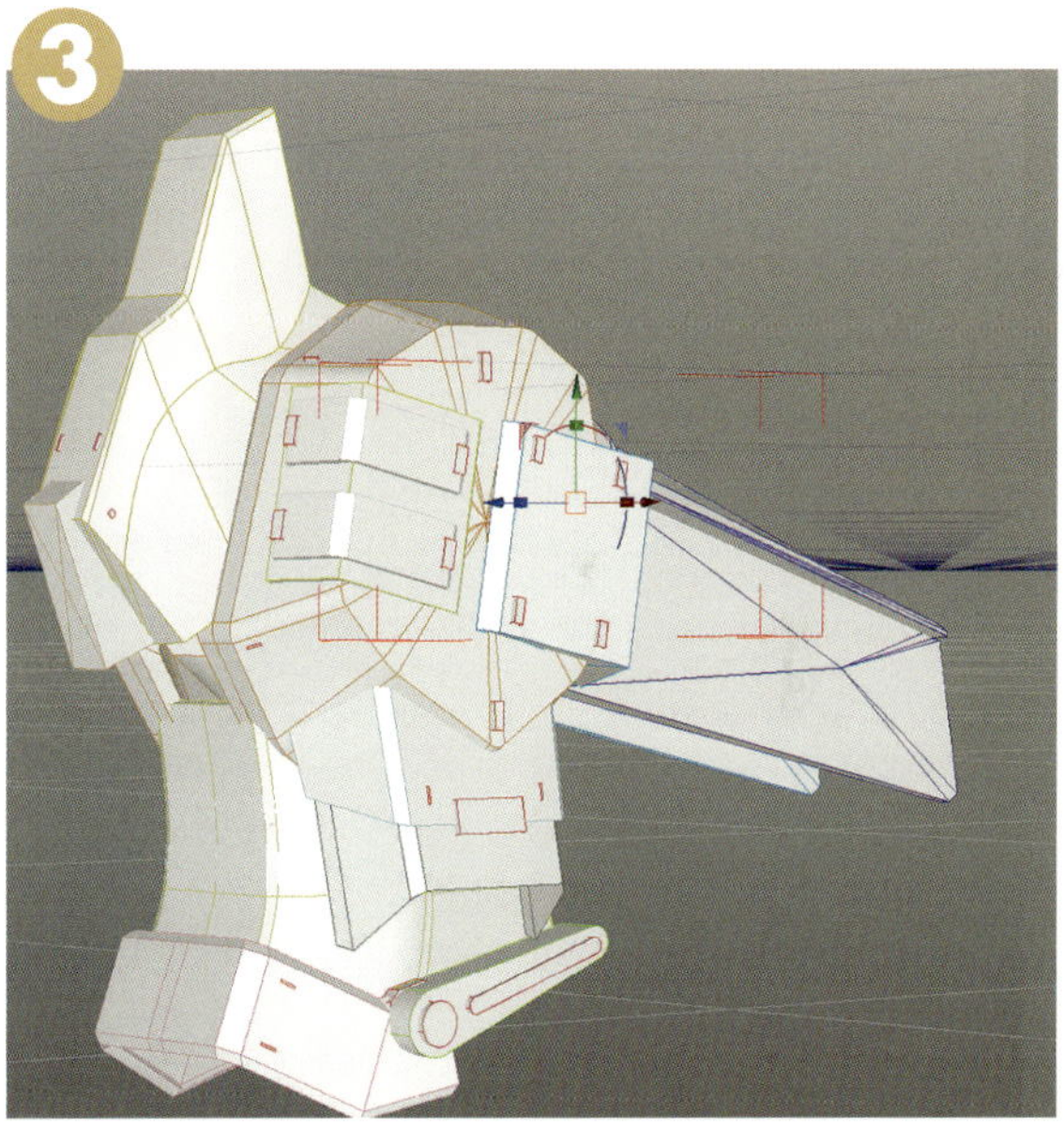

▲Shade3Dの特徴は、直線/円弧という規則正しい線で描かれるCADに対し、ベジェ曲線という自由曲線を使用することで、よりなめらかな曲面を造型できるという点。こちらの脚部も自由曲面と線形状で成り立っている

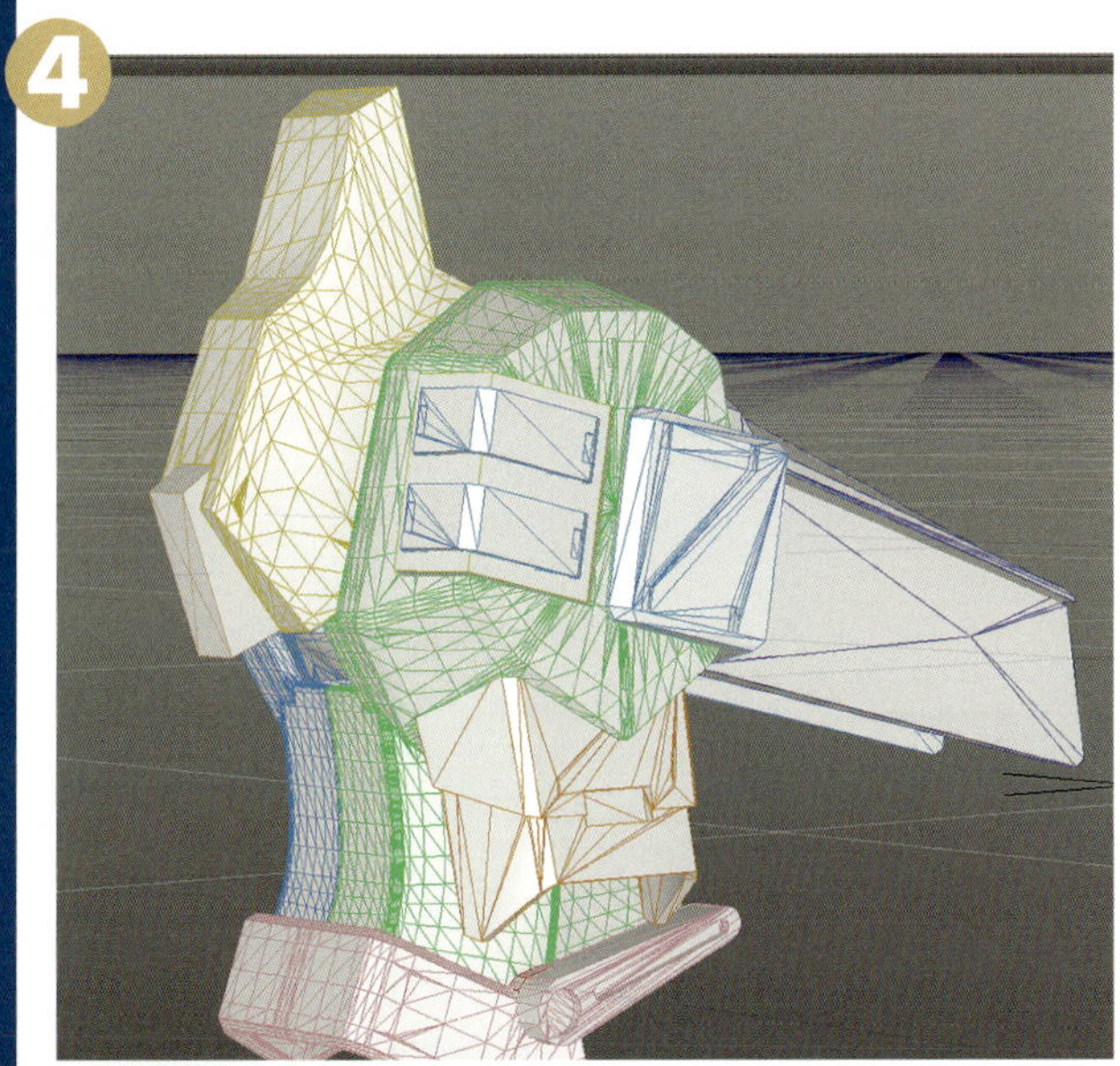

▲複数のオブジェクトの組み合わせでできているので、3Dプリントするためにパーツを一体化する必要がある。その一体化などを行なうことを「ブール演算(ブーリアン)」と呼ぶ。このときにポリゴン化される際の曲面の滑らかさも指定できる

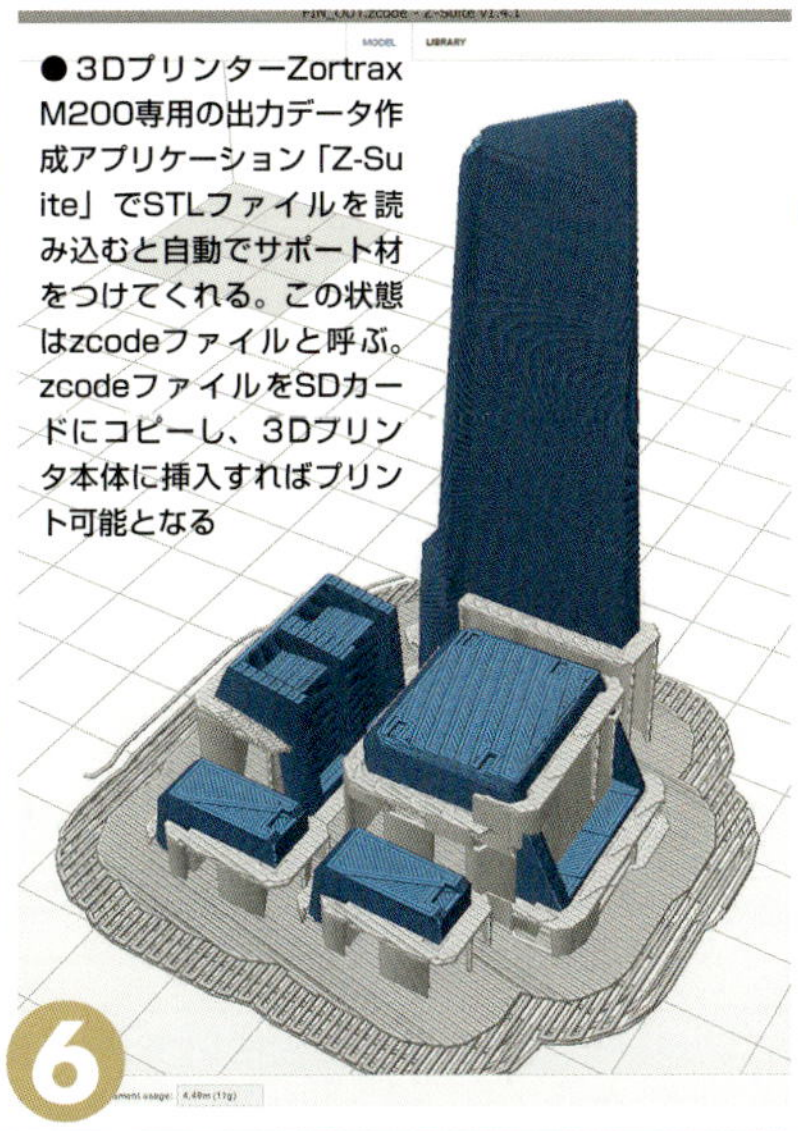

●3DプリンターZortrax M200専用の出力データ作成アプリケーション「Z-Suite」でSTLファイルを読み込むと自動でサポート材をつけてくれる。この状態はzcodeファイルと呼ぶ。zcodeファイルをSDカードにコピーし、3Dプリンタ本体に挿入すればプリント可能となる

▼ブーリアン化を終えたら、3Dプリンターで出力するためにSTLファイルに変換して保存する。このときに、3Dプリンターで出力する際につじつまが合ってない(オブジェクト同士が重なり合っている、穴が空いているなど)箇所もチェック修正してくれる

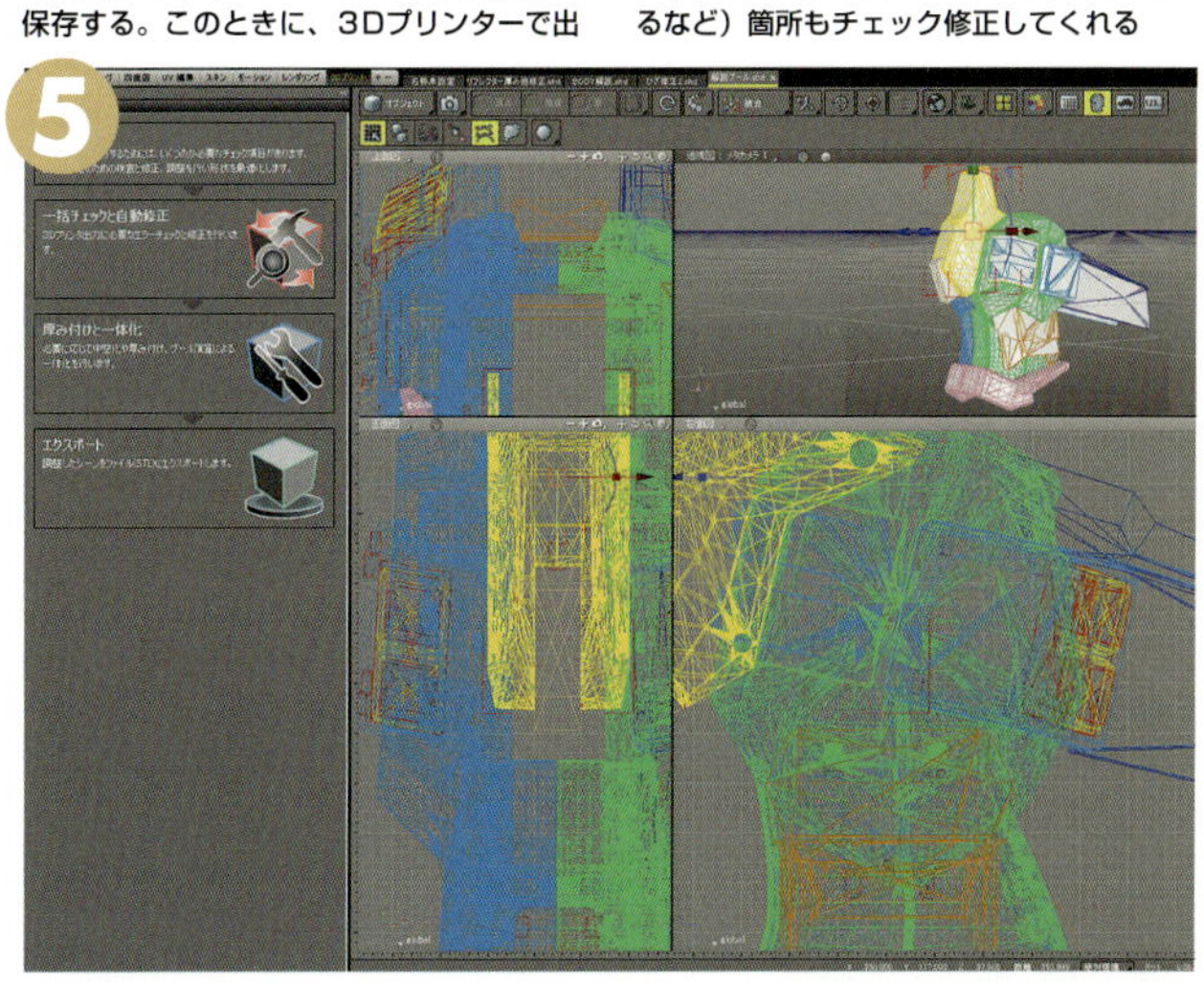

カッティングプロッタとは

▶Takuyaが使用しているのはグラフテック社のクラフトロボPRO（廃盤）。同社の現行製品でいうとCE6000—40という製品に相当する。業務用なのでお値段は15万円ほどとけっこうする。まずはもっと安いもので試してみるべきか悩ましいところだ

カッティングプロッタとは、もともとポスターやステッカーなどといったシートをきれいに切り抜くために使われているツール。たとえば「痛車」に使われているステッカーも、カッティングプロッタで切り出されています。

本来は薄いビニール製のシートを切り出すための機械なので、あまり厚かったり硬かったりするものを切り出そうとすると当然無理が生じ壊れてしまうわけですが、模型用のプラ板は0・3㎜程度なら切り出すことが可能。また、工作以外にも大判のマスキングシートや、白地のデカールシートなどを切り出すなど使い方はさまざま。ナイフのフリーハンドではとてもじゃないが切り出せない複雑な曲線も、機械の力を借りればお手の物なのだ。

安いものなら3万円程度で購入可能。本項を熟読のうえビビッと来たならぜひ導入を検討されたし！ ■

プラ板工作もデジタルでデキる!?
カッティングプロッタでディテールを作る!

「いや〜、デジタルモデリングとか3Dプリンタとか、やっぱりあんまり用ないですよ……」という人にもぜひチェックしてもらいたいのがカッティングプロッタを使ったプラ板工作。要するに製図と切り出しの補助をコンピュータと機械にやってもらうことで精度を上げつつ楽々切っちゃおうというものなのだ。

キットパーツにプロッタを使ったディテールを施す

① パーツの輪郭をトレースする

▶'16年6月号のHGマンロディ作例記事を振り返り、キットパーツベースのカッティングプロッタの使い方を解説していこう。まず、ディテールを加えたいパーツの形状を転写する必要がある。曲面の場合はマスキングテープを貼ってシャープペンシルなどでなぞる。平面ならスキャナを使ってもいい

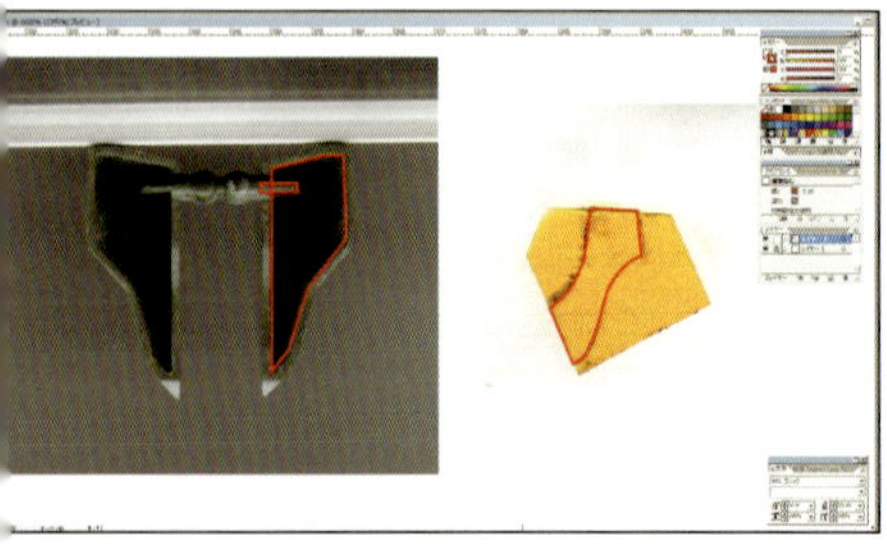

▲パーツの形状を写しとったマスキングテープを、プラ板などに貼ってスキャナでPCに取り込む。そしたらAdobe IllustratorやInkspaceなどのドロー系ソフトを使って線をきれいにトレースしていく。ドロー系ソフトとはペイントなどのツールと違い、図形などを作るのに特化したソフト。拡大縮小しても画像が劣化しないのが特徴だ

② 切り出したい形をデザインする

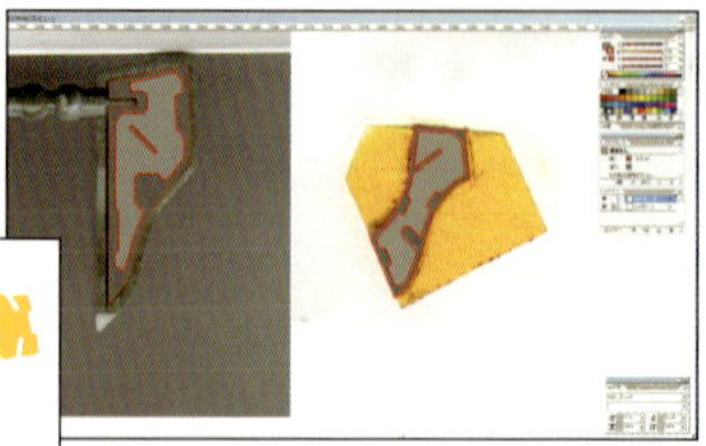

▲トレースを終えたら、その形状を元に好みのディテールをデザインしていく。今回はおもに装甲パーツ裏側をプラ板で表現するのが目的。フロントスカートなどの鏡面対称のパーツは、コピーしたあとにリフレクトツールなどを使えばきれいに左右反転してくれる

▼パーツを転写→PCに取り込み→デザインという行程を繰り返したのがこちら。複数枚のプラ板を重ね貼りする箇所は、一枚一枚デザインを変えることで立体感ある表現が可能だ

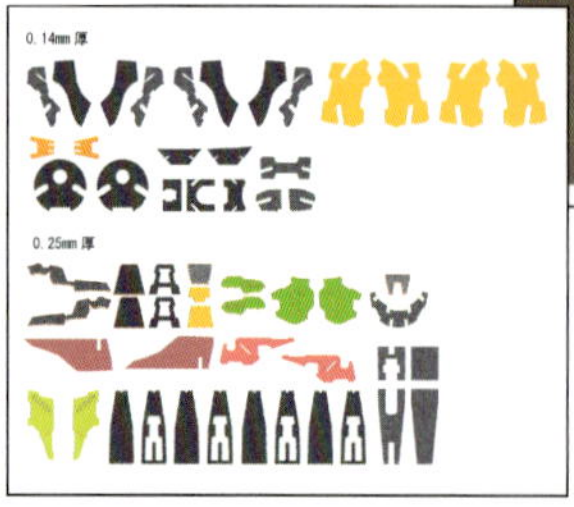

③ カット用データを作る

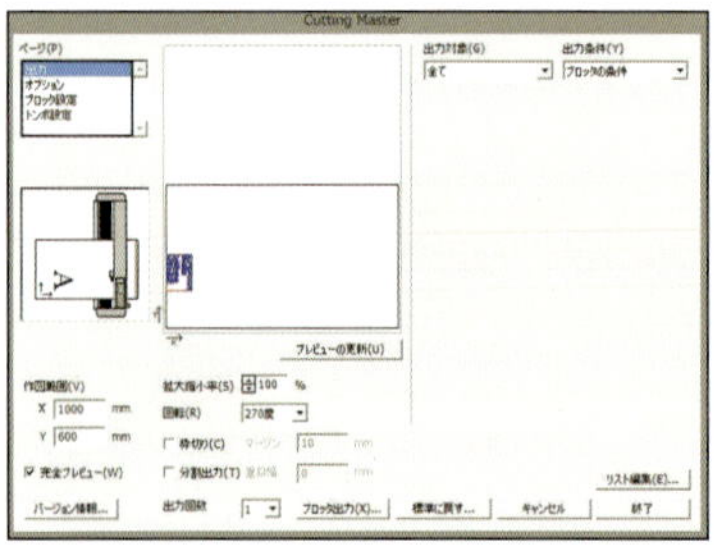

▲データができたら、プロッタに読み込ませるカットデータを作る。こちらのソフトは、プロッタ付属のプラグイン「Cutting Master」。Illustratorで引いたパスに沿って自動でカットラインを生成してくれる

④ カットする

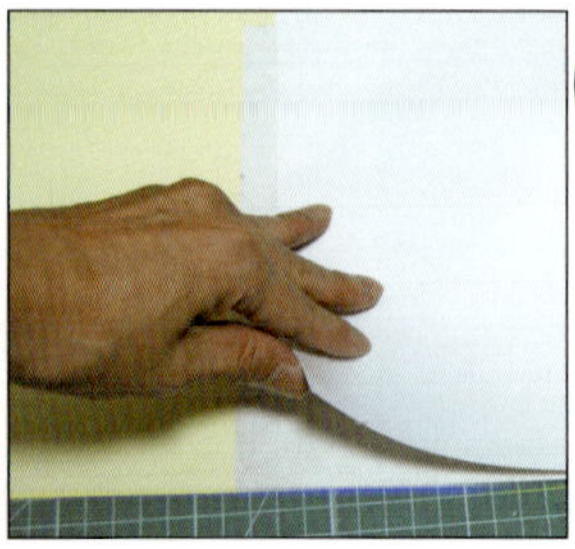

▲プラ板を、カッティングプロッタ用の粘着性のある台紙に貼り付ける。これがないと切り抜き作業中にプラ板がズレたりしてしまうのだ

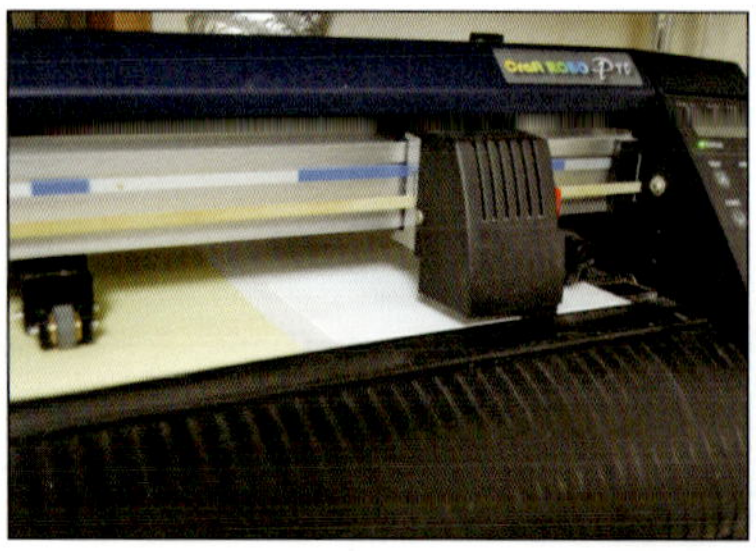

▲カッティング中のプロッタ。ヘッドに取り付けられたナイフの刃がスライド・回転しつつ正確に切り抜いてくれる。今回はエバーグリーン製0.25㎜厚とイエローサブマリン製0.14㎜厚のプラ板を使用した

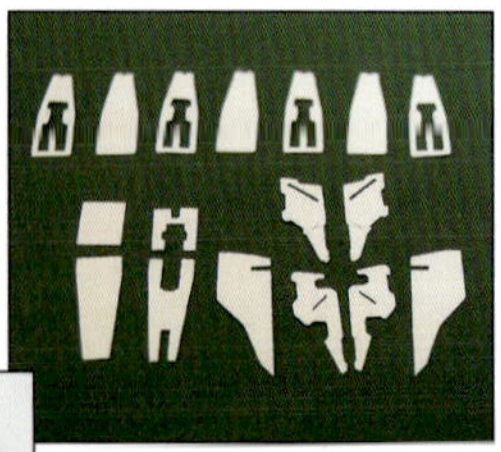

▲切りだされたプラ板。刃で貫通しきれていないこともあるので、そういうときはデザインナイフでなぞるなりして取り出す。切り出し面のめくれを少しヤスってあげればできあがり

▼カッティングプロッタで切りだされたプラ板をパーツに貼り込んだ状態。裏面にピッタリとハマり、造型もシャープ。手でも可能な作業だが、このレベルの精度をしっかり出すのは難しいだろう

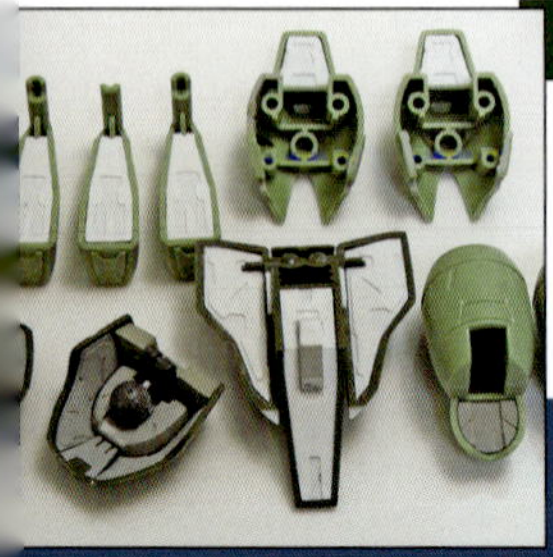

デジタル原型の形に合わせてプラ板をカットする

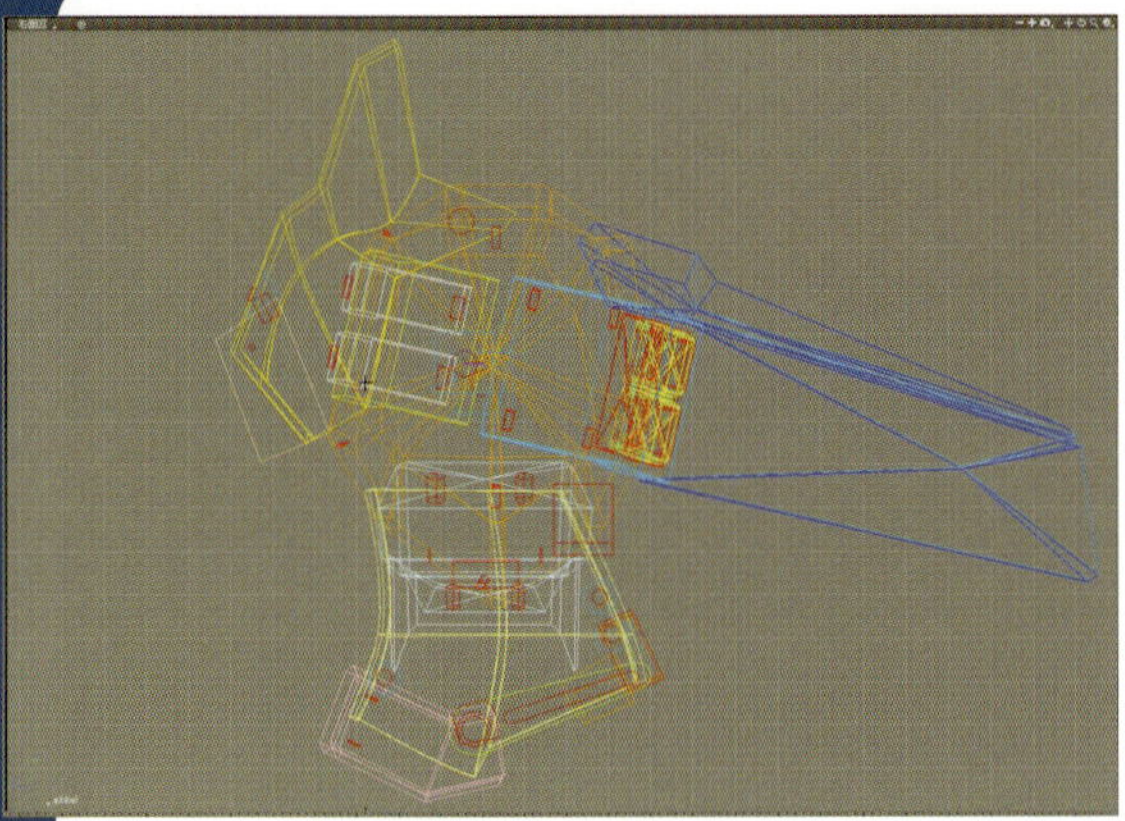

●続いては応用編。デジタルモデリングで製作した原型にプラ板でディテールを追加するケースを解説していこう。3Dプリンタで出力したパーツは積層痕の処理などが必要になってくるため、モデリング段階であまりディテールを盛り込むと、かえって作業が煩雑になる。なので出力するパーツはある程度フラットに仕上げ、表面のこまやかな凸モールドなどは別途プラ板を切り出すことでシャープに仕上げようというのが狙いだ

[モデリング画像]

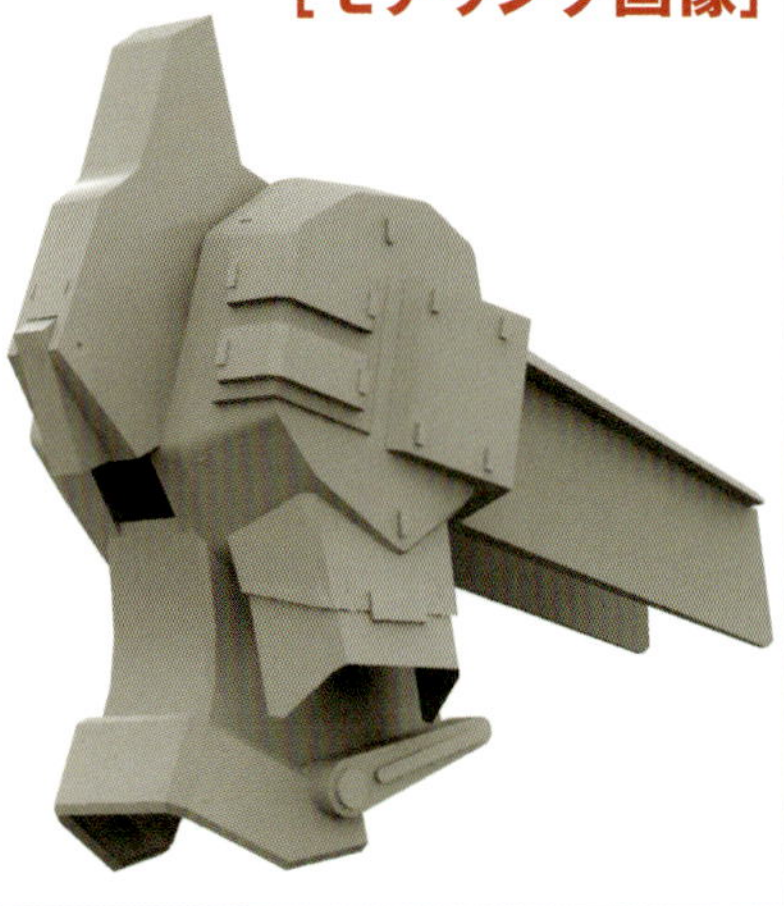

▲右ページではプラモデルのキットパーツに使用するため、マスキングテープで転写を行なったりスキャナでデータ化・トレスを行なう必要があったが、デジタル原型にプラ板ディテールを施したい場合は、3Dデータを利用することができる。今回3DCGで原型を製作したShade3Dは、最廉価版のBasic以上のバージョンならIllustratorなどに読み込めるファイルにエクスポートすることができるので、寸法をそのまま流用できるのだ

▼Shade3Dで製作したデジタル原型の側面図を読み込んだもの

●こちらが今回の作業の概念図。プラ板デイテールだけでなく、スジ彫り用のテンプレートもカッティングプロッタで切り出してしまおうという魂胆

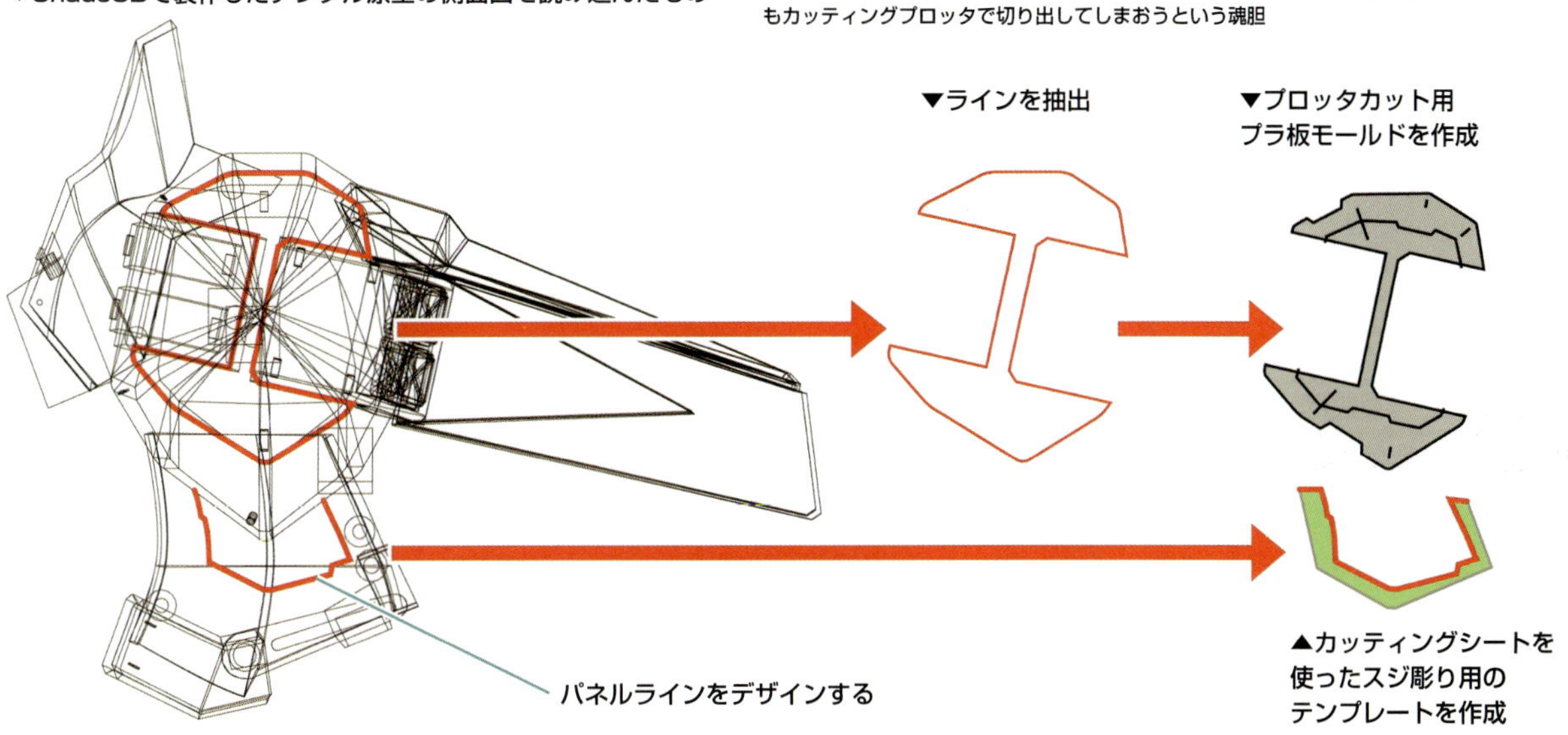

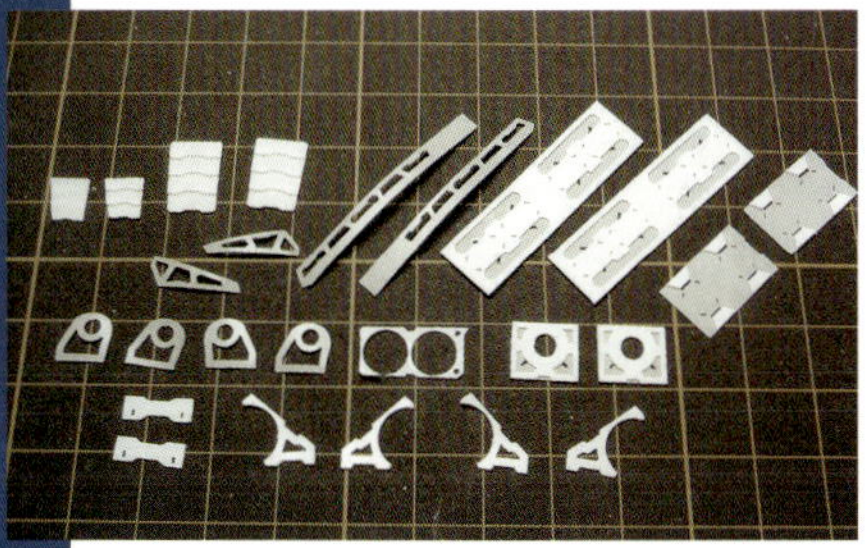

▲▶カッティングプロッタで切り出して、それぞれ接着したプラ板。手で切り出すのには骨が折れそうな、トラス構造のような細い箇所もカッティングプロッタなら精度バッチリに切り出してくれる

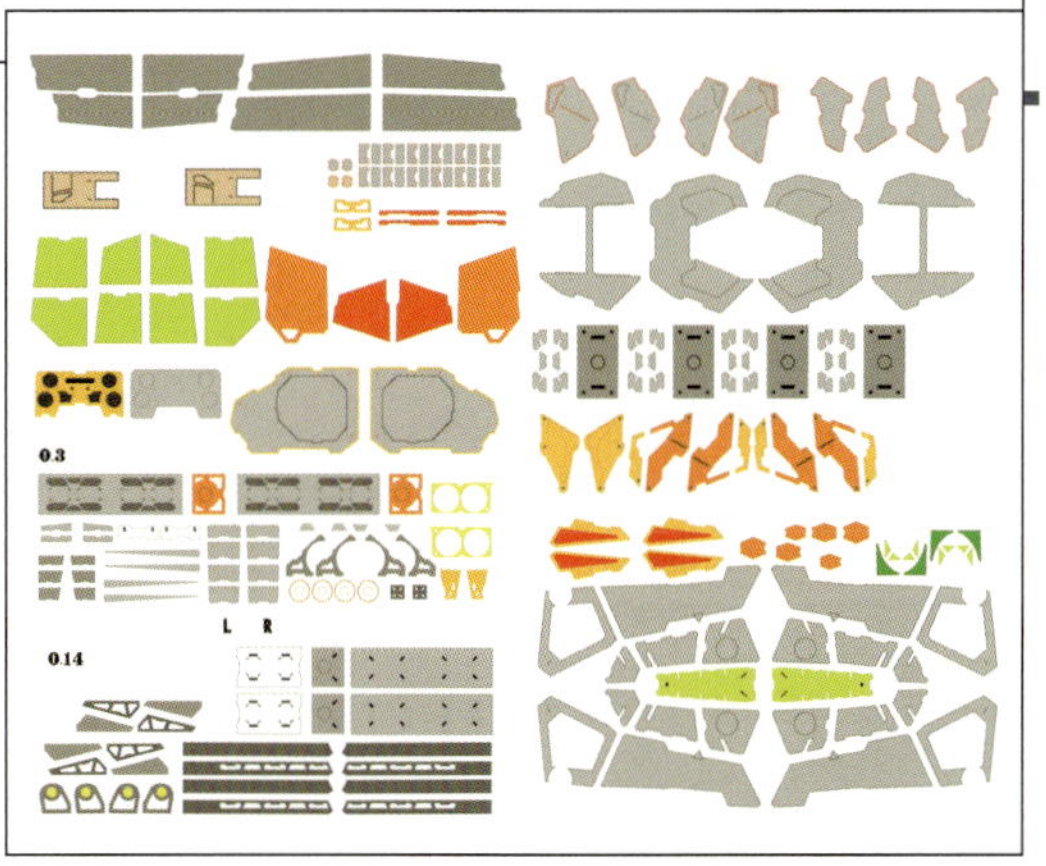

◀右ページでのディテールデザインの作業を経て、カッティングプロッタ用に揃えたIllustratorデータがこれ。このあとCutting Masterでカットラインを生成すれば準備完了だ

▶3Dプリンタで出力したパーツに、カッティングプロッタで切り出したプラ板ディテール貼り付け、スジ彫りを終えたパーツ。それぞれが得意とする工程を分業することによって、ベストな完成度を得ることができるのだ。3DCGによる原型製作とはまた違った応用が効く工作法なので、ぜひこちらにもチャレンジしてみていただきたい！

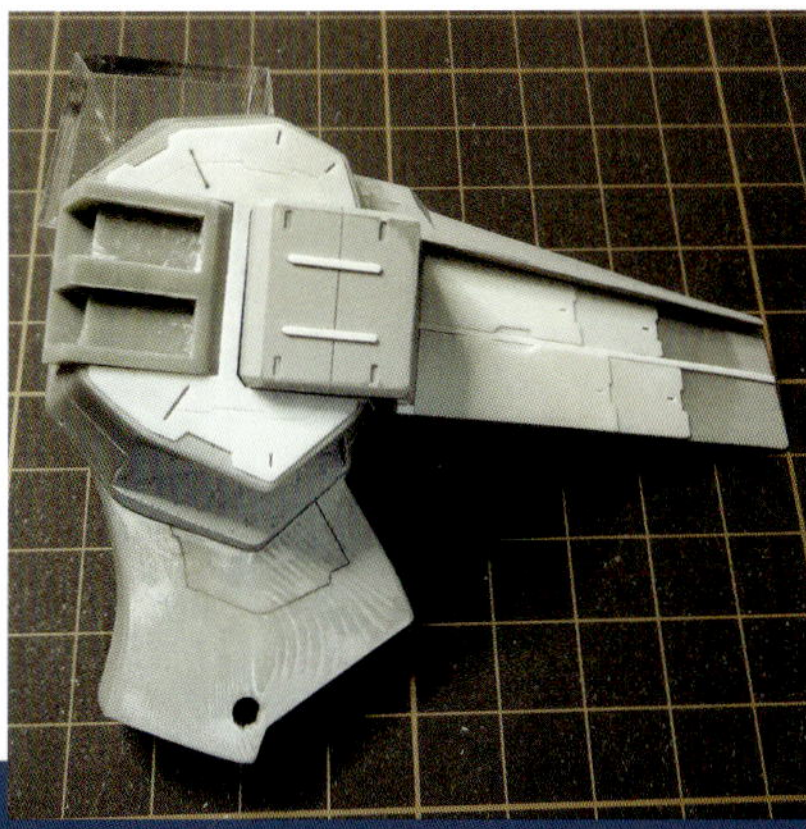

▶カッティングプロッタで切り出したスジ彫り用テンプレートを使ってモールドを彫っているところ。原型データを使いまわすことで、周囲のパーツに沿ったテンプレートもバチピタに作ることができる

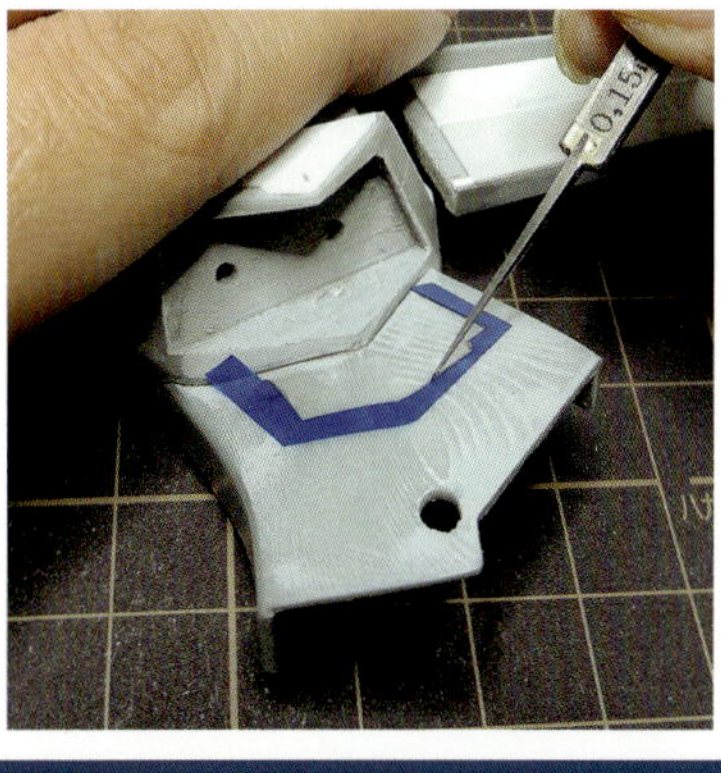

▲こちらはバックパックの角型スラスター。フィン状モールドも非常に精度高く仕上がっている。Zortrax m200で出力したパーツはABSなので、接着も簡単

MS-110 CHAIKA

MS-110 チャイカ
BANDAI SPIRITS　1/144
インジェクションプラスチックキット
「MSK-008 ディジェ」改造
発売中　税込756円
製作・文／**サル山ウキャ夫**

Model Graphix
2014年12月号
掲載

漫画独自のMSも忘れちゃイカン！“あの”チャイカを大まじめに作る

近藤和久氏の手による漫画版『機動戦士Zガンダム』。そこで描かれたMSは大小のアレンジが施されているばかりかチャイカをはじめとする創作MSまで登場し、漫画を読む者に少なからぬ混乱とそれを上回る興奮を与えてくれた。知名度はあれど模型が発売されていないのがチャイカの現状だが、ないならば作るしかない。用意するものはディジェと数種のHGUC製品。これらを素材に「擬似HGUCチャイカ」の製作に取り組んだ。

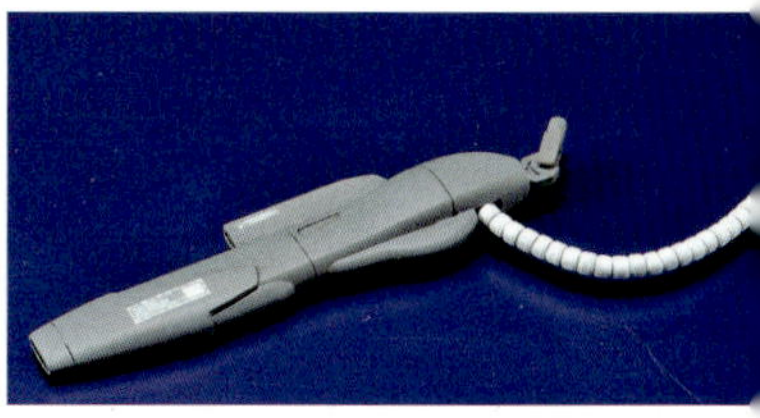

●チャイカはガザCなどと同様に、本体直結式のナックルバスターを脇から下げて携行している。そのナックルバスター本体はHGUCガザCから、上部のセンサー部をプラ板で追加。右脇に埋め込んだポリキャップと、背中に回した動力パイプで接続する方式とした
●チャイカは首もとのメカが露出しているので、キットの首もとを大きく切り欠き、HGUCゲルググJからパイプ状のパーツなどを移植した

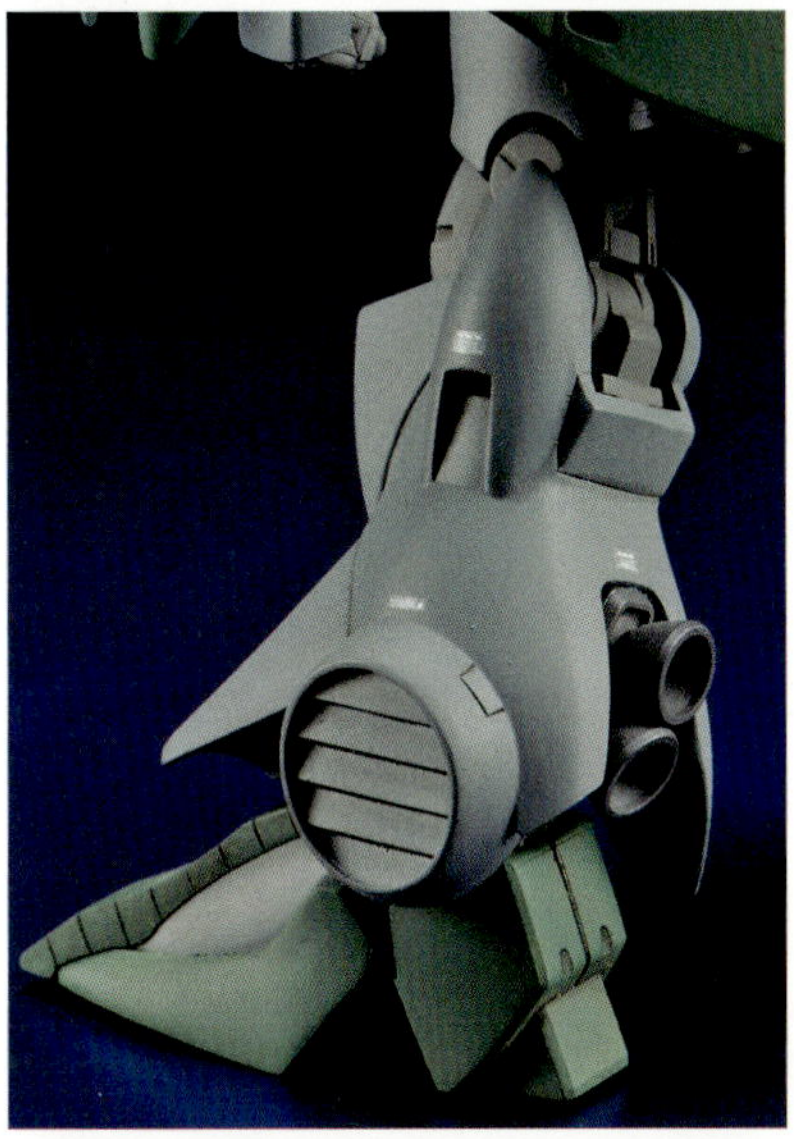

●頭部の後方から伸びるパイプはビルダーズパーツHD MSパイプ01を使用
●肩はディジェのキットをふたつ使って両肩ともラウンドバインダーに変更。この肩アーマーとバインダーの曲面がまた絶妙で、ディジェが名キットであることを改めて実感することに（笑）。左肩内側にはビーム・サーベル、右肩内側にはハンド・グレネードを装備した
●チャイカは背部中央ブロックにメカの露出部分（センサー？）があるので、くり抜いてプラ板で底をつけ、丸いセンサー状の小さいパーツを接着した
●スカートは後部のボリュームをつけたかったので、まず中央ブロックと左右後部に切り離し、後部はさらに真ん中で切ってプラ板をはさみ、後ろにせり出すような角度で再接着。後部スカートは縁の部分がエッジのついた形状なので、プラ板を貼って修正。後部スカート上部についているバーニアブロックは、整形したあと背部に接着した

ディジェのようで少し違う漫画だけのMS、チャイカ

チャイカは、'85年から月刊誌『コミックボンボン』（講談社）で連載されていた近藤和久作画『機動戦士Zガンダム』のコミカライズに登場するアクシズ量産機。漫画では活躍しないガザCのポジションを務め、ハマーン・カーンが搭乗していたこともあるなど、その登場頻度は高い。

しかし活躍云々よりもまず目が留まるのはその外観。どう見てもディジェに近い見た目なのに、そこにはいっさい触れられない（ついでにディジェは漫画に登場しない！）のだ。これはTV版『Z』のメカデザインを手がけた藤田和久氏が、当初はディジェをアクシズ陣営の機体のつもりでデザインしていたという経緯に因んだ起用であり、そこには「リック・ディアスを改造してディジェが生まれ……」というTVの設定は適用されない。このように漫画版『Z』では基本的にはTVのストーリーをなぞっているが、独自のMSを数体登場させたり既存の機体も初期稿に近い外観に改案されたりと、近藤氏の「遊び」は枚挙にいとまがない。読めば読むほど模型製作欲が刺激される漫画である。

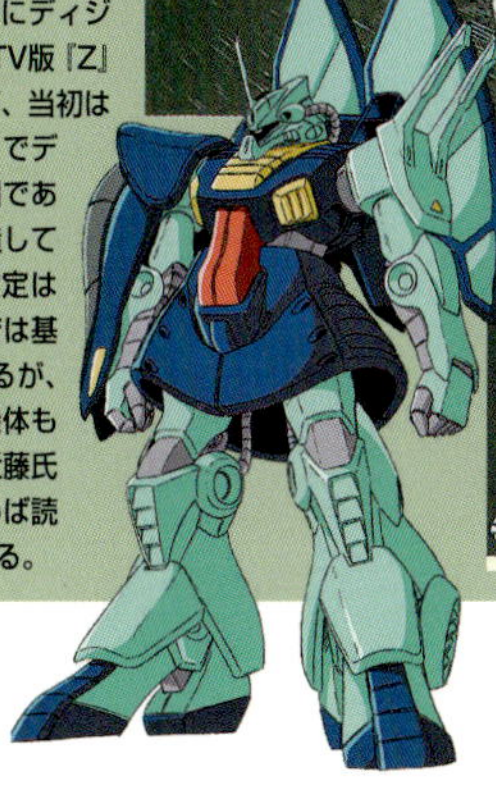

◀グリフォンなどの漫画独自の要素に痺れるファンも後を絶たない

“ジオンらしさ”を意識しつつチャイカを作る。その傾向と対策

「チャイカはディジェに似てるから簡単に作れるんじゃね？」と言ってみたものの、実際にキットと漫画のコマを見比べると形状の異なる部分が……。ただナックルバスターをつければいいってもんじゃないみたいですよ。

▲ディジェのキットパチ組みと比較。使える部分はキットパーツの形状ををできるだけ尊重しつつ、HGUCザクF2の手、腿などの流用パーツを組み込むことでプロポーションが現代風にアレンジされているのがわかるだろう。なお、ディジェの右肩が寂しいのは作例用にラウンドシールドを移植したため（苦笑）

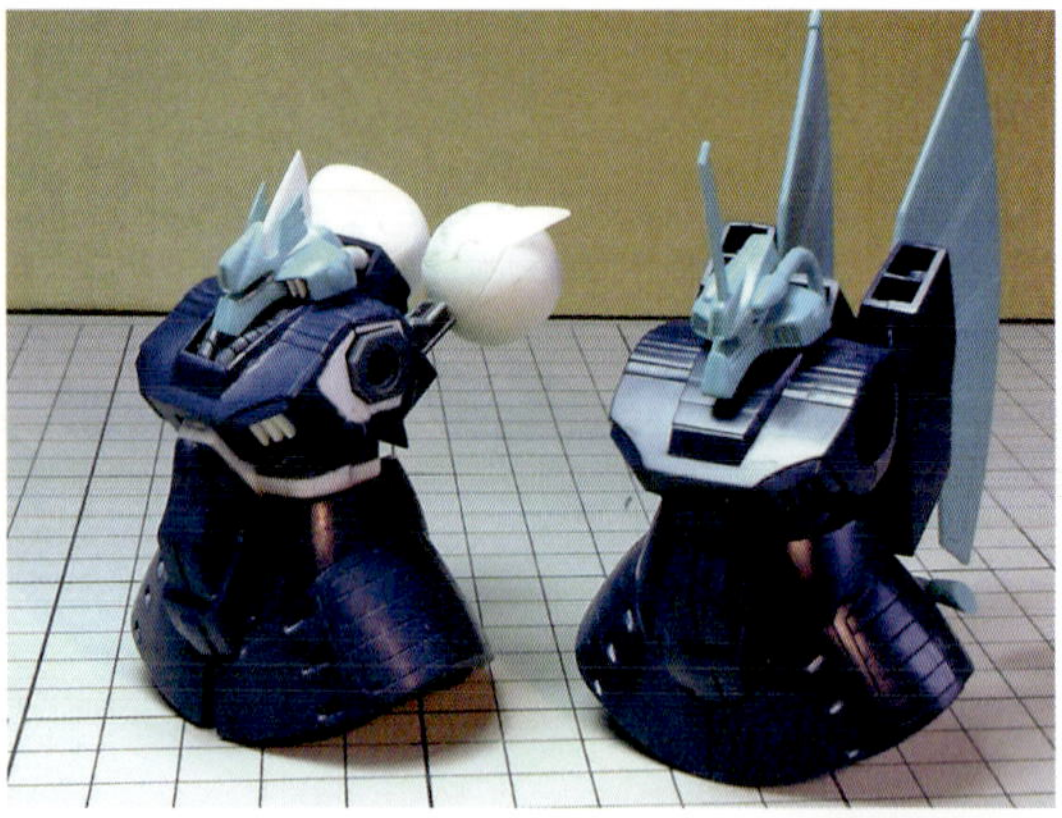

●ディジェと異なり、チャイカは中央部にトサカと左右に羽飾りがついた形状。口先の部分はエッジが立つように左右上面を削り込み。後頭部ブロックを内側から薄くなるように削り込んで左右に広げて羽飾りにし、中央部トサカは１㎜プラ板で工作。そのあとモノアイ部から上をいったん切り離して若干前にずらして再接着。小顔かつ精悍に仕上げた。

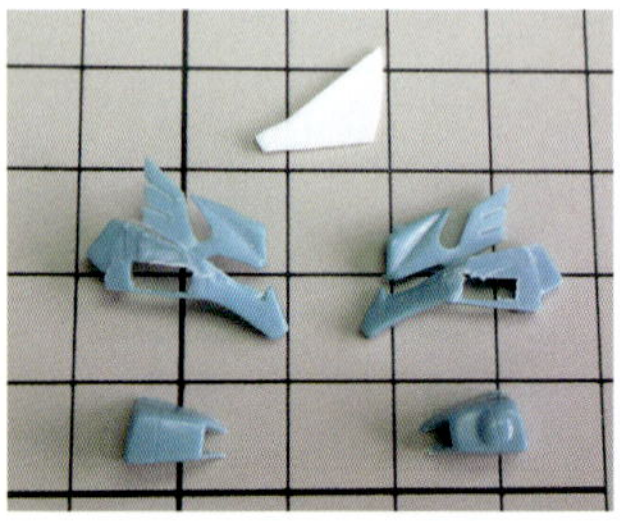

●ディジェのキットは若干寸胴気味なので腹部で上下に切り離したあと約２㎜プラ板で延長、胸部左右は若干ハの字に。胸部ダクトはくり抜いてフィンをプラ板で新造

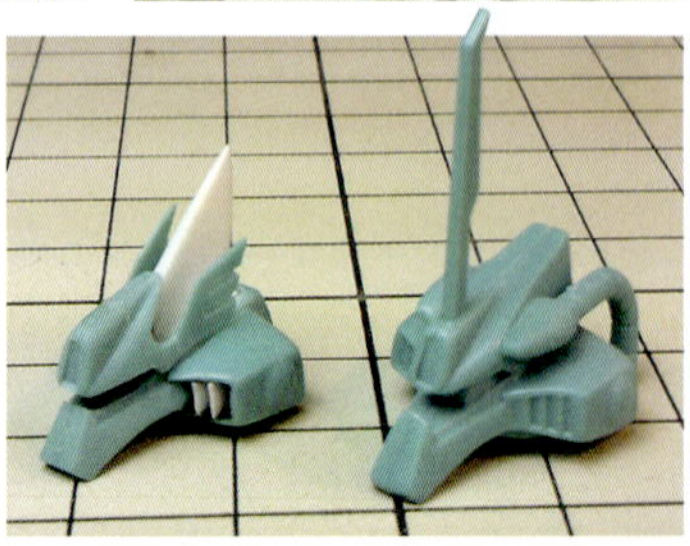

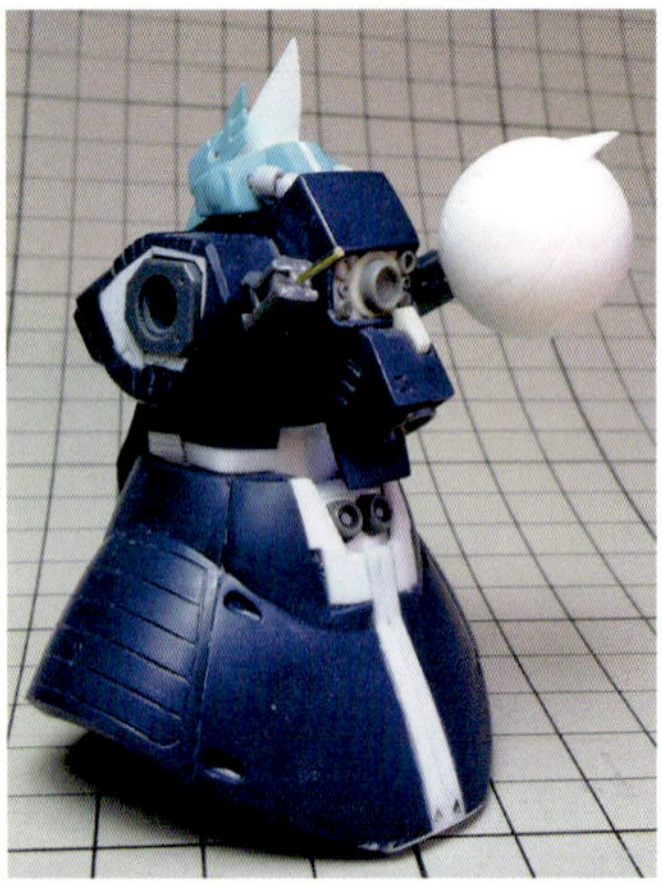

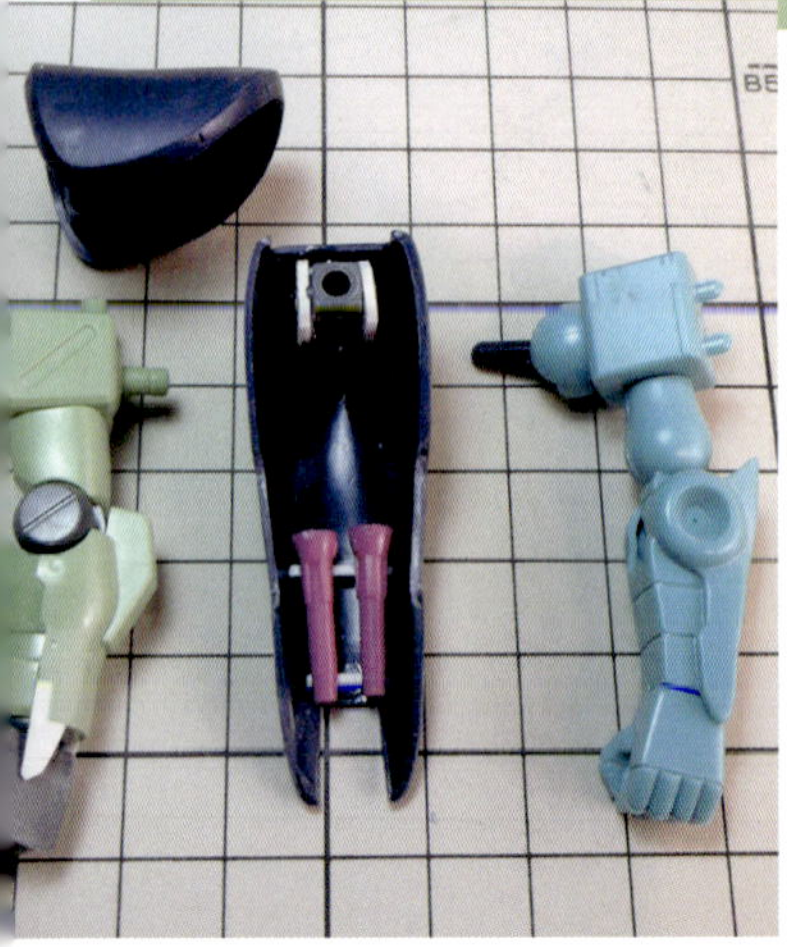

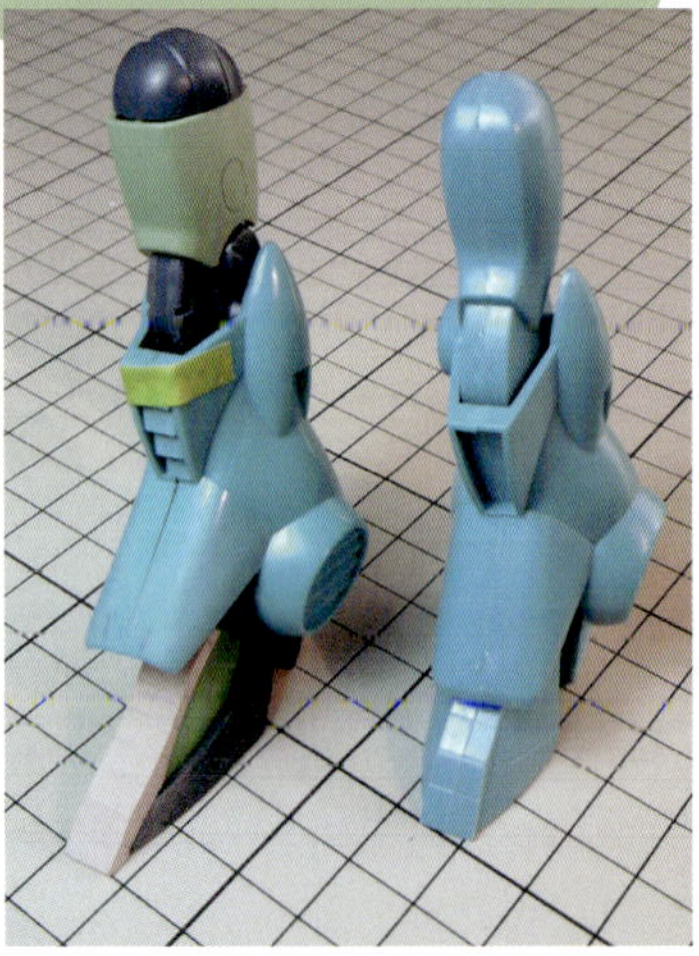

●腕は思い切って形状が似ているHGUCザクF2のものを移植することにした。手首の突起を整形しただけでほぼそのまま使用している

●大腿部はザクF2のものを関節ごと移植、スネはふくらはぎが切り欠かれてノズルが２基設けられている以外はディジェと変わらないが、甲のアーマーはフチが不自然に段になっているのでなだらかな形状に修正。足首はディジェと比べるとスマートに見え、飛行シーンの裏から見たカットの感じがバウに近い印象だったので、HGUCバウの足首をベースにポリエステルパテで形状をそれらしく変更し、ザクF2から流用した足首関節と接続した

陣営と開発系統を意識して流用するのが“ミッシングリンクミキシングビルド”だ

チャイカは「戦後旧ジオン軍技師たちが開発した汎用MS。実用性を重視したため、新機軸などはないが稼働率、操縦性などはよい」と漫画で解説されている。

この文言をもとに、一年戦争直後から「枯れた技術」で開発が続けられ、やがてアクシズ、ネオ・ジオンへと至る過程（ミッシングリンク）の機体と捉えると、これほど妄想しがいのあるMSも稀有だろう。作例では腕と太ももを「大戦終了直前の機体」であるザクF2から、足首を「いずれ現れるであろう新鋭機」のバウから流用することで、ジオンの開発系譜上にあることを表現している。MSVなどの未製品化の機体をミキシングビルドする場合、設定画と似ている形状を既製品と照合する作業ひとつにしても、多面的な形状の連邦／曲面主体のジオン系列のデザインとを選別しておけば、より模型としての「完成度」が増すのだ。

使用キット一覧

・HGUC ザクF2（手・足）
・HGUC ガザC（ナックルバスター、サーベル）
・HGUC バウ量産型（足首）
・HGUC ゲルググJ（首元）
・1/100 ディマージュ（背部スラスター）

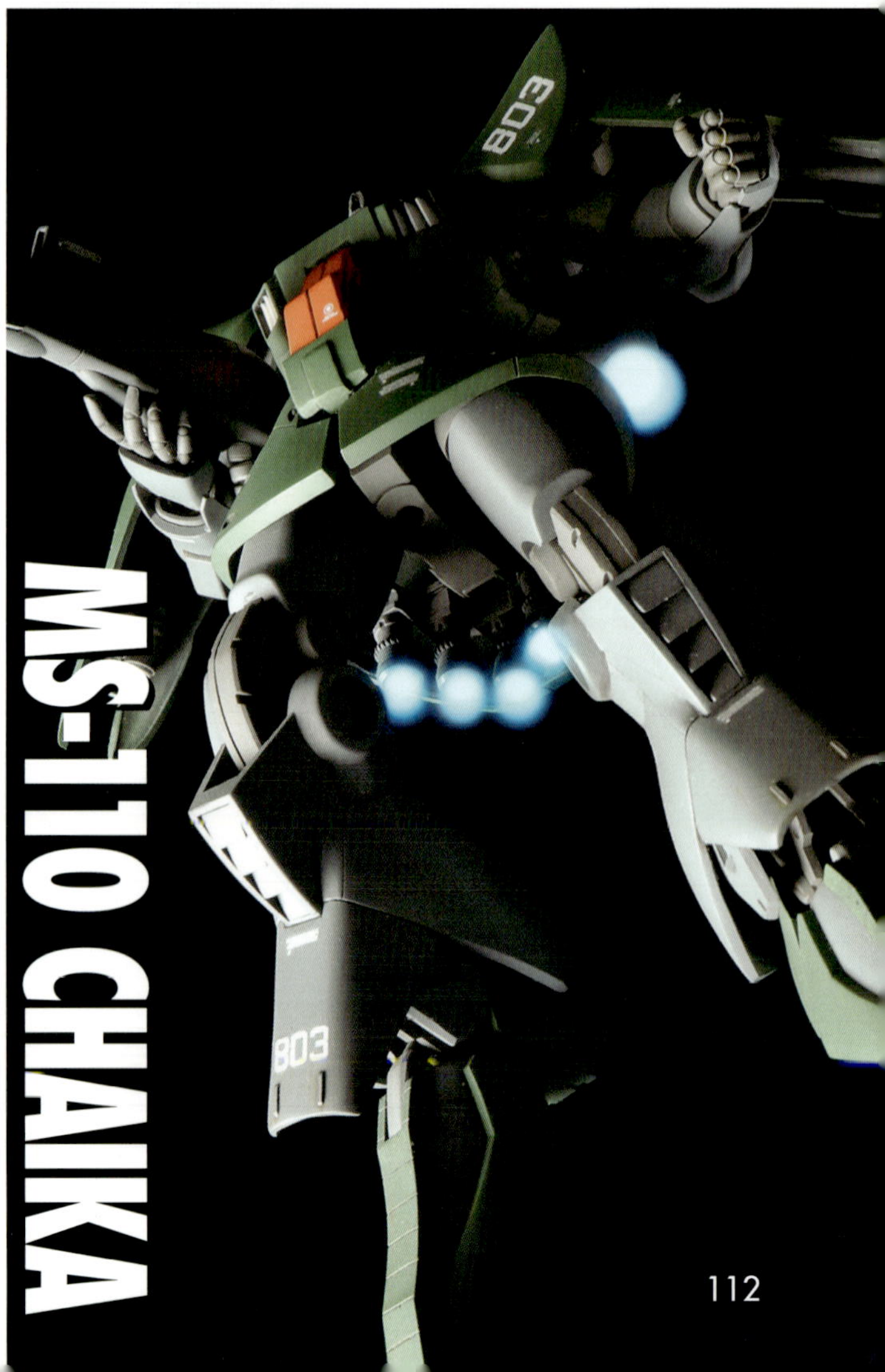

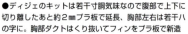

MSZ-008
ZⅡ

Model Graphix
2014年12月号
掲載

歴史の表舞台に立てなかった Zガンダムの弟分、悲願のキット化

Zガンダムの直結の後継機にあたる機体として『Z-MSV』で生み出されながら、活躍の場や立体化に恵まれず、ながらくマイナーな存在として扱われて続けてきたZⅡ。その名を「ゼッツー」と読むことを知らない人もまだまだ多かったりして「ゼータツー」などと呼ばれてしまうこともある不遇な機体ではあるが、その独特な体型などから、一部に根強いファンがいることも事実。そんなZⅡがこのたびめでたくHGUCで立体化された！　大きな胸に小さな肩、末広がりな脚に薄い足といった特異なプロポーションがかなり忠実に再現されており、往年のファンにはうれしく、新規層には新鮮な意欲的アイテムとなっている。

MSZ-008 ZII
BANDAI SPIRITS
1/144
HGUCシリーズ
インジェクション
プラスチックキット
発売中　税込2592円
出典／『Z-MSV』
製作・文／**MASATO**

フル装備で顕現する もうひとつのゼータ

●かつては、設定画で携えているメガ・ビーム・ライフル以外の武装をこれといって用意されていなかったZⅡ。しかし長い歴史のなかで、ゲーム作品への登場やフィギュア化などに際してさまざまな解釈が追加されてきた。HGUCではそれらを踏まえ、メガ・ビーム・ライフルとビーム・サーベルのほか、Zガンダムと同型のビーム・ライフルとクレイ・バズーカが用意されている。豊富な武装を思い思いに楽しむことができるぞ

◀▲メイン武装であるメガ・ビーム・ライフルはストレート組みのものにあわせて、もうひとつキットを使ってグリップ部分をアレンジしたものも製作。Zガンダムのハイパー・メガ・ランチャーよろしくブルーに塗りあげた
▼ZⅡの武装として、いつの間にか定着した感のあるクレイ・バズーカは2丁付属するのがうれしい

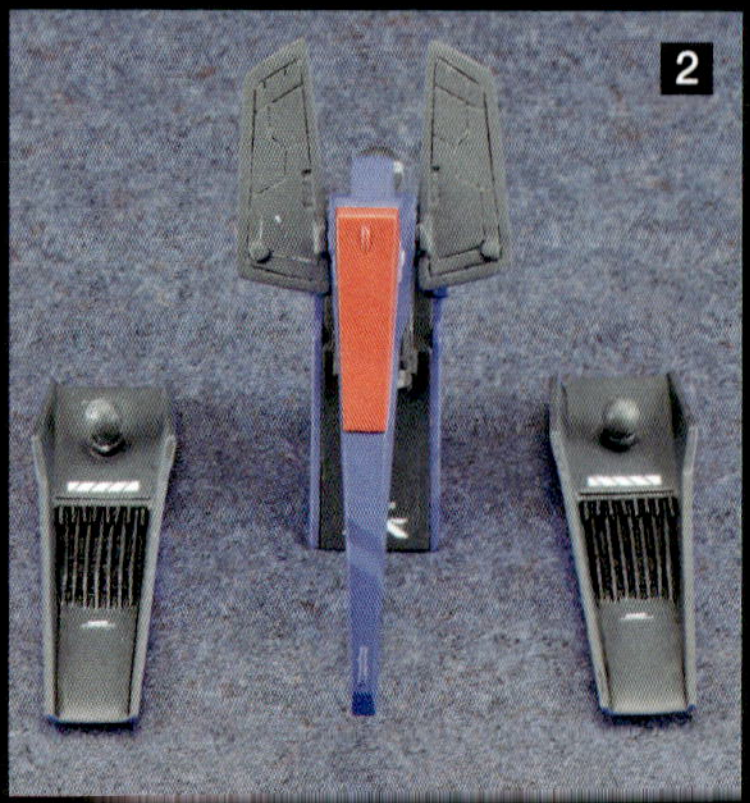

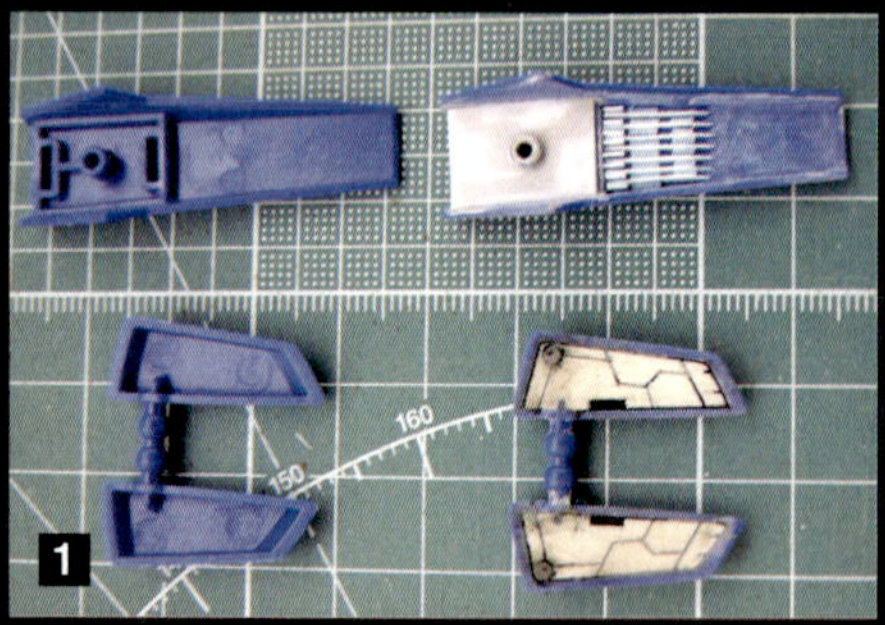

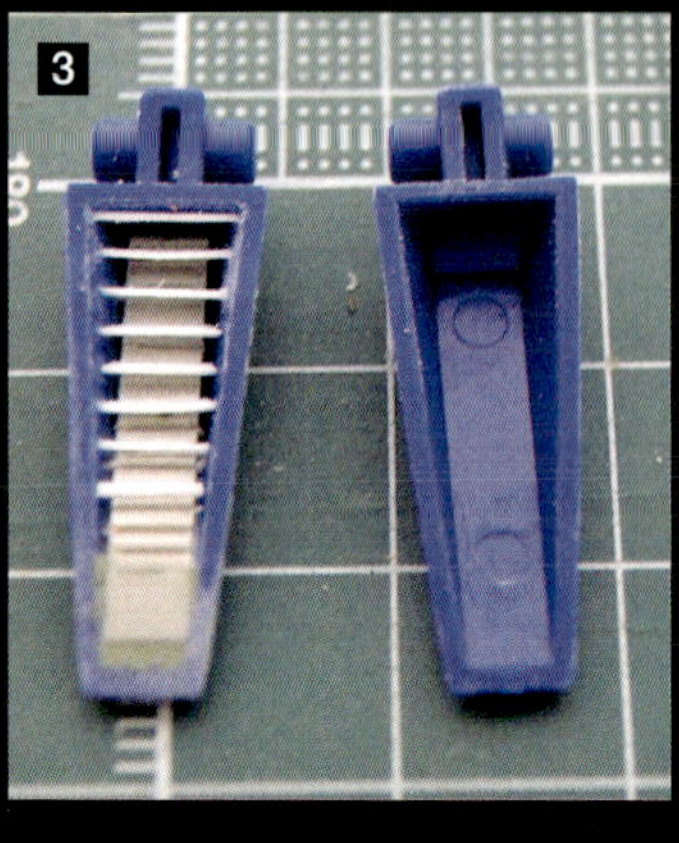

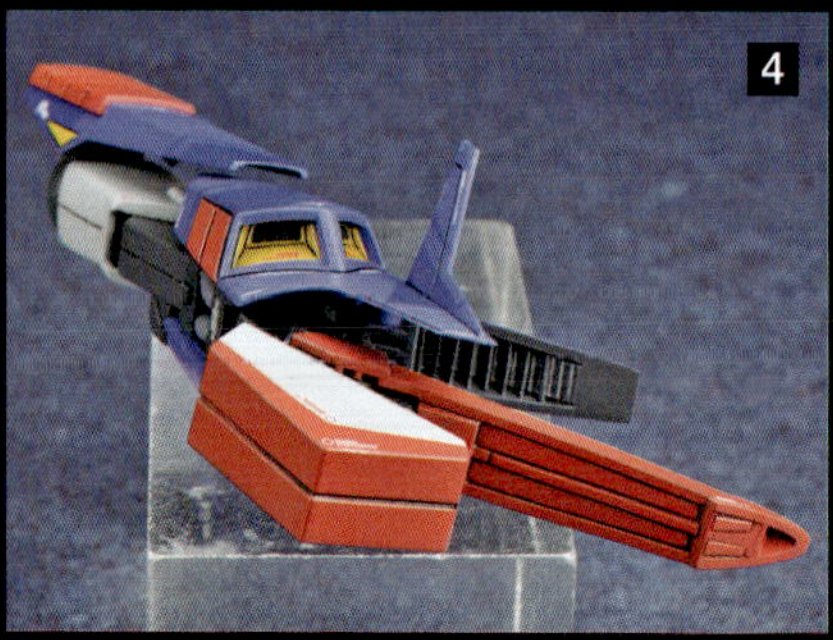

1234装甲に間隔が多いデザインのZⅡ。なにかとチラチラ見えがちなスカートアーマー裏はデコレートしてあげると見目麗しく仕上がる。定番のパテ埋めと彫刻のほか、プラ板で放熱フィン状のディテールを設けるなどして役割を感じさせるできあがりに
5Zガンダム同様、ビーム・ライフルやメガ・ビーム・ライフルにビーム・サーベルの刀身を取り付けることによってロング・ビーム・サーベルを再現可能
6前腕は装甲フチにスジ彫りを施すことによって、情報量を増やすだけでなく、装甲が二重に用意されているかのように演出

以前の「ZⅡらしき」ガンプラたち

誕生から30年弱でようやくガンプラとして店頭に並ぶことができたZⅡ。だがそこは長い歴史と製品数を誇るガンプラ、これまでにZⅡの親戚のような製品は発売されてきていた。それが『ガンダムUC』に登場したリゼルと、『新SD戦国伝　超機動大将軍』に登場する鉄機武者 鋼丸。とくに後者はSDガンダムでありながらZⅡそのものの姿になる興味深い製品だった。

▶『ガンダムUC』に登場するリゼルは、ZⅡ同様にメタスの変形機構を参考とするMS。ウェイブライダー形態で並べて楽しんでみるのも楽しい

変形！

▶鉄機武者 鋼丸はSDガンダムから通常のガンダム同様の頭身を持つ姿へと変形する驚きのギミックを持つ。SDということで戦国時代的な装飾が施されているものの、形は紛れもなくZⅡ！鋼丸からZⅡへの改造は、長らくファンの野望であったのだ。ちなみに兄弟分の爆進丸もキット化されているのでチェックされたし

●メタスのMA形態を参考にしたといわれるウェイブライダー形態は、もはやHGUCのZ系MSではおなじみといえる差し替え変形。変形を差し替えとすることで両形態で非常にまとまりよいプロポーションの構築に成功している。作例ではスラスター中央部に金属パーツを使用、プラパーツでは表現するのはなかなか難しい精度と硬質感をもたらせることに成功している

本作より作例を製作させていただくMA
SATOといいます。最近は昔発売されて
ほしいと思ったキットが続々と発売されて
いますが、今回作ったZⅡもそのひとつ。
楽しみながら製作させていただきました。
やはりZタイプはシャープなイメージが
あるので、そこらへんを念頭に置き工作開
始です。頭部は、頬／アンテナ／口から顎
／ヘルメット……挙げていくとほとんど全
部ですが、デザインナイフやヤスリで削り
込んでシャープ化&エッジ出ししています
胸部も整面とエッジ出しを行ないました。
腕部は肩や前腕の元々のパネルラインや
形状の段差等を彫りなおし、別パーツのよ
うに見えるよう、情報量を増やしました。
腰部フロントアーマーについては、表側は
外周にパネルラインをスジ彫りし、裏側は
エポキシパテで埋めて、それらしいモール
ドを彫っています。サイドアーマーは意外
と裏側がチラ見えするので、取り付け部を
プラ板で塞ぎ、放熱フィンをイメージして
追加加工しました。リアアーマーは開口部
があるので、エポキシパテで埋め、フィン
をシャープ化、モールドを彫っています。
脚部はおもにヒザ下を改修。黄色いダク
ト類は上部を開口後、裏からモールド入り
プラ板を貼り、下部はモールドを彫りなお
しています。足首の横に位置する翼や取り
付け部装甲は強度ギリギリまで裏側を削り
込んでシャープにしています。
背部装備はモールドを彫り直し、中央の
バーニアはフチを薄く削り金属パーツでノ
ズルを追加。両サイドのスラスターもモー
ルドを彫り直しフィンを追加しています。
ウェイブライダー時のバズーカは、プラ
同士のテンションのみで保持するようにな
っており、塗装を前提とした場合確実に剥
がれるので、Hi-Qパーツのマグネット
セッターを利用し、磁石接続としています
塗装は迷彩チックにして遊ばせていただ
きました。後ハメ加工はせず、すべてマス
キングで対応しています。デカールは本誌
でお馴染み、POOH熊谷さんに提供して
いただいたベルテックスのデカールを中心
に使用しています。■

忘れ去られた名機

新作発表のたびに驚きの声が上がる「REBORN-ONE HUNDRED」（RE/100）というバンダイの新ブランド。アニメ未登場の機体を1/100で発売した開発陣の漢気に報いるような作例をお届けします

ガンダムMk-Ⅲ
出典／『Z-MSV』
BANDAI SPIRITS　1/100　RE/100シリーズ
インジェクションプラスチックキット
発売中　税込3780円
製作・文／**小林祐介**

RE/100
REBORN-ONE HUNDRED

Model Graphix
2015年5月号
掲載

A.E.U.G. PROTOTYPE
MOBILE SUIT MSF-007

GUNDAM Mk-Ⅲ

▶製品パチ組みとの比較。シールドマウントの新造やライトブルーのカラーリングをやめ、ロービジ風（というか、完成品トイ・GFF版のカトキ画稿の色味）にしてしまうなど、塗装・工作の双方で製作者の思い入れと好みが暴れた作例となった

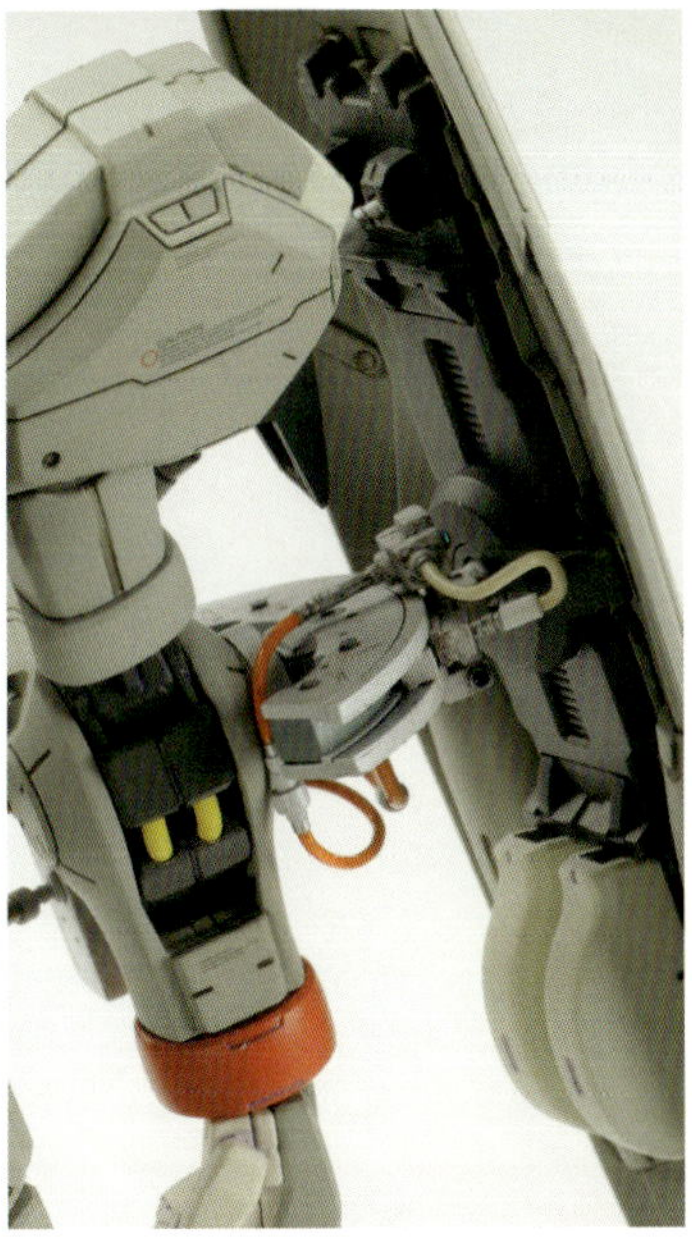

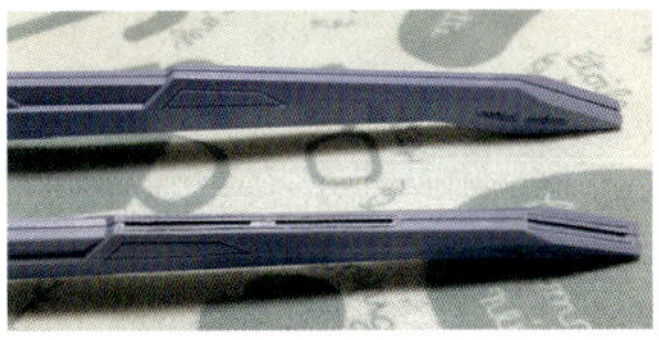

●頬や襟元の白い部分、肩アーマーのフチなどの全身に、小林氏お得意の「装甲フチに一刀彫でモールドを足す」加工を施した
●マスク上部の黄色いサブセンサーの境目を彫り込み、はっきり見えるように加工。カメラアイが大きめに感じたので、ガンダムらしい目の形になるまで幅を削り込んでいる
●バックパックは、まずパイピング類をゴム皮膜線に交換。左右のスタビライザーが腕と干渉しやすいので、作例はスタビライザー取付基部を製品のキャノン取付位置まで移動。そのキャノンは、取付基部をスタビライザーの中央ユニットまで移設して周辺の窮屈感を解消。上部スタビライザーは色分けのために前側を2分割し、下部には製品開発画稿で確認できるスリットを追加、姿勢制御バーニアに見立ててみた
●肩付け根は引き出し関節が用意されているが、前だけで後ろにはスイングしないので、接触する部分を削ってうしろにも反るようにした
●足首関節は挟み込み式で、組み立て後に足首を取り外すことができない構造。少し手強い構造だったので関節には手を加えず、足甲ガードをパイプ接続に変更し、足首を曲げた際のシルエットが崩れないようにするにとどめた。また、キットは足底とカカト部が一体パーツになっていたので、塗り分けを考えて切り離して塗装後に合体させるよう加工した

初プラモデル化に当時のB-CLUB読者は号泣！

◀上の設定画をもとに描かれたのが左の阿久津潤一氏による本製品の開発参考用画稿

四つ目のように見えるマスク形状や盾表面に埋め込まれたサーベル配置などが斬新なMSF-007 ガンダムMk-Ⅲ。歴史を遡ると『月刊OUT』（みのり書房）1985年9月号の藤田一己氏による連載企画「Zワールド」で発表されたイラスト「アドバンスドガンダム」が初出で、間もなくして『B-CLUB』'86年第5号で設定画と「ガンダムMk-Ⅲ」の名前、スペックが作られ、同号掲載の小林とおる氏の1/144フルスクラッチモデルとともに発表されると読者に少なからぬインパクトを与えた。

本機はガンダム系機体の絶対数が不足していたころのSDガンダム作品においてデザインモチーフになることは数あれど、アニメに登場していないためマイナーメジャーという印象は払拭できない。レジンキャストキットや完成品トイは存在するもののプラモデルが発売されたのは今回のRE/100が初（SDを除く）となる。ようやく重い腰を上げたバンダイだったが、製品では組みやすさを意識してパーツの合理化が図られるいっぽうでシリーズ第一弾のナイチンゲールとは趣きを異にする精密なディテール彫刻など見どころの多いものとなった。実際に組み立ててみるといろいろな発見があるおもしろいキットといえよう。

AE

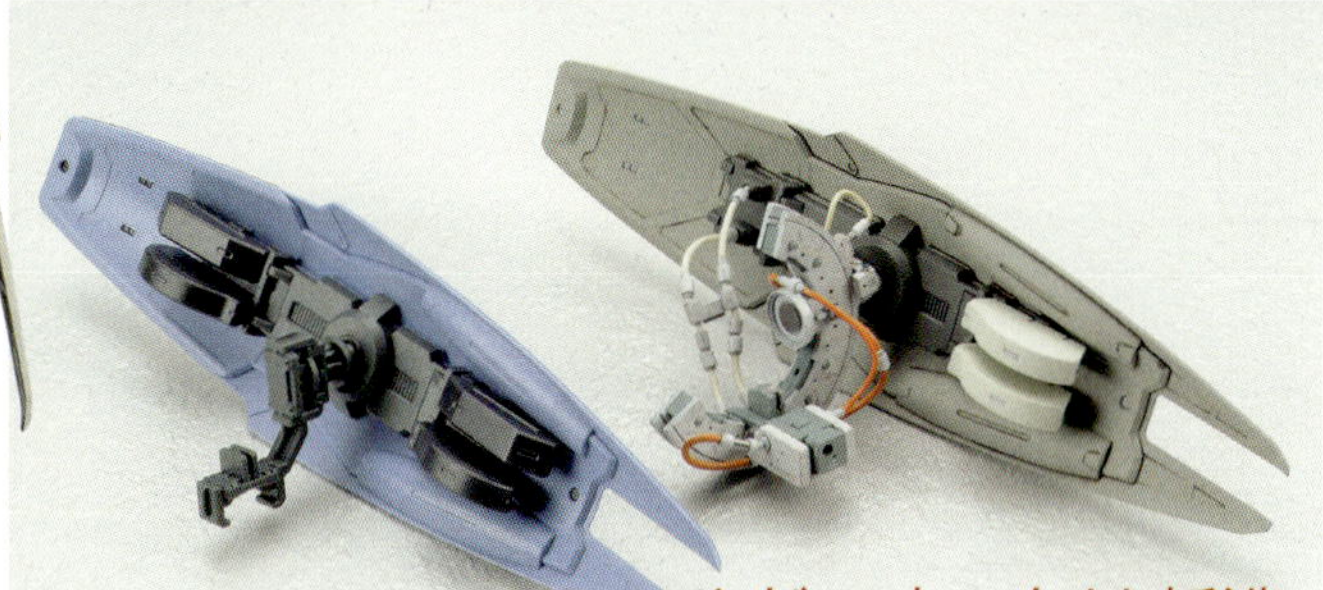

シールドマウントは新造

めり込んだ親指を整形するのはお約束

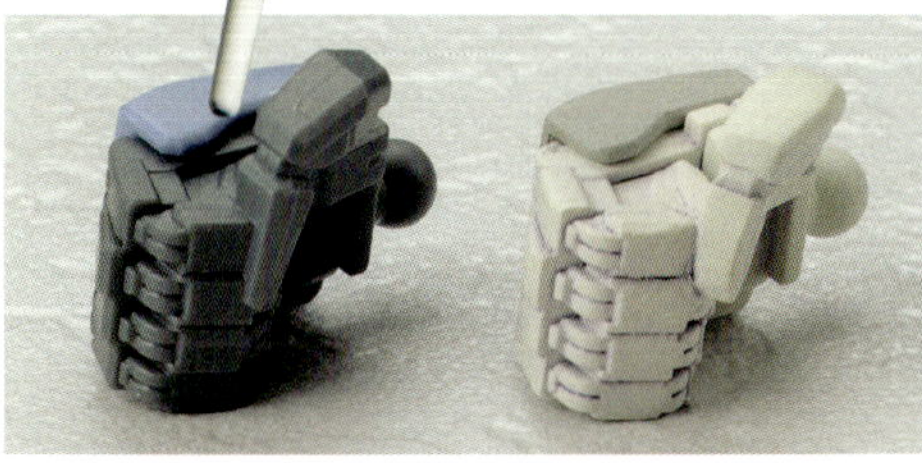

●手首パーツは親指が菱形になってしまい、かつほかの指にめり込んでいる。HGUC製品などでも顕著なこの親指の処理、成型上そうなってしまうようなのだが……。作例は親指を一度切り離し、プラ板を貼って形を整えてから再度取りつけることで「正しいMSの指」を表現している

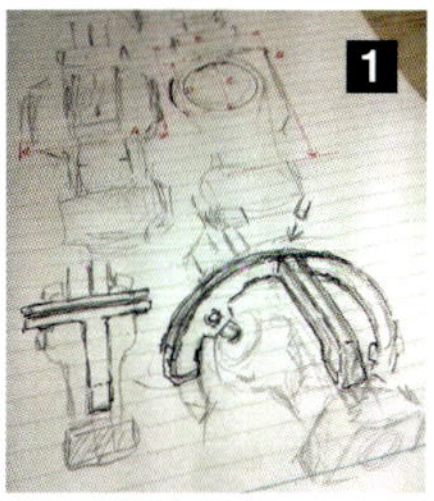

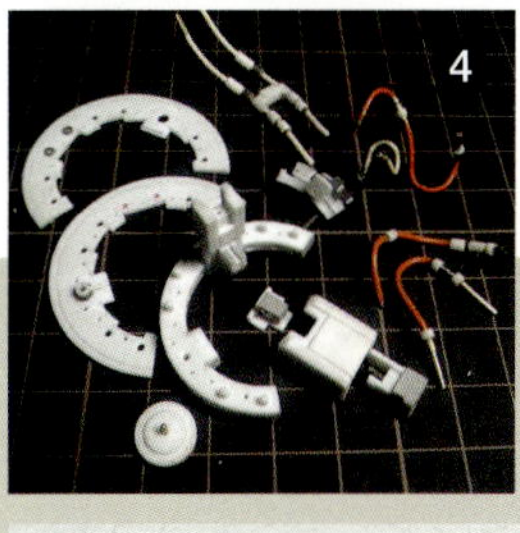

12レールマウントは小林祐介氏がイメージスケッチを描き、畠山孝一氏がキットの腕をゲージにサークルカッターで円形に切り出したプラ板で自作したもの 34せっかく新造した箇所なので目立つようにパイピングを追加。フレーム下部はビーム・サーベル発振器とし、刃のエフェクトパーツを差し込めるようにした

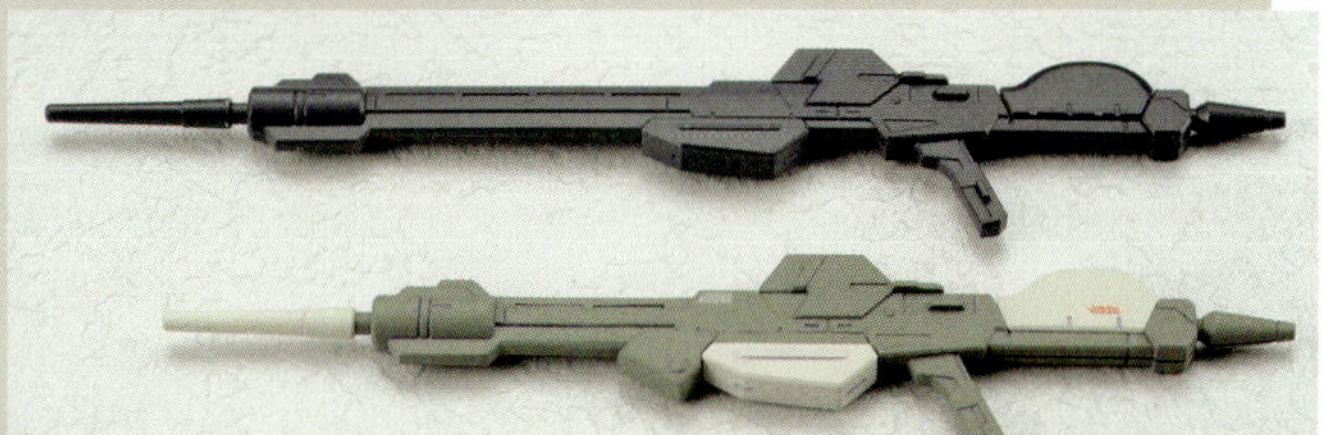

▼ビームライフルは砲身が長すぎると感じたのと2種類のEパックが脈絡なくくっついている（明らかに角形の連邦系Eパックが唐突）ので、連邦系Eパックの取付位置をずらしつつ、あいだに構造物を挟んでラインを馴染ませ、併せて砲身を切り詰めた

RE／100第2弾となったガンダムMk-Ⅲ。素性はよく知らずともかっこいいパッケージアートに惹かれて手に取ってしまったという方もいたのではないでしょうか。

私が初めてこのデザインと出逢ったのは『B-CLUB』第5号を読んだとき。掲載された設定画（藤田氏デザインのアドバンスドガンダムをリライトしたもの）と、同時に作り起こされた小林氏の作例（後にレジンキャストキット化）に一発で打ちのめされた私は、その後Mk-Ⅲの立体とあれば瞬時に目の色が変わるほど熱狂的なファンになってしまったのでした。

このMk-Ⅲ、Z-MSVのなかでも百式改と並んで人気を誇る機体でありながら、近年まではなかなか商品化の機会に恵まれず、満を持してのキット発売には感慨もひとしおなのでありました。

◆引きつつ、足す

まず目につくのが、ガンプラとして追加されたディテール群。製品開発用画稿と見較べると凹凸や解釈の異なる点も多数あります。作例では面出しの工程で消えてしまうモールド類は消せるだけ消してしまい、そのうえでパーツのフチにスジ彫りを追加し面構成が単調にならないようにしました。

また、開発画稿をよく見ると股間部は中央と左右の3ピース構造になっているようなので、ここはスジ彫りで再現しています。スカートアーマーは上部ユニットがスカートといっしょに動くのですが、ここは中央部で分割されているのが正解なのでは？と思い、切り離して別に取りつけられるように加工しました。

そして今回の目玉、シールド用ラッチです。キットではL字型フレームに取りつけ用の爪が2箇所という作りになっていますが、これはあくまで模型としての構造で、実際の機体運用には無理がありそう（戦闘中にシールドをつけ変えるわけにもいかないでしょう）。そこで考えたのが、シールドの位置を自由に変えられるスライドレールをマウントラッチに取りつけるアイディア。しかし私の腕では説得力のあるフレームを作るのは至難の技なので、プラ板魔神の畠山孝一氏にレールフレームの工作を依頼し、イメージ以上のすばらしいものを作ってもらいました。さらにフレームには、頼んでもないのにビーム・サーベル発振器まで！　畠山先生には足を向けて寝られません。

◆カラーリングの真実……？

件の作例を作った小林とおる氏によると、塗装時の色味やパターンはエルガイムMk-Ⅱをイメージしたとのこと（時代を感じるエピソードです）。恐らくはロービジ塗装が近いと思われるので、航空機（デモカラーではなく実戦配備機）的なイメージで色とパターンを少しアレンジしてみました。

それから、製品の色分けだと赤が全体に散っているのですが、四肢の末端部以外の赤は必要ないと判断して色を変え（末端部はテスト時の識別用として残す）、逆にコクピットハッチは赤で塗り直しました。この時代のMSは国際規格でコクピット位置を明示するために赤で塗っている、という解釈でどうでしょうか（笑）。■

Model Graphix

ガンダム アーカイヴス

『機動戦士Zガンダム』『機動戦士ガンダムZZ』編

月刊モデルグラフィックス編

編集●モデルグラフィックス編集部
撮影●ENTANIYA
装丁●横川 隆（九六式艦上デザイン）
レイアウト●横川 隆（九六式艦上デザイン）
丹羽和夫（九六式艦上デザイン）
SPECIAL THANKS●サンライズ
バンダイ

ガンダム アーカイヴス
『機動戦士Zガンダム』『機動戦士ガンダムZZ』編

発行日　2018年6月30日 初版第1刷

発行人／小川光二
発行所／株式会社 大日本絵画
〒101-0054 東京都千代田区神田錦町1丁目7番地
URL; http://www.kaiga.co.jp

編集人／市村 弘
企画／編集 株式会社アートボックス
〒101-0054 東京都千代田区神田錦町1丁目7番地
錦町一丁目ビル4階
URL; http://www.modelkasten.com/

印刷／大日本印刷株式会社
製本／株式会社ブロケード

内容に関するお問い合わせ先: 03(6820)7000 (株)アートボックス
販売に関するお問い合わせ先: 03(3294)7861 (株)大日本絵画

Publisher/Dainippon Kaiga Co., Ltd.
Kanda Nishiki-cho 1-7, Chiyoda-ku, Tokyo 101-0054 Japan
Phone 03-3294-7861
Dainippon Kaiga URL; http://www.kaiga.co.jp
Editor/Artbox Co., Ltd.
Nishiki-cho 1-chome bldg., 4th Floor, Kanda
Nishiki-cho 1-7, Chiyoda-ku, Tokyo 101-0054 Japan
Phone 03-6820-7000
Artbox URL; http://www.modelkasten.com/

ISBN978-4-499-23243-2